天壹文化

从语音到文字，分裂人类的诅咒

隐秘的女皇

北宋刘娥与士大夫共治天下

刘云军 著

天地出版社 TIANDI PRESS

图书在版编目（CIP）数据

隐秘的女皇：北宋刘娥与士大夫共治天下/刘云军著.—成都：天地出版社，2022.7
ISBN 978-7-5455-7037-3

Ⅰ.①隐… Ⅱ.①刘… Ⅲ.①刘娥—生平事迹 ②政治制度—研究—中国—北宋 Ⅳ.①K827=441 ②D691.21

中国版本图书馆CIP数据核字（2022）第056098号

YINMI DE NÜHUANG：BEISONG LIU E YU SHIDAFU GONGZHI TIANXIA

隐秘的女皇：北宋刘娥与士大夫共治天下

出 品 人	陈小雨　杨　政
著　　者	刘云军
责任编辑	柳　媛　刘一冰
封面设计	左左工作室
责任印制	董建臣

出版发行	天地出版社
	（成都市锦江区三色路238号　邮政编码：610023）
	（北京市方庄芳群园3区3号　邮政编码：100078）
网　　址	http://www.tiandiph.com
电子邮箱	tianditg@163.com
经　　销	新华文轩出版传媒股份有限公司

印　　刷	北京文昌阁彩色印刷有限责任公司
版　　次	2022年7月第1版
印　　次	2022年7月第1次印刷
开　　本	880mm×1230mm 1/32
印　　张	11.5
字　　数	217千字
定　　价	68.00元
书　　号	ISBN 978-7-5455-7037-3

版权所有◆违者必究

咨询电话：（028）86361282（总编室）
购书热线：（010）67693207（营销中心）

如有印装错误，请与本社联系调换。

目录

主要人物 / I
引言 / 1

第一章 歌妓变皇后

蜀地歌妓…… 004
受困开封…… 008
初识真宗…… 011
潜伏待机…… 016
步入后宫…… 020
家事、国事…… 024
立足后宫…… 026
与闻政事…… 028
将门之女…… 030
母以子贵…… 034
晋位皇后…… 039
立后中的暗流…… 048
皇后出将门…… 050

第二章 宋初政局

- 太宗育子 ………… 063
- 文士崛起 ………… 068
- 即位风波 ………… 076
- 倚重幸辅 ………… 083
- 暗箭难防 ………… 097
- 东封西祀 ………… 101
- 「异论相搅」 ……… 109
- 二王之争 ………… 116

第三章 从后宫到前朝

- 不合时宜的冠礼 …… 127
- 天禧不喜 ………… 130
- 册立太子 ………… 134
- 祥瑞再临 ………… 142
- 刘娥的布局 ……… 153
- 王钦若的死局 …… 156
- 寇、丁之争 ……… 158
- 复杂的博弈 ……… 161

章节	页码
寇準罢相	166
新的对手	176
扳回一局	182
突如其来的政变	184
混乱的宰辅	188
弃子王钦若	196
最后的年号	201

第四章 垂帘听政

章节	页码
「权」掌朝政	212
压制异议	215
裂痕渐显	217
山陵崩	221
丁谓的末日	225
调整宰执	234
埋葬天书	238
走上正轨	240

第五章 国有二圣

真宗的"遗产" … 248
权力的平衡 … 253
王钦若的败局 … 256
曹利用的挑战 … 261
后相斗法 … 272
内侍与外戚 … 278
休养生息 … 285
政清人和 … 291
母子情深 … 298
女主再临 … 302
还政之争 … 303
生母风波 … 310
附：狸猫换太子的传说 … 313

尾声 后刘娥时代

被改动的遗诏 … 321
重新洗牌 … 322
调整二府 … 324
重整朝政 … 327
钱惟演的结局 … 329
祖宗之法与垂帘听政 … 331
废后：刘娥最后的影子 … 332

后记 / 337
附录1　刘娥大事年表 / 340
附录2　至道三年（997）四月至明道二年（1033）四月宰执表 / 344
附录3　再议刘娥 / 346
参考文献 / 350

主要人物

刘娥（969—1033，名不详，民间相传为刘娥），宋真宗的皇后，宋仁宗的养母。宋代历史上著名的皇后，垂帘听政长达十一年，对宋朝的政治产生了重大影响。

赵恒（968—1022），宋真宗，宋朝第三位皇帝。初名赵德昌，后改名赵元休、赵元侃、赵恒。在位期间签订澶渊之盟，结束了宋朝和契丹长年的战争，为宋朝迎来了和平。其在位后期贪恋权力，迷信祥瑞，东封西祀，为宋朝政治、社会带来了消极影响。

吕端（935—1000），字易直，幽州安次（今河北省廊坊市安次区）人。宋真宗朝的第一任宰相，为保护宋真宗顺利登基立下了汗马功劳。

李沆（947—1004），字太初，洺州肥乡（今河北省邯郸市肥乡区）人。宋真宗朝宰相，身为潜邸旧臣且为人稳重，深得宋真宗的信任。反对宋真宗立刘娥为皇后。

王钦若（962—1025），字定国，临江军新喻（今江西省新余市）人。工于察言观色，并以天书之事赢得宋真宗和刘娥的信任，是刘娥争夺权力的重要政治盟友。

王旦（957—1017），字子明，大名府莘县（今山东省聊城市莘县）人。为人素有名望，为宋真宗信任、臣僚信服，是宋真宗朝在位时间最久的宰相。王钦若的政敌。

寇準（961—1023），字平仲，华州下邽（今陕西省渭南市临渭区）人。曾两度任相。为人刚直，因主张拥立太子监国，与刘娥不和。

丁谓（966—1037），字谓之，后改字公言，苏州长洲（今江苏省苏州市）人。为人狡诈，以逢迎天书、依附刘娥上位，陷害寇準。丁谓一度在朝中大权独揽，排斥异己，但因企图架空刘娥，最终被罢免。

周怀政（？—1020），并州（今山西省太原市）人。深受宋真宗信任的内侍，以逢迎天书上位。在支持太子一事上，与寇準是政治盟友，妄图发动政变辅佐太子赵祯登基，事败被杀。

王曾（978—1038），字孝先，青州益都（今山东省青州市）人。因帮助刘娥扳倒丁谓而获得信任，成为宰相，后因反对刘娥僭越礼制被罢免。

李迪（971—1047），字复古，祖籍赵郡（今河北省石家庄市赵县），后迁至濮州（今山东省菏泽市鄄城县）。太子赵祯宾客，全力辅佐太子，遭到丁谓陷害、打压。

钱惟演（977—1034），字希圣，临安（今浙江省杭州市）人，吴越王钱俶之子。通过联姻依附于刘娥、丁谓，陷害寇準、李迪。

刘娥死后失势。

曹利用（971—1029），字用之，赵州宁晋（今河北省邢台市宁晋县）人，武人出身，官至枢密使，为澶渊之盟的达成立下汗马功劳，在朝中极有威望。与内侍不和，无视刘娥的权威，并因此遭到打压。

吕夷简（978—1044），字坦夫，祖籍莱州（今山东省莱州市），后迁至寿州（今安徽省淮南市凤台县）。刘娥垂帘听政期间，深得刘娥信任，在维护宋仁宗生母一事上起了重要作用，缓和了宋仁宗与刘娥的关系。

引 言

宋仁宗明道二年二月初八日（1033年3月11日），皇太后刘娥宿在垂拱殿，准备第二天亲飨太庙。次日，刘娥身着祎衣，头戴九龙花钗冠，乘坐玉辂前往太庙献祭。紧随其后的是杨太妃和郭皇后，二人都头戴十二株花钗冠，身着绯罗制成的礼服，腰间束有蔽膝的革带，穿着绶履，乘坐重翟车。

仪仗行至太庙，刘娥换上祭祀时应穿的衮服——相比皇帝穿着的衮服，刘娥的衮服减去两道赤白相间的花纹，上衣去掉了宗彝图案，下衣去掉了藻纹。① 另外，刘娥也没有像皇帝那样佩剑。此时的刘娥头戴仪天冠，冠上插着十六株龙花，前后各垂十二旒珠翠，雍容威严。杨太妃和郭皇后也换上礼服，她们身穿祎衣，跟在刘娥身后。② 在内侍导引下，刘娥按照礼制祭祀了太庙七室。接着，杨太妃行亚献礼，郭皇后行终献礼。③

---

① 据《宋史》卷151，《舆服志三》，中华书局，1977年点校本。宋朝前期帝王衮服之制，衮服上有十二章纹，"八章在衣，日、月、星辰、山、龙、华虫、火、宗彝；四章在裳，藻、粉米、黼、黻"。——编者注
② 《续资治通鉴长编》卷111，明道元年十二月辛丑条，中华书局，2004年点校本。
③ 《续资治通鉴长编》卷112，明道二年二月甲辰条，中华书局，2004年点校本。

在古代中国，亲飨太庙一直是皇帝的专利，像刘娥这样以皇太后的身份献祭太庙，在宋朝历史上是第一次，在中国历代王朝中也不多见。刘娥是如何做到这一点的？

刘娥的一生十分富有传奇色彩。她出身社会下层，家境贫寒，却最终实现人生逆袭，到达权力的顶峰。刘娥熟谙朝政，擅长权谋，作为宋朝第一位拥有实权的垂帘听政的皇太后，她开创了宋朝皇太后摄政的先例，其摄政期间的所作所为，左右了当时宋朝政治的发展，并为宋朝以后的历史进程提供了许多宝贵的经验教训。她临朝称制多年，一度被人怀疑她有武则天那样的政治野心，但刘娥始终没有跨出改朝换代的关键一步。相反，刘娥虽牢牢掌控宋朝大权十余年，但在此期间，她保证了宋朝权力的平稳过渡，联合士大夫确立了北宋君臣"共治天下"的政治格局。故后世史家评价武则天时，往往言辞激烈地对其进行批判，如《旧唐书》评价武后"夺攘神器，秽亵皇居"[1]，《新唐书》认为"武后之恶，不及于大戮，所谓幸免者也"[2]。《宋史》则称刘娥"临朝十余年，天下晏然"[3]，司马光认为刘娥"保护圣躬，纲纪四方，进贤退奸，镇抚中外，于赵氏实有大功"[4]。

---

[1] 《旧唐书》卷6《则天皇后纪》赞语，中华书局，1975年点校本。
[2] 《新唐书》卷4《中宗纪》赞语，中华书局，1975年点校本。
[3] 《宋史》卷311《吕夷简传》，中华书局，1975年点校本。
[4] 《温国文正公文集》卷25《上皇太后疏》。

刘娥究竟是如何爬上权力之巅的？她为何最终没有成为第二个武则天？她为什么能得到与武则天截然相反的评价？刘娥对于宋代的历史发展，又有何影响？让我们跨越时空，穿越到宋初，跟随刘娥的脚步，来看一看这位传奇女性是如何度过其丰富多彩的一生的。

第一章 歌妓变皇后

北宋开宝元年（968）十二月初二日，开封府尹兼中书令赵光义的宠妾李氏，诞下了自己的第三个儿子。赵光义对这个儿子并没有特别在意，只是按照当时人的习惯做法，根据行辈，给新生儿取名赵德昌。①此时的赵德昌，只是亲王的庶子，按常理，他未来最好的机会不过是继承父亲的王位成为亲王，皇位对于他实在太过遥远。

赵德昌出生后的次年正月初八日，在距离开封数千里之遥的益

---

① 长兄元佐长德昌三岁余，二哥元僖比德昌年长二岁余，虽然三人年龄差距不大，但德昌非嫡非长，最初并不受其父重视。赵光义即位后，在太平兴国七年（982）七月，封元佐（当时名叫德崇）卫王、元僖（当时名叫德明）广平郡王。次年十月，宋太宗将五个儿子改名并同时封王，德昌改名元休，才得以首次封王。可见，宋太宗在诸子中明显更器重长子和次子。《宋史》卷6《真宗纪一》记载德昌出生前后的一些祥瑞之象，如："乾德五年，五星从镇星聚奎。明年正月，后梦以裾承日有娠，十二月二日生于开封府第，赤光照室，左足指有文成'天'字。"这里的"后"指宋真宗生母李氏。这些描述，不过是赵恒（元休后改名为恒）登基称帝后的自我神化，与传统中神化帝王出身的做法并无二致，不足为据。

第一章　歌妓变皇后

州华阳（今四川省成都市旧城东），一户刘姓贫寒人家诞生了个女孩，她就是日后的刘娥。①

赵德昌和刘娥，二人一为王庶子，一为民间贫女，不仅地理上相距数千里，身份地位也不啻天壤之别。若干年后，二人的命运却有了交集，并且先后登上了北宋朝堂的权力之巅。

蜀地歌妓

刘娥出生后不久，父亲刘通便去世了，尚在襁褓中的她从小便被寄养在外祖父家。②依宋代风气，丈夫去世后，妻子可以带着孩子改嫁，比如范仲淹的母亲；亦可以留在夫家，抚养孩子长大成人（这期间可能得到来自夫家和娘家人的帮助），比如欧阳修的母亲；还可以带着孩子返回娘家，主要由娘家人帮忙抚养孩子长大。鉴于刘娥在外祖父家长大成人，如果其父去世时其母健在的话，极有可能是母亲带着刘娥返回娘家生活；如果那时刘娥

---

① 刘娥的出生时间，现存宋代史料记载有分歧。根据《宋史·后妃传上》记载推算，刘娥生于宋太祖开宝二年（969）。而根据《宋会要辑稿·后妃》记载推算，刘娥生于宋太祖开宝三年（970）。由于缺乏更权威的记载，我们目前无法判断哪一个记载更准确，不过两种记载相差仅一年，对刘娥生平的叙述基本不构成影响。本书采用刘娥969年出生的说法。
② 《宋史》卷242《后妃传上·章献明肃刘皇后》："后在襁褓而孤，鞠于外氏。"

的母亲也已经过世，则说明刘通并无族亲，刘娥只能依靠外祖父一家生活。

刘娥外祖父的家境不详，想必应该属于社会下层。宋代的女乐，一般来自演艺世家，或者是穷人家的孩子迫于生计，从小被卖给艺人学习表演。刘娥长大后成为女乐，说明她的外祖父家或是艺人世家，或是家境过于贫寒，根本无力抚养刘娥，才使其走上乐人的道路。总之，刘娥外祖父家的社会地位肯定不高——在宋朝，虽然女乐并非如同倡优等贱民一样为人所不齿，但毕竟属于社会下层。① 刘娥在表演方面有一定天赋，据说她善于击鼓，能够一边击鼓演奏一边歌唱表演。②

作为下层平民百姓，刘娥并没有多少谋生的手段，一直苦苦挣扎在生存线上。像当时大多数宋人一样，刘娥十三岁左右便结婚了，嫁给了邻人银匠龚美。③

---

① 比如北宋著名政治家、史学家司马光在《涑水记闻》（该书是司马光为修《资治通鉴》续篇而做的资料搜集汇编之作）中，提到刘娥早年的身份时，便称其为"倡妇"。详见《涑水记闻》卷6，中华书局，1989年点校本。
② 《宋史》卷242《后妃传上·章献明肃刘皇后》："善播鼗。"据《因话录》记载："鼗鼓，古乐也。今不言'播鼗'而曰'撚梢子'，世俗之陋也。"
③ 宋朝法定的结婚年龄是男子十五岁，女子十三岁。不过宋人讲究多子多福，希望能够早结婚早生子，因此，不排除有更小年龄结婚的情况。后文中提到龚美将刘娥卖入宋真宗（时为韩王）府邸时，她只有十四五岁，这说明刘娥极有可能在十三岁左右时就已经结婚了。本书中以下所有日期均为农历，人物的年龄均按照中国传统的虚岁计算，特此说明，不另出注。

第一章　歌妓变皇后

北宋开国之初，蜀地尚处于后蜀政权的控制下。乾德三年（965），宋太祖派遣军队攻灭后蜀，因为战事太过顺利，征蜀的宋军将领滋生骄纵之心，不仅没有妥善处理好善后事宜，反而激起当地兵变。一时间战火重燃，蜀地再遭兵燹，大批百姓流离失所，苦不堪言。刘娥成亲时，兵变早已被平定，但战乱带来的创伤仍未被抚平，蜀地人心浮动、经济凋敝。恶劣的大环境，更加重了这对年轻的贫苦夫妻的生活负担，迫于无奈，二人开始四处流浪谋生。乐人本来就是一种流动性职业，银匠也可以机动营业。于是每到一处，龚美便会支好摊位，替别人打造银器；刘娥则在街头卖艺，击鼓演唱来挣钱。二人一路上风餐露宿，日子过得十分辛苦。

一日，夫妻二人来到真州（今江苏省仪征市）长芦镇。刘娥在街头公开卖唱，其歌声引来了不少围观者，其中有位叫法灯的福建僧人。法灯善于相面识人，见刘娥不仅年轻貌美，而且面相不凡；再观刘娥的表演，见其鼓法娴熟优美、歌喉婉转，觉得她将来必成贵人，会有一番造化。于是，法灯便有心与之结交。

刘娥表演完毕，开始向现场观众收钱，法灯毫不吝啬地施以重金。刘娥见这位僧人出手如此阔绰，既好奇又感动，连忙向其致谢。法灯借机询问刘娥的生活情况，得知他们夫妻二人居无定所，流浪谋生，便建议刘娥道："四处流浪风餐露宿，终非长久之计，你们既然有这等手艺,何不去京城碰碰运气?"

宋朝的京师开封府,是当时境内最繁华、最发达的城市。法灯的话引起了刘娥夫妇的兴趣,他们不禁跃跃欲试,想去开封碰碰运气。可惜一想到此地距离开封万水千山,一路上风餐露宿会十分辛苦,更重要的是,仅凭二人那点微薄的收入,恐怕根本无法支撑到开封。

听闻刘娥缺少盘缠,法灯当即慷慨解囊,赠以白银百两以为川资路费。刘娥夫妇喜出望外,对法灯千恩万谢。二人收拾停当,兴高采烈地前往开封谋前途去了。没想到的是,二人并没有凭借手艺在开封打拼出一番天地,反而阴差阳错地开启了另一段灿烂的人生历程。

若干年后,已身为皇太后的刘娥想起法灯当年对自己的恩惠,屡屡派人召法灯入京相见。法灯对自己当年的慧眼识珠颇为得意,但也知道刘娥对自己的贫贱出身讳莫如深,故人相见,难免徒增尴尬,于是法灯找各种借口百般推辞,始终不肯入京。刘娥见法灯态度坚决,便派遣使者询问法灯有何要求,法灯缓缓回答道:"出家人无牵无挂,并无要求。不过玉泉寺没有僧堂,长芦寺缺少山门,这些事情还请太后记挂。"刘娥马上拿出数百万缗的私房钱,下令淮南、两浙、江南三路转运使修缮玉泉寺、长芦寺,并再建寺庙,让法灯担任主持。此外,刘娥还不断降下赏赐,以报答法灯当年的知遇之恩。①可以说，法灯和刘娥的这段因果，最终以若干年后二人都得偿所愿而了结。

受困开封

正如他们所料，开封繁华富庶，是达官贵人辐辏之地，有钱人家中喜欢蓄养大批色艺俱佳的女乐，不仅供自己享受，还用来招待客人。他们所使用的器具非金即银，不仅花样繁多、数量巨大，而且制作精美，造价不菲。但这并未给刘娥夫妇带来更多的"商

---

① 关于刘娥出蜀入京城这段经历，现存史料中记载纷繁复杂，如将携刘娥入京城的丈夫龚美误作刘娥的父亲，僧人法灯误作玉泉寺僧人："章献明肃太后……少随父下峡至玉泉寺，有长老者善相人，谓其父曰：'君，贵人也。'及见后，则大惊曰：'君之贵以此女也。'又曰：'远方不足留，盍游京师乎？'父以贫为辞，长老者赠以中金百两。后之家至京师。"（《邵氏闻见录》卷1，中华书局，1983年点校本）或者省略随同刘娥一起入京城之人："章献明肃初自蜀中泛江而下，舟过真州之长芦，有闽僧法灯者，筑茅庵岸旁。灯一见，听其歌声，许以必贵，倒囊津置入京，继遂遭际。"（《挥麈录》余话卷1，山东人民出版社，2018年点校本）或者将僧人法灯误作慕容禅师等："宋章献明肃皇后，本成都之华阳人，家以播鼗为业。随父龚美游汴，过荆门，至玉泉寺。慕容禅师夜梦金刚报云：'明日女中天子过此。'因厚遇之，赠以金。"（《涌幢小品》卷28《女中天子》，上海古籍出版社，2012年点校本）。这些描述，都刻意忽视了刘娥在进入韩王的府邸前已经结婚的事实，并淡化了她本人贫寒的出身，应该是刘娥成为皇后或皇太后之后，为了美化其形象而改编出来的。本文此处描写，杂糅了《挥麈录》余话卷1、《邵氏闻见录》卷1等的相关记载。

机"——开封藏龙卧虎，无论女乐还是银匠，高水平之人比比皆是。二人初来乍到，生活陷入窘境。

此时刘娥夫妇面临选择，是继续待在开封，期待假以时日打开局面，还是离开此地，去其他地方讨生活。也许是被开封的繁华景象吸引，夫妻二人经过一番商量后，决定继续留在开封寻找机会，同时他们做出了一个大胆的决定，利用刘娥的乐人身份和年轻美貌且多才多艺的特点，进入有钱人家为妾，争取在开封拥有一席之地。[1]以今人的眼光来看，龚美、刘娥夫妇的这个想法实在有些匪夷所思，不过对宋朝下层民众而言，这种选择并非不能接受。

在中国古代，妻妾的区分是十分严格的。在那个时代，妻子属于明媒正娶，负责"主中馈"，即要持家和主持祭祀，与丈夫属于"一体"。而妾多数是通过购买而来的，在法律上和人身关系上依附于男主人，家庭地位低于妻。在宋朝，有钱有势之人喜欢在家中蓄妾。这些妾有不同的作用，有擅长才艺的妓妾，用于款待宾客时表演助兴或者供自己平日里享乐，还有些妾用来生育子嗣、传宗接代。当时社会上有专门买卖妾的市场和中间人。社会上对于妾更多是注重年龄、容貌、才艺等方面，对家世几乎没有任何要求，这便

---

[1] 《涑水记闻》卷6记载龚美（史料原文作"宫美"）因"既而家贫，复售之"，将刘娥卖出。如此看来，卖掉刘娥似乎是龚美的决定。但刘娥日后飞黄腾达，并未记恨龚美，不仅认其为兄长，还与其一直保持良好的关系。事实说明卖掉刘娥极有可能是夫妻二人当时商量后的共同决定，至少刘娥并不反对。

极大降低了妾的门槛。①

另外，在宋朝，丈夫因无力养家或者迫于债务危机，会典卖妻子，这在法律上也是允许的。比如王安石的妻子曾经为其购买一女子为妾，王安石询问此女来历，得知此女的丈夫原是武将，因为其所负责押送运输税粮的船只在途中出了意外而丢失，倾家荡产赔偿税粮仍然不足以弥补损失，不得已才将妻子卖给他人为妾换钱来填补剩余的亏空。王安石得知这一情况后，立即将此女送还其丈夫，并将购买此女的钱款一并送给他们救急。②南宋士人吴子晦无力养家，伙同陈氏叔父将妻子陈氏卖给雷司户为婢。陈氏之母刘氏状告吴子晦，县府对此事义愤填膺并加以干涉，原因是陈氏乃北宋宰相陈升之的后人，吴子晦此举有辱陈升之的名声，故"不忍坐视其失身，永为上世之玷"。县府令陈氏之母带陈氏归家，还特意强调，如果"不能自给，无从赡养"，陈氏之母可将陈氏改嫁，官府"备条给据"，以为支持。③

所以，龚美迫于生计决定卖掉刘娥，这在当时并没有任何不妥。另外，宋朝女乐除了卖艺谋生，出路之一就是进入富人之家或者达官显宦之家为妓妾。刘娥要想顺利进入富贵人家为妓妾，自然

---

① 关于宋代妓妾的问题，参见美国学者柏文莉（Beverly Bossler）*Courtesans, Concubines, and the Cult of Female Fidelity——Gender and Social Change in China, 1000-1400*, Harvard University Asia Center, 2013。
② 《邵氏闻见录》卷11；《自警编》卷2，大象出版社，2015年点校本。
③ 《名公书判清明集》卷10《官族雇妻》，中华书局，2002年点校本。

需要门路。好在龚美锻银，日常接触的人往往非富即贵，这无形中为夫妻二人提供了一条便捷的途径。

夫妻二人意见达成一致，龚美便一面继续为人锻银谋生，一面寻找合适的买家。龚美曾给达官贵人打造过银器，因此认识了一些权贵的手下，他从韩王府中的小吏张旻口中得知，韩王有意寻找一个年轻且多才多艺的蜀女入府为女乐。[1]韩王便是本章开篇介绍的赵德昌，当时已经改名叫赵元休。

初识真宗

赵元休挑选女乐特意强调蜀女，可见他对蜀女颇有认同感，这也是有历史渊源的。自隋唐以来，蜀地女子便以才华为世人瞩目，如武则天便生于利州（今四川省广元市）[2]，史称她"素多智计，兼涉文史"。[3]唐玄宗的宠妃杨玉环生于蜀州（今四川省崇州市），不

---

[1] 《涑水记闻》卷6。原文为"张耆"，是张旻后改的名字。
[2] 关于武则天的籍贯，尚有争议。新、旧《唐书》皆言，武则天是并州文水（今山西省吕梁市文水县）人，但此地应为其祖籍。《元丰九域志》（中华书局，1984年点校本）载，武则天之父武士彟任利州都督时，"生则天于官"。此外武则天出生地尚有长安、洛阳等说法。
[3] 《旧唐书》卷6《则天皇后纪》。

仅能歌善舞、通晓音律，而且"智算警颖"。[1]蜀妓薛涛被认为"才调尤佳"。[2]五代时期后蜀国主孟昶的妃子花蕊夫人乃青城（今四川省都江堰市）人，其人不仅花容月貌，而且擅长琴棋书画、诗词歌赋，多才多艺。[3]宋太祖灭后蜀，便将花蕊夫人纳入后宫之中，十分宠幸。据说后来宋太宗担心宋太祖沉湎于女色，荒废政务，便找机会杀死了花蕊夫人。[4]可以说，正是因为当时蜀地涌现出许多才色俱佳的女子，蜀女给人的总体印象是美貌与智慧并存，人们在讨论全国各地女子的特点时，便得出"蜀出才妇"的看法。[5]

彼时赵元休只有十六岁，尚未成亲，青春少年，雄性荷尔蒙涌动，正是对异性充满渴望与好奇的年纪。他可能从周围人口中得知"蜀出才妇"这一说法，再加上社会上对蜀女普遍的高评价，使其对蜀女产生了浓厚的兴趣。更重要的是，以"才色"著称的花蕊夫人曾经一度进入伯父宋太祖的后宫且颇为得宠，赵元休虽然无缘得见花蕊夫人，但他极有可能有所耳闻。这对处于青春期的赵元休来说，给他留下最深印象的，应是蜀女貌美多才这一特点。

---

[1] 《新唐书》卷76《后妃传上·杨贵妃》。
[2] 《唐语林校证》卷6，中华书局，1987年校证本。
[3] 《十国春秋》卷50，中华书局，1983年点校本。
[4] 《铁围山丛谈》卷6，中华书局，1983年点校本。《烬余录》甲编，清光绪刻本中还记载了另外一种说法，称宋太宗也艳羡花蕊夫人的才色，曾经趁着宋太祖晚年病重时挑逗花蕊夫人。
[5] 参见《鉴诫录》卷10，杭州出版社，2004年点校本："吴越饶贡妓，燕赵多美姝，宋产歌姬，蜀出才妇。"

太平兴国八年（983），赵元休封韩王，封王开府，他迫不及待地想要拥有类似花蕊夫人那样的"蜀姬"，来满足心中所想。于是赵元休告诉亲信张旻："我听说蜀地女子多聪慧有才，你替我去寻找一个这样的蜀女来。"办事稳妥的张旻便开始四处物色合适人选。恰巧此时龚美要典卖刘娥，张旻见刘娥不仅年轻貌美、能歌善舞，而且人也很聪慧，觉得她非常符合赵元休的要求。在征得龚美与刘娥的同意后，张旻便将刘娥引入韩王府，成为赵元休的妓妾，刘娥时年十五岁。①

但是，在现存宋代史料中，关于刘娥进入韩王府邸的时间存在不同记载，除了"韩王说"，还有"襄王说""开封府尹说""太子说"等。②虽然这几种记载前后相差只有短短几年，表面上看起来似乎差别不大，但背后反映的情况相去甚远。

---

① 见《皇宋十朝纲要校正》卷3《真宗》，中华书局，2013年校正本：刘娥"太平兴国八年入韩国邸"。又见《宋会要辑稿》后妃1之2载，刘娥"太平兴国八年入韩邸"。

② 刘娥入韩王府的时间，史料记载各异。除上注《皇宋十朝纲要校正》《宋会要辑稿》外，《宋史》卷242《后妃传上·章献明肃刘皇后》载有"后年十五入襄邸"，按年龄推算，刘娥入府应在太平兴国八年，但此时赵元休尚为韩王，其转封襄王乃端拱元年（988）之事。《续资治通鉴长编》卷56景德元年正月乙未条载："上初为襄王，一日，谓左右曰：'蜀妇人多材慧，吾欲求之。'……张旻时给事王宫，言于王，得召入，遂有宠。"《涑水记闻》卷5记载则是，赵元休已为太子时，对龚美言："蜀妇人多材慧，汝为我求一蜀姬。"故龚美向其推荐刘娥；而赵元休被立为太子，乃至道元年事。关于刘娥初次进入王府与赵元休相遇时的时间和年龄，请参考刘广丰：《关于宋真宗刘皇后身世的几点考述》，载《张其凡教授荣开六秩纪念文集》，上海人民出版社，2009。

第一章 歌妓变皇后

根据史料记载，赵元休于端拱元年（988）二月改封襄王；淳化五年（994）九月进封寿王，加检校太傅、开封府尹；至道元年（995）八月，被立为太子。如果说刘娥在赵元休担任开封府尹或成为太子期间入府，那么此时刘娥至少二十六岁。而刘娥是以歌妓的身份入府的，在中国古代，作为"以色事人"的歌妓来说，二十六岁的女性已经年纪偏大，恐怕不容易打动赵元休。再加上宋太宗特别重视对太子的培育，对其各方面要求很严格。赵元休深知父皇生性多疑，做太子期间谨小慎微，处处表现出谦逊守正的态度，他应该不敢冒着贪恋女色的危险来惹怒宋太宗，从而影响自己的太子之位，故而此时刘娥进入府邸几无可能。

如果说刘娥是在赵元休封襄王期间入府的，那么就是988年至994年间。在此期间，赵元休的第一任妻子潘氏去世（端拱二年即989年），如果说他为了填补潘氏去世后的精神空虚而寻找蜀女，这有一定可能性，当然还有可能刘娥是在潘氏去世前已入府。但不论是哪一种情况，都容易给人留下他贪恋女色、夫妻感情淡漠的负面印象。[①]相比后面几种笼统的说法，有着明确时间记载的"韩王说"显得更为可信。

---

① 刘广丰认为，刘娥最有可能是端拱元年（988）与端拱二年（989）之间入府。端拱二年五月，赵元休第一位妻子潘氏去世，如果他需要寻找一位新的女伴来填补感情空白的话，刘娥此时入府非常合理，在时间上也很吻合。见刘广丰：《关于宋真宗刘皇后身世的几点考述》，载《张其凡教授荣开六秩纪念文集》，上海人民出版社，2009。

为何现存宋代史料对这一问题会有不同记载？这种记载混乱的背后又有何深意？刘娥以卑微的女乐身份进入府邸，此事在当时根本无人注意，日后刘娥成为皇后、皇太后，此事便变得十分重要，因为这涉及宋真宗和刘娥的形象问题。为了保证刘娥和宋真宗的形象正面，自然要掩饰刘娥真正入府的时间。毕竟当时赵元休刚刚被封韩王，年纪尚小（十六岁），更重要的是，他尚未成亲便迫不及待地派人寻找歌妓寻欢，这无疑给人造成一种年轻皇子沉湎于女色不求上进的印象，实在有损其日后的帝王威仪。[①]相比之下，无论是"襄王说"（二十一岁），还是"太子说"（二十八岁），彼时他已经成亲并且成年，纳姬妾完全无损其正面形象，所以史书才会煞费苦心地将刘娥进入赵元休府邸的时间有意向后推延。

另外，还有一点可能也是史家必须要考虑的，那就是赵元休封韩王时，刘娥虽然只有十五岁左右，却已经结过婚，这说明她结婚时年纪只有十三岁甚至更小（考虑到龚美与刘娥从四川一路颠沛流离来到开封，应该耗费了很长时间，甚至一年以上，从正常的人性角度考虑，龚美不至于刚刚与刘娥成亲便抛弃新婚宴尔的妻子，将其卖掉）。对于日后成为皇后、皇太后的刘娥来说，这同样有损她的正面形象。事实上，上述不同说法的出现，与前文刻意伪造刘娥

---

① 雍熙二年（985），赵元休与潘氏结婚。见《皇宋十朝纲要校正》卷3《真宗》："（潘氏）雍熙二年闰九月，归于襄邸。"

第一章　歌妓变皇后

是随父亲而不是随丈夫龚美一同到达开封的目的完全一样,都是要遮掩刘娥不太"光彩"的早年生活而故意混淆视听。

潜伏待机

刘娥很聪慧,再加上早早踏入社会,饱尝人间冷暖,因而对于人情世故颇为练达。从进入韩王府那一日起,她就很清楚自己的荣华富贵完全系于韩王一身,只有牢牢抓住韩王,才能保证自己始终享受荣华富贵。刘娥于是施展浑身解数迎合赵元休以巩固自己的地位。对赵元休来说,年轻貌美且多才多艺的刘娥满足了他对"多材慧"蜀女的想象,于是刘娥很快凭借姿色成功"俘房"了赵元休,力压众多妓妾,获得了独宠。[1]

赵元休后来虽然先后娶了两任正妻,但都没能影响他对刘娥的宠爱。正当刘娥沉浸在荣华富贵中时,来自赵元休乳母刘氏和父皇宋太宗的强势干涉,惊醒了她的美梦。

年轻的赵元休贪恋女色,整日与刘娥厮混在一起,天长日久,身体日渐消瘦,面容清癯。乳母刘氏一直悉心呵护赵元休,在其生母李氏去世后,更是将赵元休视作自己的亲生骨肉。刘氏看到赵元

---

[1] 《涑水记闻》卷5:"(龚)美因纳后于太子,见之,大悦,宠幸专房。"

休痴迷刘娥，担心他纵情声色搞垮身体，更担心他沉缅于女色，不思进取，于是多次找机会劝诫赵元休修身养性。赵元休很清楚刘氏的好意，不过每次见到刘娥就神魂颠倒，将一切都抛在脑后，因此便假意搪塞刘氏。刘氏见赵元休对自己的劝诫阳奉阴违，心中恼怒，便将这一切归罪于刘娥的"狐媚之功"，想找机会将刘娥赶出府去。碍于身份，刘氏不便直接出手。不久，机会来了，因为宋太宗也注意到了赵元休的变化。

经历过五代乱离的宋太宗，曾经亲自参与了从年幼的周恭帝手中夺取后周政权的陈桥兵变，这使他对于幼主没有政治经验而导致帝祚不稳这一现象有着非常深刻的认识。宋太宗深知自己的儿子们"生于富贵，长于深宫"，缺乏历练，将来一旦登基，他们恐怕难以应对繁重且复杂的国事。为了不让儿子们受到大臣们的蒙蔽，特别是受到那些别有用心的奸臣的欺骗，必须让他们早日成才。于是宋太宗对儿子们的教育殚精竭虑，希望通过良臣贤士循循善诱地辅导，使儿子们能够学习"忠孝之美"。[1]因此，宋太宗不仅亲自挑选品行端正的博学之人辅佐诸位皇子，甚至连儿子们身边的普通杂役人选都要亲自过问，唯恐有奸佞之徒混在

---

[1] 《宋太宗实录》卷33，甘肃人民出版社，2005年点校本。

儿子们身边，将他们带坏。①

虽然安排了品行端正之人辅佐皇子，宋太宗仍然不放心。他时刻关注儿子们的情况，确实发现了一些问题。益王赵元杰因为王府翊善姚坦经常直言进谏而不开心，左右之人于是教唆赵元杰假称患病不上朝。宋太宗听说赵元杰患病，赶紧派遣医术高明的御医前去诊治，但赵元杰的"病情"仍不见好转。宋太宗心里十分着急，于是便召见赵元杰的乳母询问。乳母告诉宋太宗："益王根本没有生病，只不过因为翊善姚坦整天用各种规矩约束益王，益王行动不得自由，所以才生病。"乳母的本意是想让宋太宗处分姚坦，没想到宋太宗听后勃然大怒，当场斥责她："朕选择品行端正之人担任益王僚属，本来就是想要辅佐益王向善。如今益王不能听从规谏，又假装患病，想要借朕之手除去他身边的正直之人，好让他以后为所欲为，这怎么可能呢？！益王年纪尚小，想不出这样的坏主意，一定是你们这些人给他出的主意！"于是宋太宗下令将益王的乳母拉到御花园中杖责了数十下。随后，宋太宗特意召见了姚坦，安慰他

---

① 《续资治通鉴长编纪事本末》卷9《太宗皇帝》，北京图书馆出版社，2003年影印本："雍熙元年七月庚午，上谓宰相曰：'近有人上章言及储贰者。朕万几之暇，颇读前书，备见历代皇子踪迹。国家宗嗣，岂不在心？却缘事理之间，有所未可。朕于诸子，常加训励，见今僚属，悉择良善之士以辅翊之。至于舆台皂隶之辈，并是朕亲自选择，不欲令奸险巧佞人在左右。读书自有常，但缘年方幼少，未有成人之性。且欲令在左右，旦夕见好人，更待三五年后，各渐成长，自然别有道理。朕于处驭，必得其宜。'"

说:"爱卿居住在益王宫中,遭到一群小人的妒忌,十分不容易。爱卿不必担心有人进谗言,朕也一定不会听信谗言。"[1]

有了赵元杰的教训,宋太宗对儿子们的一举一动更加上心。按照礼制,身为皇子的赵元休要定期上朝,入宫面圣。纵欲过度的赵元休精神不振,自然没能逃过心细如发的宋太宗的眼睛。宋太宗特意召见其乳母刘氏,委婉地问她:"皇儿近日容貌清癯,左右有何人侍奉?"刘氏趁机向宋太宗告状,称"刘娥狐媚"。爱子心切的宋太宗闻讯后勃然大怒,责令赵元休即刻将刘娥逐出府第。赵元休闻讯后心中慌乱,他不敢违拗父皇的旨意,但又舍不得刘娥,最后想出一个两全其美的办法。他假意将刘娥赶出府第,实则将其安置在心腹张旻的家中,这样既不违背宋太宗的意思,自己还能保持与刘娥的联系。为了让张旻更好地照顾刘娥,赵元休还偷偷给了他五百两银子作为安置费。张旻自然明白赵元休的用意,他不仅命家人悉心照顾刘娥,还为了避嫌,干脆住在禁中当差的值班室中,一直不敢回家。[2]就这样,赵元休表面上与刘娥断绝了关系,实际上暗地里经常溜到张旻家中探望刘娥,二人一直藕断丝连。

---

[1] 《续资治通鉴长编纪事本末》卷9《太宗皇帝》。
[2] 《涑水记闻》卷5。编者按,司马光记载此内容得自刘攽。由于刘攽将刘娥进入府邸系于宋真宗为太子时,故而原文中宋太宗称宋真宗为"太子"。但根据前文的分析,我们不能确定此事发生在宋真宗为太子时,故正文中将宋太宗对宋真宗的称呼改为一般性的"皇儿"。

对刘娥来说，这次被逐出府第让她认清了一个现实，那就是作为以色事人的妓妾，身份地位并不牢靠，可能随时会成为牺牲品。虽然自己已经抓住了赵元休的心，可其他人仍然有可能干预自己的幸福甚至命运。刘娥在默默苦熬了数年后，终于等到了赵元休登基，才有了重回其身边的契机。①

步入后宫

至道三年（997）三月，宋太宗驾崩，赵元休（此时已改名为恒）即位，是为宋真宗。刚刚即位的宋真宗，本有许多事情急于处理，他却突然向宰辅们提出想要加封乳母刘氏。"先是，上以汉、唐封乳母为夫人、邑君故事付中书，因问吕端等曰：'斯礼可行否？如不可行则止，朕不敢以私恩紊政法也。'端等奏曰：'前代旧规，斯可行矣。或加以大国，或益之美名，事出宸衷，礼无定制。'"②得到吕端等人的肯定答复，宋真宗便下诏加封乳母刘氏为秦国延寿保圣夫人。

---

① 刘娥被逐出府邸的具体时间不详，即便按照《涑水记闻》卷5的记载发生在赵元休为太子期间，以此计算，等到他登基后将刘娥接到后宫，中间也有一两年时间；而若以前文分析，如果赵元休此时并未成为太子，那么时间恐怕会更长。
② 《续资治通鉴长编》卷41，至道三年八月己酉条，中华书局，2004年点校本。

宋真宗即位时遭遇了未遂政变，说明政局不稳，同时他还要迅速实现从太子到皇帝的角色转变，百忙之中的宋真宗如此急于加封乳母，乍看起来令人费解。其实，宋真宗此举背后颇有深意。

宋真宗九岁时，生母李氏去世，乳母刘氏多年来一直悉心照顾他，故二人感情深厚，宋真宗将刘氏视为母亲。宋真宗成为皇帝，刘氏本可以风风光光地安享晚年，不料此时刘氏已然年老体衰，疾病缠身。感念乳母多年的养育之恩，宋真宗希望刘氏生前能够享受到自己带给她的荣耀，便迫不及待地对其加封。①

除此之外，宋真宗心中还有一个不可告人的小算盘，那就是想借机将刘娥接回自己身边。宋真宗一直对刘娥旧情未断，而刘娥也深知宋真宗此时身份地位非同往昔，如果自己不抓紧时间早日入宫，时间一久，难保置身后宫佳丽群中的宋真宗见异思迁，所以她屡屡催促宋真宗赶紧将自己接入后宫。将刘娥接入宫中，其实只需要宋真宗一纸诏书，但懦弱胆小的宋真宗敬畏乳母刘氏，竟然不敢

---

① 刘氏于咸平元年（998）九月去世，距离接受封号仅一年。宋真宗与刘氏感情颇深。刘氏去世后，宋真宗在追封诏书中，一再强调刘氏的哺育之情："永言哺育之恩，敢忘贤明之德。"见《宋大诏令集》卷24《故秦国延寿保圣夫人刘氏改号秦国成圣继明夫人诏》，中华书局，1962年排印本。又见《续资治通鉴长编》卷43，咸平元年九月己未条："秦国延寿保圣夫人刘氏卒，上即时临丧，辍朝三日，亲奠哭，遣东宫旧给使辈素服申哀，改号曰'成圣继明'。上以乳保之恩，事之如母，自被疾，亲调药饵者逾月。既终，将举哀，以太宗丧始期，颇疑其事，令礼官定议，遂发哀于苑中，群臣奉慰。葬日，给卤簿，前一日，又临奠焉。"

下诏。因此他想通过加封来讨得乳母欢心，借机征得刘氏同意，将刘娥接入后宫——其作为完全就是一个胆小的孩子通过取悦严厉的母亲来达到自己目的的做法。由于宋真宗对刘氏的孝心和讨好，刘氏自然不会反对真宗的请求。于是，宋真宗欢欢喜喜地将刘娥迎入后宫。①

凭借宋真宗的宠爱成功翻身进入后宫，刘娥欣喜地看到宋真宗对自己的感情依然深厚，这是她日后在后宫立足的最大仰仗。与此同时，刘娥也意识到，如今的后宫与当初的王府已经不可同日而语，要想在后宫中处于更有利的位置，自己必须成为高级妃嫔。依宋制，后宫设一后（皇后）四妃（贵妃、淑妃、德妃、贤妃，均为正一品），妃下面设嫔（正二品），起初是九嫔，后增加至十七嫔。妃嫔之下是婕妤（正三品）、美人（正四品）、才人（正五品）和贵人（无品）。初入宫的女子一般是侍御、霞帔，进一步是封君（县君、郡君），封夫人、贵人。②宋朝后宫虽然设立了进阶等级，但实际上，嫔御的晋升完全根据皇帝的宠幸程度，得宠之人可以越级晋升。皇后郭氏与宋真宗多年夫妻，又诞下皇子，在后宫中的地位无人撼动，刘娥自然不会贪妄到欲谋求皇后之位，于是她便将目光盯上了仅次于皇后的贵妃之位。

---

① 《涑水记闻》卷6："徐使人请于秦国夫人，乃许复召入宫。"
② 《宋会要辑稿》后妃4之2。

在一班忠心耿耿的老臣辅佐下，登基后的宋真宗慢慢熟悉了做皇帝的感觉，年轻气盛的他一朝大权在握，不禁有些飘飘然。刘娥也觉得宋真宗现在是九五之尊，一言九鼎，便让宋真宗迅速提升自己的位分。被刘娥迷得神魂颠倒的宋真宗十分慷慨，答应刘娥将其直接从无品级的宫人提升到仅次于皇后的正一品贵妃。

一天夜里，宋真宗派遣内侍拿着写着要加封刘娥为贵妃的御笔手诏去找宰相李沆。李沆看完御笔手诏后，当着内侍的面直接将手诏烧毁，态度严肃地说道："你回去禀告陛下，就说我不同意此事。"内侍只得如实地回奏，宋真宗狂热的心慢慢冷静下来，他没有发火，反而觉得自己的做法有些鲁莽，心中颇为懊悔。[1]

身为一国之君的宋真宗想要加封后宫女子，为何还得事先征求宰相的意见？而且宰相不同意，宋真宗竟然毫无脾气地让步，这在

---

[1] 此据《吕氏杂记》卷下（大象出版社，2003年点校本），不过史料中只提到"问欲以某氏为贵妃如何"，并未提及某氏为刘娥。而《宋宰辅编年录校补》卷3（中华书局，1986年校补本）中提到此事时，则明确指出宋真宗"欲以后宫刘氏为贵妃"。另据《宋史》卷282《李沆传》："会契丹犯边，真宗北幸，命沆留守，京师肃然。……一夕，遣使持手诏欲以刘氏为贵妃，沆对使者引烛焚诏，附奏曰：'但道臣沆以为不可。'其议遂寝。"作者按，宋真宗即位后因契丹入侵，曾有过两次御驾亲征，分别是咸平二年（999）和景德元年（1004）。根据史料记载，李沆在宋真宗第一次亲征时担任东京开封留守，所以此时应是咸平二年。宋真宗在御驾亲征的紧张期间，必然全力于军务，而此时毫无理由地突然派遣使臣返回京城，要给一名毫无品级的宫人加封号，于情于理似乎都有些不可思议。所以本文虽然保留了这个故事，但删除了宋真宗亲征的背景。

今人看来，完全不可思议。其实，此事的背后反映出宋朝特殊的政治风格。

家事、国事

五代时曾出现过一些英主，如唐庄宗、唐明宗、周世宗等，他们都给各自的王朝带来了短暂的辉煌。这些英主离世后，由于缺乏制度保障，即位的嗣主一旦昏聩无能或者统御乏术，王朝很快便会崩溃。宋太祖、宋太宗兄弟看到了这一点，便有意识地通过设置一套复杂而周密的官僚制度来维护王朝统治，这样才能保证即便是庸主或者幼主在位时，王朝仍然能够平稳运行。这套官僚体制中最重要的载体便是文官集团。他们主要通过科举考试入仕，拥有丰富的政治经验，对王朝忠心耿耿，既能压制武人的势力，防止五代武人跋扈的现象再度出现，还能辅佐皇帝，为王朝稳定发展做出积极贡献。

在这种情况下，即便是乾纲独断的宋太宗，也不会随意破坏君主与文官集团之间的关系。为了让太子掌握儒家治国理念，宋太宗选择品行端良的士人来辅佐太子，并让太子在与臣僚的交往中养成谦逊有礼的习惯，能够虚心接受臣僚的有益建议，为将来君臣之间形成良性互动打下基础。①

作为宋太宗悉心培养的皇位继承人，宋真宗性格软弱且谦逊退让，对大臣尤其是宰辅重臣非常尊重。宰辅在尽心竭力辅佐皇帝的同时，对其一些不恰当做法敢于直言进谏。李沆之所以反对宋真宗加封刘娥为贵妃，除了背靠强大的文官集团，秉承宋初以来宰相敢于规谏皇帝的良好传统，还因为刘娥在加封前是没有任何位分的普通宫人，直接连跳数级成为贵妃，难以服众。另外还有一点不容忽视，赵元休在被立为太子后，李沆作为宋太宗挑选出来的辅佐之臣，已经在其身边服务，太子对李沆不仅信任而且尊重，甚至言听计从。可以说，各种因素叠加在一起，使得李沆敢于毫不客气地驳回宋真宗的诏令。

刘娥原本以为宋真宗身为九五之尊，可以无所顾忌，没想到皇帝在行使权力时仍然要考虑很多因素，比如宰相的态度。刘娥在这一刻领会到朝廷政治的复杂性，她意识到自己日后的进封之路不仅要依靠宋真宗，还要争取宰相的支持。鉴于目前自己势单力孤，在朝廷上并无奥援，刘娥暂时放弃了急于上位的想法，开始稳扎稳打地经营后宫。

---

① 这种君主与臣僚之间的相互配合，在宋神宗朝有一个生动的体现，就是宋神宗曾经不满地发出感慨："快意事更做不得一件！"宰相章惇毫不犹豫地驳斥说："如此快意事，不做得也好！"宋神宗听罢竟然无语。见《续资治通鉴长编》卷338。

立足后宫

宋真宗虽然贵为皇帝，但是除了皇后之外，才人以上的妃嫔只有七名。[1]当然，肯定还有一些没有位分或者位分比较低者没有统计在内。不过，总体上可以看出，宋真宗并非贪恋女色之人，后宫妃嫔并不多。

与其他妃嫔相比，无论在王府还是后宫时，刘娥都能游刃有余地游走于宋真宗和一众妃嫔间。郭皇后为人性格谦和，宽厚待人。[2]刘娥并不恃宠而骄，反而细心揣摩郭皇后的喜恶，刻意迎合讨好。

宋太宗从小培养皇子们节俭爱民，宋真宗即位后仍然保持了良好的简朴习惯，反对奢靡。[3]不知是否受宋真宗影响，郭皇后为人也崇尚节俭，厌恶奢华。看到这一点，刘娥平日里就特别注意自己的梳妆打扮，故意衣着简朴，尽量减少佩戴首饰。甚至她拥有位分后，衣着服饰仍然与普通的后宫女子并无不同。为了吸引宋真宗的注意，许多妃嫔争相佩戴珍贵的首饰，刻意精致打扮，与她们相比，简朴低调却又不失天然之美的刘娥反而赢得了宋真宗与郭皇后

---

[1] 此据《皇宋十朝纲要校正》卷3《真宗》。
[2] 《宋史》卷242《后妃传上·章穆郭皇后》："后谦约惠下，性恶奢靡。"
[3] 如《江邻几杂志》续补（大象出版社，2003年点校本）中记载的一件事可作例证："真宗禁销金，自东封回，杜婕好者，昭宪太后侄女，迎驾服之，真宗见之，怒，送太一宫，令出家为道士，是以天下无敢犯禁者。"

的好感与赞赏，在后宫中的地位愈发稳固。

之前贸然鼓动宋真宗加封贵妃失败，让刘娥清醒地意识到自己一步登天的想法太过急躁，反而容易牵动前朝宰相的神经，适得其反。此后数年间，刘娥除了固宠，并不急于让宋真宗为自己加封号。直到景德元年正月，宋真宗才下诏加封刘娥美人（正四品）。至此，入宫后经过六七年的时间，刘娥终于从无品级的"后宫刘氏"擢升为品级不低的美人。[1]大中祥符二年（1009）正月，刘娥又晋位修仪（正二品），由此一步步地巩固了自己在后宫的地位。

由于没有强大的家族作为坚实的后盾，刘娥开始在后宫中寻找帮手，为自己助力。她很快找到了一位坚定的盟友——婕妤杨氏。杨氏也是四川人，年龄比刘娥小，家世普通。杨氏貌美聪慧，同样颇受宋真宗宠幸，品级仅次于刘娥。景德元年，杨氏和刘娥同时被加封，杨氏为才人（正五品），刘娥为美人；大中祥符二年，杨氏又和刘娥同时进封，其被封为婕妤（正三品）。[2]刘娥利用同乡关系与杨氏交好，并对其加以笼络。杨氏看到刘娥聪慧善谋划，长袖善舞，无论宋真宗还是郭皇后都很喜欢她，在后宫中颇为得宠，为了避免日后受到刘娥的排挤，杨氏便事事谦让且为其出谋划策，

---

[1] 《续资治通鉴长编》卷56，景德元年正月乙未条。
[2] 《宋会要辑稿》后妃1之2。

从而赢得了刘娥的信任，成为刘娥在后宫中的重要帮手。[1]郭皇后仁弱、宋真宗专宠，外加自身的圆滑手腕，刘娥在后宫中的地位非常牢固。

刘娥是个聪明人，她知道色艺虽然能够迷住宋真宗一时，但并非长久之策，一旦自己人老珠黄，容颜不在，难保宋真宗不会移情别恋，而后宫中最不缺少的就是年轻貌美且多才多艺的女子。在这种危机意识的推动下，刘娥有意识地从其他方面提升自己对宋真宗的吸引力，让宋真宗真正离不开自己。

与闻政事

宋太祖、宋太宗吸取了五代时期君弱臣强以致天下动乱的历史教训，刻意强化皇权。特别是宋太宗，恨不得将所有权力都紧紧掌握在自己手中，大事小情都尽可能过问，凡事都必须经过他的批准。在这种情况下，宋太宗每天都要处理大量奏章。不过宋太宗并不感觉辛苦，反而以此为乐。

宋真宗即位后努力仿效太宗勤政，每日退朝后批阅奏章，经常

---

[1] 《宋史》卷242《后妃传上·杨淑妃》："章献太后为修仪，妃与之位几埒。而妃通敏有智思，奉顺章献无所忤，章献亲爱之。故妃虽贵幸，终不以己间。"

忙到深夜都不休息。宋真宗宠幸刘娥，经常令刘娥侍寝。刘娥逐渐注意到，几乎每次见到宋真宗时，他都在埋头批阅奏章。宋真宗批阅奏章很是辛苦，但又不肯放心假手于大臣。于是刘娥便动了心思。刘娥出身社会底层，原本并无文化修养，但当年住在张旻家中，刘娥闲来无事，就开始读书识字。赵元休被封为太子，成为皇储后，刘娥意识到他以后要成为一国之君治理天下，自己要想从后宫妃嫔中脱颖而出，必须掌握各种知识，于是她更加勤奋地学习。后来因为加封贵妃一事受挫，刘娥开始有意识地留意朝廷动向，对朝政运行有了一些初步认识。

刘娥的这些努力逐渐显现成效。宋真宗与刘娥聊天时，常会问问后宫的一些事情，刘娥便引经据典，娓娓道来。偶尔谈及朝政，刘娥也会发挥自己的聪明才智，总能在纷繁复杂的事务中迅速理出思路，抓住重点，给宋真宗出谋划策。有时候三言两语，就能让宋真宗恍然大悟。[1]刘娥的表现令宋真宗刮目相看，觉得她不仅美貌、擅长舞乐，还颇有才智、见识，实属难得。宋真宗很庆幸自己能有刘娥这样的贤内助，于是经常与其讨论朝廷事务，甚至还教导刘娥如何批阅奏章。大中祥符年间（1008—1016），宋真宗忙于东封西祀，斋醮频繁，大兴土木修建宫观，于是朝廷的一

---

[1] 《宋史》卷242《后妃传上·章献明肃刘皇后》："后性警悟，晓书史，闻朝廷事，能记其本末。真宗退朝，阅天下封奏，多至中夜，后皆预闻。宫闱事有问，辄傅引故实以对。"

般事务几乎完全依靠宰相王旦等人处理，而批阅奏章一事则交给了刘娥。在这种历练之下，刘娥日益熟悉朝政运行，对政治也越来越感兴趣。

将门之女

当年刘娥入府后得到韩王宠幸，龚美也跟着沾了光，不再锻银，他被留在开封府当差，成为韩王的亲随。获封美人后，刘娥为了稳居后宫，不但在宫内发展势力，还想方设法寻求宫外的帮扶。可惜放眼周围，除了龚美，刘娥身边似乎并无可依靠之人。思前想后，刘娥做出一个大胆的决定：让龚美改姓刘，变成自己的娘家人。刘娥先私下与龚美进行沟通，然后征得宋真宗的同意，让龚美改名刘美，对外宣称其是刘娥的兄长。至此，对刘娥而言，龚美（即刘美）从前夫变成了兄长。

在今人看来，从龚美到刘美的这个身份转变实在有些令人跌破眼镜，不过在当时的情况之下，这可能是刘娥最好的选择。刘娥在宋仁宗朝初年垂帘听政时，大肆封赏亲戚，除却刘美一支亲族外，并无其他亲族，足以说明刘娥并没有族人可以依靠。因此，刘娥让龚美改姓，冒充自己的兄长，实在也是无奈之举。关于这一点，各位史家看得也非常清楚，于是有人明确指出："以其无宗族，乃更以美为兄弟,改姓刘。"①

作为前夫,龚美与刘娥应该是有一定感情的,当初迫于生活压力,龚美才不得不将刘娥卖为妓妾。刘娥得宠后,龚美的生活境遇得到极大改善,如今通过假冒刘娥兄长,既能继续保持荣华富贵,还能帮助刘娥,对龚美来说自然是上佳选择,他没有理由拒绝。

对宋真宗来说,成为其亲随后的龚美,为人谨慎尽力,应该受到充分信任。②宋真宗即位后,他与龚美之间的身份地位进一步拉开距离,宋真宗完全相信龚美与刘娥之间不可能或者不敢有任何非分的举动。而且龚美与刘娥成为"兄妹",还可以顺便掩盖二人之前的关系。出于对刘娥的宠幸,同时考虑到刘娥的真实情况,宋真宗同意让龚美改姓并假冒刘娥的兄长。现在,刘娥总算有了"兄长"刘美作为娘家人在宫外支持,不再是一个人在战斗。

咸平六年(1003),宋真宗的次子、九岁的赵祐不幸夭折,痛失爱子的郭皇后悲伤过度,一病不起,缠绵病榻几年后,于景德四年(1007)四月去世,终年三十三岁。③

---

① 《宋史》卷242《后妃传上·章献明肃刘皇后》。
② 《宋史》卷463《外戚传·刘美》:"美即后之兄也。初事真宗于藩邸,以谨力被亲信。"
③ 《宋会要辑稿》后妃1之2,上海古籍出版社,2014年点校本;《续资治通鉴长编》卷65,景德四年四月辛巳条。作者按,郭氏嫁给宋真宗的时间,《宋史》卷242《后妃传上·章穆郭皇后》作淳化四年(993),这样算来,潘氏去世于端拱二年(989),四年后宋真宗才续娶,似乎间隔时间久,故此处采纳《宋会要辑稿》淳化二年(991)说法。

郭皇后去世，皇后之位空悬，包括刘娥在内的后宫妃嫔们看到了一丝晋位的希望。宋真宗属意刘娥为皇后，刘娥高兴之余却并未得意忘形，经过多年的历练，此时的刘娥心思更加缜密，她一直没有忘记当年李沆焚烧诏书之举，知道立后并非仅仅宋真宗同意便可，还需要获得朝廷重臣特别是宰相的支持。刘娥觉得自己只是美人，位分不高，尚不具备成为皇后的条件，便极力推辞。宋真宗也明白此时册立刘娥为皇后并非最佳时机，便也没有急于一时，而是继续"包装"刘娥，努力让其更符合皇后的标准。

大中祥符元年（1008）四月，宋真宗宣布准备举行泰山封禅，刘娥、杨氏随行伴驾。五月，宋真宗下诏追赠外祖父、外祖母。刘娥利用这个机会，趁机奏请追赠自己和杨氏的父母，宋真宗于是下诏："美人刘氏父故虎捷都指挥使、嘉州刺史通赠颍州防御使，母庞氏追封京兆郡君；才人杨氏父故崇仪使知俨赠单州团练使，母张氏追封清河县君。"[1]刘娥此举很巧妙，既拉拢了盟友杨氏，又达到了自己的目的。

根据《宋史》记载，刘娥的祖父刘延庆在五代后晋、后汉间曾担任右骁卫大将军，父亲刘通，担任过虎捷都指挥使、嘉州刺史。开宝二年（969）年，宋太祖二度讨伐北汉，刘通不幸在进军途中

---

[1] 《续资治通鉴长编》卷69，大中祥符元年五月庚辰条、七月乙亥条。

去世，撇下尚在襁褓中的刘娥。[1]表面上看起来，刘娥与好姐妹杨氏的父亲都是武将，门第并不太差。而事实上，刘娥与杨氏包装的将门之女出身都非常可疑。[2]因为宋真宗即将封刘娥为皇后时，宰相丁谓让翰林学士杨亿草拟封后诏书，杨亿向丁谓询问刘娥祖上三代的情况，丁谓无言以对，只能用荣华富贵来诱惑杨亿。这恰恰说明刘娥所谓的将门之女极有可能并非真实，而且此事众人皆知无法掩盖。也正因如此，杨亿才敢于理直气壮地回绝丁谓。事后宋真宗并未指责杨亿，只是尴尬地说杨亿为人性格太直，不好商量，这从另一个方面说明宋真宗心中也清楚刘娥所谓的武将祖先纯粹是向壁虚构，甚至捏造者就是宋真宗本人。另外，朝中反对立刘娥为皇后的大臣们最重要的理由就是刘娥出身"寒微"，不适合母仪天下。如果刘娥出身将门，即便家道落败，也不至于以"寒微"称之，这只能说明刘娥出身社会下层。

至于为何刘娥称祖上是武人而非文官，这与宋太祖、宋太

---

[1] 《宋史》卷242《后妃传上·章献明肃刘皇后》记载刘通去世时，刘娥尚在襁褓中，可推断刘通卒于宋太祖第二次讨伐北汉途中。《续资治通鉴长编》卷92，天禧二年六月条记载刘通于"太平兴国中，护跸太原，卒于师，权窆京城西"，将刘通去世系于宋太宗消灭北汉的战争期间，但此时刘娥已经十岁，与《宋史》所记刘娥"在襁褓而孤"不合。

[2] 《续资治通鉴长编》作者李焘在加封刘娥、杨氏父母诏令的正文后加注释："正史章惠杨皇后传：祖瑶，父知俨，皆不仕。此云崇仪使，当考。"此处正史指的是北宋仁宗朝官修的记载宋太祖、宋太宗、宋真宗朝的《三朝国史》，说明杨氏的将门出身值得怀疑。

宗的诸位皇后均出身于武人家庭有关。假若刘娥与宋太祖、宋太宗的诸位皇后出身能保持一致，那么其成为皇后就显得顺理成章了。

通过精心的包装，刘娥由一个出身卑贱的女乐，摇身一变成为将门之女，还有刘美这个"兄长"在宫外帮扶，初步摆脱了刚入宫时势单力薄的不利局面。刘娥并未止步于此，而是趁热打铁，利用泰山封禅顺利成行和宋真宗心情大好的机会，继续讨要封赏。于是次年（1009）正月，宋真宗又下诏刘娥由美人升为修仪、杨氏由才人升为婕妤。随着刘娥在后宫中地位的不断提高，她开始觊觎皇后之位。不过，她知道自己距离中宫之位还有很长一段路要走——至少她需要先有一个儿子。

母以子贵

宋真宗一生有六个儿子、两个女儿，人数不少，但最终长大成人的不多。两个女儿中的长女早早夭折，六个儿子中，除了郭皇后所生的赵祐和后来的宋仁宗赵祯外，其他四个儿子都在出生后不久就死了。赵祐夭折后，三十六岁的宋真宗竟然膝下空空。随着年纪越来越大，宋真宗对于皇嗣的渴望与焦虑也与日俱增，甚至祈求上天赐给他儿子。①看到这种情况,刘娥感觉只要自己能够生下皇子,就一定可以顺利入主中宫。

刘娥先后嫁给龚美、宋真宗,并获得宋真宗的宠幸,可多年来始终未曾生育一儿半女,她意识到自己恐怕无法生育。对于后宫之中的妃嫔们来说,皇嗣是除了皇帝的宠爱之外另一种改变身份地位最重要的工具,刘娥深知这一点。既然自己无法生育,为了巩固地位,刘娥不得已采取了一个"曲线救国"的方法。她想让身边信任的侍女通过侍寝怀上皇子,然后将孩子放在自己身边抚养长大,这样刘娥就相当于拥有了自己的孩子。

经过一番细细筛选,刘娥选中了身边的侍女李氏。李氏出身贫寒,弟弟用和年轻时以凿纸钱为生,后来沦落到衣食难以为继的地步。②李氏为人老实巴交,沉默寡言,入宫后地位很低,势单力孤,因此容易被控制。③在刘娥的精心安排之下,李氏有了接触宋真宗的机会。有一天,宋真宗要净手,刘娥特意让精心打扮的李氏端来

---

① 《养疴漫笔》,大象出版社,2017年点校本:"真宗久无嗣,用方士拜章至上帝所。"也见《尧山堂外纪》卷45,中华书局,2019年点校本:"宋真宗无子,尝于宫中祝天求嗣。"
② 《续资治通鉴长编》卷111,明道元年三月戊子条:"初,李宸妃入宫,其弟用和才七岁,后不复相闻知。用和穷困,凿纸钱为业,居京师。"同样,《宋史》中对李宸妃的家世也进行了粉饰:"李宸妃,杭州人也。祖延嗣,仕钱氏,为金华县主簿;父仁德,终左班殿直。"
③ 《宋史》卷242《后妃传上·李宸妃》:"初入宫,为章献太后侍儿,庄重寡言,真宗以为司寝。"

水盆，伺候宋真宗。宋真宗看到李氏年轻貌美，一双玉手皮肤细腻，光滑如玉，对她颇有好感。宋真宗净手之后，又问了李氏几句话，她回答得也很得体，这给宋真宗留下了不错的印象，很快便让李氏做了自己的司寝。

又有一天，宋真宗与李氏聊天，李氏害羞地对宋真宗说："臣妾昨晚做了一个梦，梦见一个身穿羽衣的神仙赤着足从天而降，对我说：'我给你做儿子。'"当时宋真宗正为没有子嗣的事情而焦虑，听了李氏的一番话，不禁心花怒放，心想难道自己的子嗣真的是上天的神仙下凡，要降在这个女人身上？于是他高兴地对李氏说："既然神仙已经有了明示，朕就为你圆了这个梦。"当晚就召李氏侍寝。过了一段时间，李氏竟然真的怀孕了。①

李氏怀孕后，宋真宗和刘娥都期盼她能够生下皇子。有一次李氏陪同宋真宗站在高台之上，不小心头上的玉钗掉落台下。李氏觉得很不开心，宋真宗却心里一动，开始默默占卜：如果玉钗完好无损，李氏便会生儿子，否则便是女儿。等手下人将玉钗捡回来交给李氏时，宋真宗发现玉钗竟然完好无损，于是龙颜大悦，感觉自己

---

① 参见《挥麈录》原文：章懿李后初在侧微，事章献明肃。章圣偶过阁中，欲盥手，后捧洗而前。上悦其肤色玉耀，与之言。后奏："昨夕忽梦一羽衣之士，跣足从空卜云：'来为汝子。'"时上未有嗣，闻之大喜曰："当为汝成之。"是夕，召幸有娠。

的占卜很灵验。①

大中祥符三年（1010）四月十四日，李氏诞下皇子，取名受益（就是后来的宋仁宗）。因为与自己心中占卜的结果一致，宋真宗十分高兴。适逢当日开封府知府周起前来奏事，宋真宗喜形于色地对周起说："卿知道朕今天有喜事吗？"周起回答说："臣不知。"宋真宗说："朕刚刚得了皇子。"说完便起身回到禁中，一会儿怀揣着金钱币出来，掏出来赏赐给周起。②按照礼节，宋朝皇子、皇女诞生，皇帝要在宫中赐宴群臣，并给予臣僚绢帛等赏赐。宋真宗多年盼子心切，一朝得子喜不自禁，甚至等不及正式宣布皇子诞生再行赏，当场就以金钱赏赐周起，可见其喜悦之情。

皇子诞生，解决了宋真宗无子的焦虑，刘娥也达到了目的。李氏因诞下皇子有功，被封为县君。她的儿子则直接被刘娥抱走，视为刘娥的孩子。刘娥如愿以偿有了儿子，自然将其视作手中重要的筹码，绝对不允许他人染指。因为既要帮助宋真宗处理奏章，还要随时注意后宫的动态，刘娥无力独自抚养赵受益，但又不放心将孩子交给其他人，思前想后，便决定孩子由她和杨婕妤共同抚养。赵受益是当时宋真宗唯一健在的皇子，关系到未来的江山社稷，刘娥

---

① 《宋史》卷242《后妃传上·李宸妃》："既有娠，从帝临砌台，玉钗坠，妃恶之。帝心卜：钗完，当为男子。左右取以进，钗果不毁，帝甚喜。已而生仁宗，封崇阳县君；复生一女，不育。"
② 《续资治通鉴长编》卷73，大中祥符三年四月癸亥条；《宋史》卷242《后妃传上·李宸妃》。

此时在后宫的地位已经十分稳固，但她仍然不敢有丝毫大意，下令后宫严密封锁赵受益是李氏所生的消息，同时隔绝李氏与赵受益的接触，不允许任何人向赵受益透露出哪怕一星半点儿李氏的信息。在刘娥的严格保密下，赵受益从小便以为刘娥是自己的亲生母亲，杨婕妤是自己的姨母，二人抚养自己长大，于是他称刘娥为大娘娘，称杨婕妤为小娘娘。①

李氏很清楚自己的尴尬地位，为了自保，她不敢与儿子相认，一直默默地待在后宫中，做个透明人。李氏先于刘娥去世，刘娥一开始打算掩人耳目，悄悄处理其丧事，不过因宰相吕夷简的强势干涉未果。虽然如此，此事在当时还是引起了人们的一些遐想。刘娥去世后，宋真宗的弟弟燕王赵元俨告诉宋仁宗真相，并态度严肃地说："陛下乃李宸妃所生，妃死以非命。"②燕王是宋仁宗的亲叔叔，地位尊崇，他的话可信度还是极高的，于是宋仁宗也不禁心生怀疑。宋仁宗让舅舅李用和利用开棺迁葬的机会前去查看，发现李氏的尸体并无异样，证明她并非死于非命，此事就此了结。③

---

① 《续资治通鉴长编》卷82，大中祥符七年二月丁未条："刘皇后以为己子，使杨婉仪保视之，故仁宗常呼后为大娘娘，婉仪为小娘娘。"《铁围山丛谈》卷1："国朝禁中称乘舆及后妃多因唐人故事，谓至尊为'官家'，谓后为'圣人'，嫔妃为'娘子'，至谓母后亦同臣庶家，曰'娘娘'。"作者按，大中祥符六年（1013），杨婕妤进封婉仪。
② 《宋史》卷242《后妃传上·李宸妃》。
③ 《续资治通鉴长编》卷112，明道二年四月庚子条。

晋位皇后

刘娥有了皇子在身边，在迈向皇后的道路上走得更加坚实。大中祥符五年（1012）五月，刘娥升为德妃（正一品），为了表示重视，宋真宗令有司挑选黄道吉日准备册封礼。

从宋初以来，立皇后和妃嫔均不举行册封礼，此番宋真宗一改先例，大费周章地为刘娥举行册封礼，无疑是为了表示自己对刘娥的重视。另外，刘娥被册封为德妃，似乎也是宋真宗有意为之，因为宋太宗的皇后李氏（非宋真宗生母）在晋位皇后前，便是德妃。刘娥此次被封为德妃，也有着仿效李皇后故事的意思。

在皇后之位空缺的情况下，刘娥已经是后宫中地位最高的妃嫔了，再加上宋真宗接二连三或明或暗地表态，她成为皇后似乎是水到渠成之事。立后虽然是皇帝的私事，但皇后母仪天下，关乎国家，再加上之前李沆的反对，所以宋真宗和刘娥此次不再像上次那样急于求成，而是稳健行事，一步步试探朝廷重臣们的意见。

随着宋真宗越来越明显地倾向于立刘娥为皇后，朝廷中的官员们自然而然地分成两个阵营。其中一派迎合宋真宗的意思，拥立刘娥为皇后，可以称为"挺刘派"，以王钦若、丁谓、陈彭年等人为代表。这些人大多来自南方，随着北宋逐渐统一南方而入仕朝中，因此相较北宋北方地区的官员，他们自然入仕较晚，故在朝中的地位相对较低。王钦若等人都颇有才智，不甘心久居他人之下，于是他们几乎事事都迎合宋真宗的做法，为自己谋求升迁之路。另一派人则反对立刘娥为皇后，可以称作"反刘派"，以赵安仁、李迪、杨亿等人为代表。这一派人员的构成比较松散，他们从维护皇权尊严和体面出发，认为刘娥出身寒微，配不上皇后的尊位。其中李迪就屡屡上书，劝谏宋真宗不要册立刘娥为皇后。[①]赵安仁则直接称后宫的沈才人乃宋太宗朝宰相沈义伦的孙女，出身相门，地位高贵，更适合做皇后。[②]一时间，两派各执一词，互不相让。其余臣僚们则采取观望态度。

对于这件关乎自己今后命运的大事，当事人刘娥自然不会无动于衷。她一方面牢牢地将宋真宗拉到自己一边，以确保最大的优势，同时暗地里通过刘美时刻掌握着前朝的动态。她很快便联络到丁谓、王钦若等大臣。刘娥很清楚丁谓等人之所以支持自己，不过是借机讨好宋真宗以争权夺势，但她现在并不想考虑太多，只需要他们在前朝为自己冲锋陷阵，而她则利用宋真宗的宠信，不露痕迹地在宋真宗面前为他们美言。作为最大"挺刘派"的宋真宗，虽然碍于身份不方便直接上场，但为了刘娥能够在这场角逐中胜出，他事实上默认了刘娥与丁谓、王钦若等人的联合。

[①] 《宋史》卷310《李迪传》："初，上将立章献后，迪屡上疏谏，以章献起于寒微，不可母天下。章献深衔之。"

[②] 《续资治通鉴长编》卷78，大中祥符五年九月戊子条："先是，上议立皇后，安仁谓刘德妃家世寒微，不如沈才人出于相门。上虽不乐，然察其守正，不罪也。"

有了宋真宗的支持,"挺刘派"的丁谓等人士气高涨,迅速在朝堂上占据了上风。不久,"反刘派"的赵安仁被排挤出朝廷中枢,王钦若、丁谓等"挺刘派"获得晋升。朝廷的局势已经表明,宋真宗执意要立刘娥为皇后,此时唯一还有可能阻拦此事的只有宰相王旦了。王旦与赵安仁的态度一致,也不太认同立刘娥为皇后。赵安仁被罢免,让王旦看到了宋真宗立刘娥为皇后的决心。虽然心有不满,但王旦不像李沆那样有胆量,不敢公然表态反对,又不想主动向刘娥示好,于是便采取了折中方式。王旦以身体不适为由告假在家休养,想避开这个风头,任由王钦若等人执掌朝局。

王旦告假,朝堂上几乎无人能够反对立刘娥为皇后,王钦若、丁谓等人认为胜券在握,为了巴结宋真宗和刘娥,拼命鼓动宋真宗早日宣布立刘娥为皇后。在当时的情况下,宋真宗完全可以直接下诏宣布立后。本来看起来一切已是水到渠成,刘娥却突然叫停了。

原来心思缜密的刘娥经过一番思量,觉得现在宣布立后还有些不稳妥。王钦若等人虽然位高权重,并且深得宋真宗的宠信,但真正的国家栋梁还是王旦,宋真宗真正放心将国家大事托付出去的人也只有王旦。与声名不佳的王钦若等人相比,王旦在群臣中一直保持着良好的声誉,他的一举一动也被群臣视作导向与楷模。正因如此,当初宋真宗虽然已经被王钦若说服准备举行封禅仪式,但仍然在最后关头要考虑王旦的态度,并且让王旦全程参与,就是想借王旦的名望来压服住百官。所以,如果此时宋真宗直接宣布封后,虽然事情并不会发生变化,但王旦"恰巧"称病告假,不在朝中,很容易给人一种他故意摆出不合作的态度来表示反对的感觉,那么自己的皇后之位便显得有些不能服众。对于刘娥来说,她不仅仅需要一个皇后的封号,她还想做一个名正言顺的、让所有臣僚都尊重服从的皇后。

于是,刘娥向宋真宗提出能否暂缓封后。宋真宗一开始觉得很奇怪:刘娥对皇后之位已渴望多年,自己也为之谋划了多年,如今这个梦想即将实现,为何刘娥要临时叫停?刘娥委婉地告诉宋真宗说,立后是国家大事,宰相王旦现在正居家养病,还是等宰相病好与他认真商量后再做决定。宋真宗原本还想劝说刘娥不必考虑那么多,但刘娥恳请宋真宗,一定要与宰相王旦商量后才能继续推进册封皇后一事。

此时正在大力为刘娥封后鼓吹的王钦若突然发现宋真宗停止了封后的动作,经过一番打探,他很快知道了事情的原委。王钦若一方面觉得刘娥太过小心谨慎,另一方面更加痛恨王旦——明明他不在朝廷中,却仍然能够影响朝廷大事;而自己虽已大权在握,却还要受制于王旦。

王钦若乘机派人到处散布王旦有意反对宋真宗立后,给王旦施压。王旦听闻流言后,立即明白了王钦若等人的险恶用心,也知道自己已经无法置身事外,必须公开表明态度。他权衡利弊,觉得刘娥面对渴望多年的皇后之位,能够在唾手可得的情况下叫停封后事宜，说明此人心机深重，善于隐忍，绝非寻常妃嫔，不可等闲视之。既然现在阻止刘娥封后的可能性非常小，与其公然反对给自己徒增一个强大的政治对手，还不如与其保持良好的关系，至少不至于让刘娥这位未来的皇后完全倒向王钦若一方。两害相权取其轻。想清楚了这一点，王旦立刻上书宋真宗，先向其告罪，称因为自己患病居家，耽误了处理朝政，请求宋真宗原谅，接着他明确表态自己绝对没有反对立德妃为后的想法。不仅如此，王旦还以宰相的身份郑重其事地向宋真宗进言，称皇后之位空悬已久，不能再耽搁了，需要赶紧将刘娥立为皇后，以安抚天下人心。①

王旦的上书让刘娥非常高兴。刘娥知道王旦是个聪明人，懂得审时度势，清楚自己真正的顾虑所在，便以宰相身份给了自己充分的体面。在封后这件事情上，王旦与刘娥二人心照不宣——王旦通过表态向刘娥示好，刘娥也明白王旦在朝廷中的重要性。此后，刘娥对王旦一直很客气。王旦过世多年后，已经以皇太后身份垂帘听政的刘娥，依然用王旦作为表率来勉励新晋升的宰执。②

王旦的公开表态让宋真宗也很满意，他顺水推舟，下诏答应了中书门下提出的封后请求：

---

① 《续资治通鉴长编》卷79，大中祥符五年十二月丁亥条。
② 《王文正公遗事》，中华书局，2017年点校本。"吕文靖夷简、鲁肃简宗道初参知政事，二妻入谢，章献太后语之曰：'尔各归语其夫，王某在政府多年，终始如一。先帝以此重之，宜为师范也。'"

> 中宫正位，取法坤仪。顺天德以厚人伦，率阴礼而修内职。乃眷椒涂之列，久虚象服之尊。卿等位列秉枢，义深同体。旅陈封奏，敷述旧闻。以壸范之攸先，盖宗祐之斯奉。形于恳恻，备体公忠。方择善猷，聿颁礼命。所请宜允。①

一切都是那么顺其自然。大中祥符五年十二月丁亥日（1013年2月7日），宋真宗下制，正式册封刘娥为皇后：

> 朕仰承嘉运，嗣守鸿基。思厚人伦，聿崇王化。眷惟中壸，实有旧章。宜得淑贤，佐于忧勤。爰敷明命，诞告外庭。德妃刘氏，毓粹高门，钟英甲族。载挺闲和之质，茂昭婉嫕之风。览图史之格言，早扬惠问；躬组䌳之懿绩，实显令猷。自升冠于掖庭，颇贸更于岁月。肃雍之美，表率于六宫；敦睦之仁，协和于九族。事遵彤管，兆叶玉衣。邦教聿隆，嫔则攸著。长秋虚位，宰府上言。援据古今，契予褒择。於戏！《诗》有思齐之咏，《易》垂厚载之文。福祉攸滋，邦家所赖。肃膺典册，其懋戒哉！可立为皇后，择日备礼册命。②

---

① 《宋大诏令集》卷18《答群臣乞立后诏》。
② 《宋大诏令集》卷18《立德妃刘氏为皇后制（大中祥符五年十二月丁亥）》。

在封后制书中，宋真宗一方面不忘再次强调刘娥出身"高门""甲族"，身份地位配得上皇后之尊；另一方面，他还指出，这次封后是中书门下提出的——"长秋虚位，宰府上言"——自己只不过是顺应人心民意罢了。

"反刘派"最终失败，不得不接受刘娥成为皇后的事实，但他们私下里仍然通过不合作来表达心中的不满。册立皇后之时，宋真宗打算让知制诰杨亿起草册封皇后的制书，想借助杨亿的生花妙笔为刘娥增光添彩。但杨亿为人耿直，先前在撰写朝廷答复契丹的文书时，杨亿便不同意宋真宗对文书词句的修改，最后宋真宗只得无奈地对辅臣们说："杨亿真是个有气性的人，一点儿也不肯商量。"[①]杨亿是个崇尚名节的士大夫，他觉得刘娥不配做皇后。宋真宗让丁谓前来宣旨，命杨亿撰写册后制书。杨亿不肯下笔，于是假意提出，根据典礼，册后制书中需要题写皇后的祖上三代情况，询问丁谓刘娥祖上三代的情况。面对杨亿的询问，心虚的丁谓无言以对，只好对杨亿说："大年（杨亿的字）不必多问，制书之事，只要勉力为之，何愁不会荣华富贵？"杨亿斩钉截铁地回答说："这样的富贵，也不是我想要的！"仍然拒绝撰写册后制书。[②]面对不肯配合的杨亿，宋真宗也无可奈何，只好另外找其他学士撰写制书。王

---

① 《续资治通鉴长编》卷80，大中祥符六年六月己巳条："杨亿真有气性，不通商量。"
② 《江邻几杂志》卷上："真庙将立明肃为后，令丁晋公谕旨杨大年。丁云：'不忧不富贵。'大年答：'如此富贵亦不愿。'"

钦若、丁谓等人见宋真宗对杨亿心有不满，借机屡进谗言。次年，杨亿便被赶出了朝廷，出任地方。

经过一番波折，刘娥最终如愿以偿成为皇后。欣喜之余，刘娥也深深地意识到出身确实是自己的一大软肋，虽然迫不得已将前夫变成自己的兄长，算是多了一个族人，但她知道单凭刘美这个兄长还不足以壮大自己的力量。成为皇后的刘娥积极努力地与朝中刘姓名宦攀亲戚，试图直接改变自己的出身。对于刘娥的这一想法，宋真宗也大力支持。二人经过一番商量，开始物色刘姓朝臣中的合适人选。

刘娥之前声称自己祖上是山西人，后来移居四川，[①]所以她首先物色朝臣中的刘姓山西人。刘娥很快选定了权知开封府刘综。刘综为人精明能干，颇具管理才能，很得宋太宗和宋真宗的赏识。[②]刘娥不方便直接与朝臣接触，于是她通过宋真宗，以美差为诱饵，向刘综抛出橄榄枝。一天，宋真宗召见刘综，和颜悦色地说道："卿与后宫之人是近亲，朕已经准备给你拟一个美差，你知道吗？"宋真宗说得很含蓄，但精明的刘综一下子领会了宋真宗话中的含义，不过为人"尚气好胜"的刘综不肯糊里糊涂地应承此事，他故意假装诧异地用家乡方言回答道："臣原本是河中府人氏，家世单薄，

[①] 《宋史》卷242《后妃传上·章献明肃刘皇后》："章献明肃刘皇后，其先家太原，后徙益州，为华阳人。"
[②] 《宋史》卷277《刘综传》："综强敏有吏材，所至抑挫豪右，振举文法，时称干治。"

不曾有亲戚在后宫之中。"[1]这个回答令宋真宗感到十分尴尬，此事只好作罢。

刘综拒绝了官爵的诱惑，让刘娥有些失落。而没有名门望族的家世，一直让刘娥心有不甘，此后十余年间，甚至直到她成为太后以后，都并未死心。为此，她决定改变策略，不再拘泥于只寻找山西籍官员，而是把目光投向任何出身名门的刘姓官员。权发遣开封府事刘烨家世高贵，其十二世祖为北齐中书侍郎，此后历代皆为官，有谱牒为证。于是刘娥相中了刘烨。为了更好地达到目的，这一次刘娥干脆亲自出马，开门见山地对刘烨说："我知道卿是洛阳名族，打算看一下卿的家谱，咱们俩恐怕是同宗之人。"刘烨自然明白刘娥的想法，但他与刘综一样拒绝了刘娥，回答道："臣不敢。"刘娥不甘心，数日后再次询问刘烨相同的问题，刘烨则态度坚决，始终不肯拿家谱给刘娥看。[2]刘娥看刘烨如此不配合，心中

---

[1]《画墁录》，大象出版社，2006年点校本："刘综知开封府，一日，奏事毕，真庙延之，从容曰：'卿与中宫近属，已拟卿差遣，当知否？'综变色作秦音：'启陛下，臣本是河中府人，出于孤寒，不曾有亲戚在中宫。'"河中府治所为河东县（今山西省永济市西南蒲州镇），辖境约今山西省西南部龙门山以南，稷山、芮城县及运城市以西，陕西省大荔县东南部地区。
[2]《续资治通鉴长编纪事本末》卷27《庄献垂帘》："煜（烨）尝权发遣开封府事，独召见，太后问曰：'知卿名族，欲一见卿家谱，恐与吾同宗也。'煜曰：'不敢！'他日，数问之，煜无以对。"作者按，据《宋史·刘综传》，刘综任权知开封府为大中祥符四年（1011）事；而据《河南先生文集》卷13《刘公墓表》，刘烨任权发遣开封府事为天圣二年（1024）事。

第一章　歌妓变皇后　　047

虽然不快但也只能作罢。

刘娥三番两次碰钉子，心中自然明白，朝臣中不齿于自己卑贱出身的人为数不少，他们虽然不敢公开反对自己成为皇后，但内心深处仍然瞧不起自己。既然朝廷中的刘姓大臣不肯配合自己，性格刚毅的刘娥后来索性不再低声下气地与他们套关系、攀宗亲，而是正大光明地打造自己祖先的出身。刘娥相信，只要有宋真宗在背后鼎力支持，无论她出身如何，别人如何看待她，都不能改变她是大宋皇后的事实。

立后中的暗流

刘娥从社会下层的歌妓，经过二十余年的不懈努力，最终平步青云成为中宫之主，除了宋真宗的宠幸和始终如一的支持这一最重要的因素外，还离不开当时社会大环境的变化，其中变化之一是宋朝皇帝在挑选皇后时并不过分重视门第。

中国古代皇帝虽然可以拥有众多妃嫔，但一般只有一名可作为正妻的皇后。一帝一后的搭配，符合中国传统文化中一阴一阳结合、乾坤交泰之意。正因如此，一旦皇后去世或者被废，中宫之位悬空，自然就会被人们视作阴阳失调，不利于江山社稷的稳固，需要重新选择一位新的皇后来予以平衡。所以，皇后的册立在古代社会具有深刻的政治意义。

皇帝选皇后，是一件十分严肃庄重的事情，用宋人的话说，是"为天下择母"，可见其重要性。既然皇后是皇帝的正妻，皇帝身份地位尊贵无比，皇后的出身虽然理论上无法与皇帝相提并论，但至少也应该是高门大族、达官显宦之家，这样才能配得上皇帝的身份。其实，历史上真实的皇后们，出身并不一定都是顶级官宦家庭。比如汉武帝的第二任皇后卫子夫，原先只是平阳公主家中的一名歌女。

魏晋南北朝时期，社会上极其讲究门第，士族、庶族之间的地位判若云泥，身份地位的差异直接影响婚姻对象的选择。南朝皇帝虽然自身并非出自顶级士族，但在挑选皇后时，还是比较重视皇后的出身门第，所以这一时期皇后的家世一般比较好。

历经隋唐战乱洗礼之后，很多人的身份地位在王朝鼎革期间发生了巨变。在这种情况下，那些新近崛起发家之人自然对之前魏晋南北朝严格的士庶差别不满，并予以大力抨击。不过社会风气往往比制度变化更慢，所以，即使士族门阀垄断仕途之路的制度已经改变，但社会上的人们在婚姻选择中仍然普遍看重门第。比如，研究资料显示，唐朝在安史之乱前，出身三品以上高级官僚家族的后妃占了将近92%；安史之乱后，出身三品以上高级官僚家族的后妃占了50%，比例有所下降。当然，安史之乱后，后妃出身地位的下降，其中有很重要的原因是当时把持朝政的宦官集团担心外戚势力过大会影响自己的权力，所以在为皇帝挑选后妃时，故意选择那些门第不高、势力相对弱小之家的女子。如果说安史之乱后唐朝后妃出身层次下降更多是由于外力的作用，并非皇帝本人的意愿，那么，北宋建立后，并无宦官专权等外部因素，可在后妃的挑选中，出身三品以上高级官僚家庭的后妃只占了37%，远低于唐朝。不仅如此，这些所谓出身高官家庭的北宋后妃们，其祖上大多是在唐末五代发家的乱世枭雄，而并非魏晋时期延续数代的门阀大族。也就是说，这些后妃家庭的祖上原本也是社会下层。为何北宋皇帝心甘情愿选择门第不高之家的女儿为妃嫔甚至皇后呢？这其实反映了唐宋时期社会择偶观念的变化以及皇帝们的考虑。① 从宋太祖、宋太宗的皇后出身上，我们便可一探究竟。

皇后出将门

宋太祖赵匡胤先后有过三位正妻：贺氏、王氏和宋氏。其中贺氏卒于赵匡胤登基称帝前。贺氏的父亲贺景思是一名普通军校，与赵匡胤的父亲赵弘殷在同一个军营当兵，彼此熟悉且关系较好，

---

① 张邦炜：《试论宋代"婚姻不问阀阅"》，《历史研究》1985年第6期。

因此便定下了赵匡胤与贺氏这桩儿女亲事。①贺氏去世后，赵匡胤续娶了彰德军节度使王饶之女。赵匡胤登基称帝后，王氏被册立为后。②王氏去世后，宋太祖又续娶了忠武军节度使宋偓之女。与贺氏、王氏相比，宋氏的出身要高贵一些，她的母亲是后汉的永宁公主。③

看起来，宋太祖三位皇后的出身越来越高贵，当然这也与宋太祖本人身份地位不断提高有关。娶王氏时，赵匡胤已经是高级将领（殿前都点检），而娶宋氏时，赵匡胤已经称帝。

宋太宗赵光义先后有过三位妻子：尹氏、符氏和李氏。其中尹氏、符氏在赵光义登基前已经亡故。尹氏的父亲是滁州刺史尹廷勋，哥哥尹崇珂曾官至保信军节度使。④符氏的父亲是魏王符彦卿。符彦卿是五代宋初的将领，历经后唐、后晋、后汉、后周、北宋五朝，三次封王，两个女儿嫁给了周世宗柴荣为皇后，在当时算是显贵。⑤李氏的父亲是淄州刺史李处耘。后周时，李处耘曾经在赵匡胤麾下为将领，为宋朝建立后平息内乱立下战功，并曾经担任过枢密副使，后来因故被贬黜郁郁而死。李处耘死后，赵匡胤念及他的

---

① 《宋史》卷242《后妃传上·孝惠贺皇后》。
② 《宋史》卷242《后妃传上·孝明王皇后》。
③ 《宋史》卷242《后妃传上·孝章宋皇后》。
④ 《宋史》卷242《后妃传上·淑德尹皇后》。
⑤ 《宋史》卷251《符彦卿传》。符彦卿在后周太祖时先后被封为淮阳王、卫王，后周世宗时被封为魏王。

功劳，在赵光义的妻子符氏去世后，特意为其续娶了李处耘的次女为妻，即后来的李皇后。①

很明显，无论宋太祖还是宋太宗，他们虽然都曾经先后有过多位妻子，她们均出身将门，其祖上都是在五代时期起家的将领，但是大多数妻子在结婚时，其家庭地位已经衰败，少数像符彦卿这样的显贵之家除外。

到了宋真宗时，情况开始出现变化。宋真宗第一任妻子潘氏是北宋开国将领潘美的女儿。潘美在北宋完成统一大业过程中出力极多，还是宋太宗雍熙北伐的重要将领。②第二任妻子郭氏出身将门，其父郭守文曾任宣徽使，在宋太祖、宋太宗二朝南征北战，战功赫赫。郭守文为人仗义疏财，凡获赏赐，均分给麾下士卒。他死后家徒四壁，士卒们都为之痛哭流涕。宋太宗听闻后，感慨良久，特意赏赐五百万钱表示慰问，以缓解其生活窘境，并因此记住了郭守文的忠义。潘氏去世后，宋太宗便为其子续娶了郭守文的女儿。③

可见，宋真宗前两任妻子的出身，同宋太祖、宋太宗的数位妻子一样，均来自武将家庭。但郭皇后去世后，宋真宗并未续娶一位出自武将之家的新皇后，而是改变了做法，直接从后宫中挑

---

① 《宋史》卷257《李处耘传》。
② 《宋史》卷242《后妃传上·章怀潘皇后》。
③ 《宋史》卷242《后妃传上·章穆郭皇后》;《东都事略》卷21《郭守文传》，齐鲁书社，2000年点校本。

选一位后妃晋位为皇后。这一方面说明选择什么样的女子为皇后，更多还是体现皇帝个人的意志，并没有严格的礼制方面的硬性要求；另一方面，说明宋真宗确实一心想立刘娥为后。刘娥自然也很清楚宋太祖、宋太宗的皇后出身将门的事实，所以她才会在得宠后将自己塑造成将门之女，目的就是为了与之前诸位皇后的出身保持一致。

宋真宗能够接受自己皇后低贱的出身，还能接受她曾经为人妇的事实，除了说明宋真宗对刘娥确实有很深的感情外，还反映出当时社会上并不强调女性的贞节观。从五代时期开始，由于社会动荡，人们的地位往往由于各种原因发生剧烈变化，在这种情况下，对女性的贞节观念并不重视，妇女再嫁属于平常之举，甚至也有的皇后曾经再嫁。如后周开国皇帝郭威的柴皇后，原本是后唐庄宗的妃嫔。唐庄宗死后，唐明宗将包括柴氏在内的宫人们遣散，柴氏后来改嫁给郭威。[①]北宋建立后，仍然沿袭了五代风气，人们不太看重女性的贞节，更看重女子拥有的财力。比如宋太宗朝曾经出现过一件轰动朝堂的事情：两位宰相张齐贤和向敏中争抢已故宰相薛居正寡居的儿媳，因为她随身携带着巨额嫁妆准备改嫁，这笔丰厚的

---

① 《旧五代史》卷121《周书·后妃传一·圣穆柴皇后》，中华书局，1976年点校本。

嫁妆引得两位宰相不惜撕破脸皮，对簿公堂。[1]

刘娥成功被封为皇后，达成了自己多年的心愿。不过刘娥并不满足于这一点，她深知要想让他人不再留意自己的卑贱出身，除了包装自己外，更好的方法是降低以后皇后的身份，这样就会给人一种选择皇后完全不看出身的印象。在这种想法指导下，刘娥在给宋仁宗挑选皇后时，特意选择已经破落的武将郭崇的孙女。为了说明自己的选择有理有据，刘娥公开宣称："我挑选皇后时特意选择衰败的门第，就是为了避免将来后族外戚干涉朝政。"[2]在这个冠冕堂皇的理由下，群臣自然都不会反对刘娥的选择，反而认为刘娥是为了赵宋江山社稷考虑，功莫大焉。正是在刘娥的推动下，从宋初开始，皇室选择后妃的标准逐渐固定下来，并为后世所沿用。

随着刘娥成为皇后，她在后宫中可以更加名正言顺地协助宋真宗处理政务。刘娥处理朝政的手法日益娴熟，并对朝政表现出日益浓厚的兴趣。在从后宫慢慢迈向前朝的过程中，她由被动介入逐渐

---

[1] 《宋史》卷265《张齐贤传》："时薛居正子惟吉妻柴氏无子早寡，尽畜其货产及书籍论告，欲改适齐贤。惟吉子安上诉其事。上不欲置于理，命司门员外郎张正伦就讯，柴氏所对与安上状异。下其事于御史，乃齐贤子太子中舍宗诲教柴氏为词。"卷282《向敏中传》："会居正惟吉釐妇柴将携赀产适张齐贤，安上诉其事，柴遂言敏中尝求娶已，不许，以是阴庇安上。真宗以问敏中，敏中言近丧妻不复议婚，未尝求婚于柴，真宗因不复问。柴又伐鼓，讼益急，遂下御史台，并得敏中质宅之状。"

[2] 《续资治通鉴长编》卷102，天圣二年九月庚子条。

转向主动出击，搅动着朝臣中原本已经分化的力量，从中获利。刘娥能够施展自己的才干，除了宋真宗的信赖外，北宋初年的政治环境也是一个非常重要的因素。因此，想要深入了解刘娥的人生，必须首先了解北宋初年的政治制度和政治环境。

第二章 宋初政局

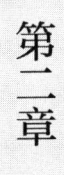

至道三年三月二十八日（997年5月7日），因为年事已高且多年受疾病困扰，五十九岁的宋太宗感觉自己身心疲惫，当日无力上朝，这对于一生勤政的宋太宗来说实在难以接受。次日，感觉身体稍有好转的宋太宗迫不及待地强撑病体接见辅臣，处理朝政。当天本来是官员放假休息的"旬休"日，宋太宗为了弥补前一日的未能"视朝"，特意让辅臣们陪他一起"开工"。处理政务让宋太宗感到充实，可惜他却忽视了自己接近油尽灯枯的身体根本无法支撑这样的高强度。一整天的忙碌终于彻底压垮了他的身体，当天晚上，宋太宗再度病发，之后驾崩。①

宋太宗一直有个执念，就是成为一代"圣君"，名垂后世。这让他数十年如一日呕心沥血地操劳政事，以至于劳累过度病发身亡。而这个执念的出现，与宋太宗得位不正有着密不可分的关系。

---

① 据《续资治通鉴长编》卷41，至道三年壬辰条记载，宋太宗去世前一天"不视朝"。《宋朝事实》卷12《仪注》："至道三年三月二十九日旬假。是日，太宗犹对辅臣，至夕帝崩。"

开宝九年十月二十日（976年11月14日），五十岁的宋太祖在未指定皇位继承人的情况下突然驾崩，他的两个儿子赵德昭、赵德芳都没能继承皇位，反而是他的弟弟晋王赵光义通过"斧声烛影"取得皇位，是为宋太宗。①

在古代，皇位一般是父死子继，兄终弟及的情况很少。宋太祖去世时，他的两个儿子都已经成人，因此其弟继位便显得很突兀，宋人对此事已经有所怀疑。再加上宋太宗又先后逼死了宋太祖的儿子赵德昭、弟弟魏王赵廷美，宋太祖的另一个儿子赵德芳也英年早逝。这些事情联系在一起，不免让人感觉宋太宗继位的背后可能有着不可告人的秘密。宋太宗很清楚自己的尴尬处境，为了摆脱困境，他一开始想通过开疆拓土建立万世功业来提升自己的形象，压倒兄长宋太祖。可惜两次收复燕云十六州的北伐都以失败告终，甚至在第一次北伐的高梁河之战中，他自己大腿上还中了两箭，后侥幸逃生。

既然无法通过对外军事胜利成为一代英主，宋太宗不得已将注意力转到国内，希望将自己打造成克己爱民、勤于政事的明君形象。因此他异常勤勉，每天的工作日程都排得满满的：每天早上鸡鸣起床，端坐崇德殿视朝听政；中午在讲武殿继续处理政事，检查

---

① 顾宏义：《宋初政治研究——以皇位授受为中心》第四章《"斧声烛影"辨析》，华东师范大学出版社，2010。

手下人进呈军队的武器、甲胄质量，检阅军人素质，或是亲自审问犯人，或是亲自去马厩查看战马情况；处理完政务后，便读书直到深夜。即使是在白天较长的夏季，宋太宗也不肯稍事休息。最忙碌的时候，他甚至连早餐的时间都挤不出来。①

宋太宗勤于政事，官员们自然也得勤勉于政。从汉朝开始，官员们都有定期的休假时间，称作"休沐"，一般是工作五天休息一天，后来由五日一休又延长到十日一休，称为"旬假"或者"旬休"。②宋朝建立后，虽然恢复了旬休制度，但事实上由于皇帝勤于政事，经常在旬休期间继续与大臣们讨论问题，所以这项规定难以完全得到执行。宋太宗在位期间，官员们很少享受到旬休，只能陪着这位"工作狂"皇帝一起"加班"。

宋太宗从五代乱离社会中一路走来，亲眼见到政局的动荡、节度使的跋扈，他认为问题在于朝廷权威遭到削弱，君主软弱无能，臣下强横，从而导致君臣关系倒置。要解决这个问题，必须强化君主权威。宋太宗对自己的才干充满信心，甚至有些自负。

---

① 见《咸平集》卷1《上太宗条奏事宜》，巴蜀书社，2008年点校本："臣伏见陛下忧民太过，视事太勤。每日早于崇德殿受百僚之朝，至日午于讲武殿视万机之事，或进呈申状，或拣阅军人，或躬问缧囚，或亲观战马。自甄而进者，或详其词理；挝鼓以闻者，或询彼冤诬。皆金口言辞，人人省用。天心揆度，一一区分。有以见陛下劳万机之神，自此见臣下亏事君之职。"又见《宋朝事实》卷3《圣学》，中华书局，1955年影印本："（宋太宗）晨间视事，既罢，便即观书。深夜就寝，五鼓而起，盛暑尽日，亦未尝寝。"
② 杨联陞：《帝制中国的作息时间表》，载《国史探微》，新星出版社，2005。

而耳濡目染的政治斗争又让他生性多疑，不信任臣僚，凡事只有经过他亲自过问才放心。不仅各种国家大事，如科举选士、狱讼、财政、军政等，他都要一人独揽，甚至一些琐碎之事他也不放过。比如京畿百姓家中丢了小猪都跑来找宋太宗理论，而宋太宗认为，这是自己深得民心的体现，因此十分欢喜。虽然明知辛苦，他却乐此不疲，①常年处于"晚上二更十分批阅臣僚上书，由于过分勤勉，以至于天色很晚了都忘记了吃饭，事情无论大小，他都要亲自过问"的状态。②

宋太祖、宋太宗兄弟属于开国创业之君，备尝艰辛，他们即位时都已是人到中年，积累了丰富的政治经验，所以他们对自己治理国家的能力充满信心。不过人不可能长生不老，皇帝也不例外，皇位总有一天要交到下一代人手中。宋太宗登基后，很早便留意培养皇位继承人。自唐朝末年以来，战争频仍，时局动荡，虽然历经多个王朝，但百余年来从未有册封过皇太子。而如今天下太平，中原王朝终于可以按部就班地重建皇位继承制度了，因此宋太宗选择皇位继承人颇为费心费神。

---

① 《续资治通鉴长编》卷34，淳化四年九月丁丑条："京畿民牟晖击登闻鼓，诉家奴失豮豚一，诏令赐千钱偿其直，因语宰相曰：'似此细事悉诉于朕，亦为听决，大可笑也。然推此心以临天下，可以无冤民矣。'"
② 《宋会要辑稿》帝系9之1："乙夜观言，日旰忘食，事无细大，必务躬亲，言有抵牾，皆从采纳。"

太宗育子

宋太宗有九个儿子，宋真宗排行第三，[1]原本不可能有继承皇位的机会。不过造化弄人。宋太宗先是属意于与他相貌相似且颇有才干的长子赵元佐。赵元佐深得宋太宗宠爱，可惜生性正直，因为叔父秦王赵廷美被冤枉致死与宋太宗发生矛盾，精神受到强烈刺激而失常，后来因为纵火焚烧宫殿等原因遭到宋太宗的厌弃，彻底失去了皇位继承人资格。[2]长子失宠，宋太宗转而培育次子赵元僖。不料赵元僖因为宠爱妾室，甚至要废妻立妾，导致宠妾心生觊觎正妻之心，迫不及待地想要毒死元僖的妻子取而代之。结果阴差阳错，元僖错饮了毒酒，毒发身亡。[3]皇储之位再度空悬。

长子、次子先后出了意外，让宋太宗备受打击，既失望又焦虑，精神一度萎靡不振。他将注意力投射到原本并无继承皇位希望的三子赵元侃（即后来的宋真宗）身上。而赵元侃也深知自己的储君之位来得太过意外，为了保住自己的地位，凡事谨慎小心，完全听从宋太宗的安排。

宋太宗担心儿子从小生长于深宫之中，缺乏历练，如不好好培养，将来一旦登基称帝，容易被奸佞之徒误导，会影响赵宋江山的

---

[1] 宋太宗有九个儿子，其中长子赵元佐与宋真宗均为李贤妃（即元德皇后）所生。
[2] 《宋史》卷245《宗室传》。
[3] 《默记》卷上，中华书局，1981年点校本。

稳固。在有意立赵元侃为皇位继承人后，宋太宗先让他担任开封府尹，一则是让其历练政务，二则是初步确立其储君身份——五代以来，虽名义上不立太子，但实际上的接班人有很多都在继位前先担任开封府尹。[1]在赵元侃入宫谢恩的时候，宋太宗特意告诫他，在开封府尹职位上要待人以诚信，如此才是能得人心的为政之道以及清静治民、不骚扰百姓的治民之术。[2]

虽然对儿子谆谆教导，但宋太宗明白自己的几句话不可能瞬间提升儿子的从政经验，将来如何治理开封府，关键还得靠身边得力之人的从旁协助。于是他亲自挑选了政治经验丰富的杨徽之、毕士安等人作为赵元侃的幕僚，并嘱咐他们一定要尽心竭力地辅佐元侃。[3]

等到宋太宗正式册立赵元侃为皇太子，并为其更名"恒"后，他更加重视对赵恒的培养。宋太宗相信让儿子多接触良师益友，可以培养其优秀的品德，并从这些人身上学到宝贵的知识。于是他挑选品行良善端正的臣僚李至、李沆兼任太子宾客，叮嘱他们尽心辅

---

[1] 如后梁末帝朱友贞、后晋出帝石重贵、后周世宗柴荣，都在继位前担任开封府尹。
[2] 《续资治通鉴长编》卷36，淳化五年九月壬申条。上谓寿王曰："夫政教之设，在乎得人心而不扰之尔。得人心莫若示之以诚信，不扰之无如镇之以清静。推是而行，虽虎兕亦当驯狎，况于人乎！《书》云：'抚我则后，虐我则仇。'信哉斯言也，尔宜戒之！"
[3] 《宋会要辑稿》职官37之4。

佐赵恒:"太子虽然仁孝贤明,并深得自己喜爱,但毕竟年轻,还有赖于正人君子教导他正道。太子如果行为举止都遵从礼仪,那么就赞赏他的做法;如果他的所作所为有所不当,你们一定要极力进言劝谏,千万不要盲目顺从他。"[1]按照礼制,东宫臣僚见太子应称臣,以明确君臣之分,但宋太宗担心如此一来会让太子有骄纵之意。赵恒心领神会,立即上书,要求免除东宫臣僚称臣。[2]对于赵恒的做法,宋太宗很满意。为了让李至等人能够真正发挥劝谏太子的作用,宋太宗还特意诏令赵恒向他们行弟子之礼,而且任何举动都要向他们咨询。[3]

宋太宗如此煞费苦心地培养赵恒,是鉴于前朝皇帝自高自大、不听臣僚意见、肆意行事、危及国家安危的教训,希望赵恒将来能够恤民勤政、虚心纳谏,做一个好皇帝。当然,这些完全是宋太宗个人对好皇帝的认知与判断。为此,他有意压制太子的权势。而赵恒也担心父皇猜忌,行事愈发谨慎低调,处处以宋太宗的要求为标准。比如,宋太宗为了让诸子学会谦退,曾经下令朝会时宰臣位次位于亲王之上。赵恒成为太子后,仍然请求上朝时依旧立于宰臣之后。[4]赵恒被册立为太子的同年,妻子郭氏诞下皇子,这应该是皇

---

[1] 《续资治通鉴长编》卷38,至道元年八月癸巳条。
[2] 《续资治通鉴长编》卷38,至道元年十月乙亥条。
[3] 《续资治通鉴长编》卷38,至道元年八月癸巳条。
[4] 《宋史》卷6《真宗纪一》:"故事,殿庐幄次在宰相上,宫僚称臣,皆推让弗受。"

嫡孙，可是并未见宋太宗大张旗鼓地奖赏。而且，按照传统习惯做法，赵恒被立为太子，其妻子郭氏自然应该被加封为太子妃，可是不知何故，宋太宗并没有相应地加封郭氏为太子妃。而宋真宗为了表示自己的谦逊退让，不慕虚名，直至宋太宗离世，也未上书为郭氏正太子妃封号。①就这样，郭氏一直以国夫人的封号进入宋真宗朝。

宋太宗酷爱读书，他认为可以通过大量阅读古今典籍，从中获取宝贵的治国经验，于是他平日里严格督促赵恒读书。多年后，继位后的赵恒曾经回忆说，他在东宫做太子时，听了七八遍老师讲的《尚书》，《论语》和《孝经》听了四遍。②

宋太宗猜忌臣僚，事必躬亲，每天五鼓起床工作，直到深夜，数十年如一日。在他的影响和要求下，宋真宗也养成了勤于政事的习惯。他每天早起御殿听政；稍事休息用餐后继续在后殿处理公务，直到中午；晚上再召见儒臣探讨学问，经常深夜还不

---

① 《宋会要辑稿》后妃1之2载，郭氏于淳化二年（991）"归于襄邸"，封鲁国夫人；至道二年（996）改封秦国夫人；至道三年五月，在真宗登基后，被立为皇后。
② 《续资治通鉴长编》卷72，大中祥符二年九月丁丑条。另见《湘山野录》卷中，中华书局，1984年点校本："真宗居藩邸，升储宫，命侍讲邢昺说《尚书》凡八席，《诗》《礼》《论语》《孝经》皆数四。既即位，咸平辛丑至天禧辛酉二十一年之间，虽车辂巡封，遍举旷世阔典，其间讲席岁未尝辍。"

回宫休息。①

宋真宗晚年疾病缠身，身体稍有好转，立即又赴前殿亲自处理政务。宰执们很是担心，希望宋真宗仿效唐朝先例，三日、五日一次临轩听政，或者每月单日视事，双日不坐殿听政。至于刑罚、财政等事务，只需要派遣相关臣僚负责处理便可。除非急切大事必须当面奏禀外，其余琐碎事务一并令中书、枢密院附奏。鉴于身体情况，宋真宗不得已采纳了大臣的建议，减少了临朝听政的时间。②不过总体而言，宋真宗一直勤于政事。

可以说，宋太宗按照自己的设想对宋真宗进行打造，但最终使宋真宗呈现出一种似是而非的样子。宋真宗生性柔弱，在强势父亲宋太宗的刻意培养下，进一步养成了谦让谨慎、尊礼大臣的性格。这种性格使他日后在处理政务时特别喜欢依赖有能力的宰相，宰相的权力无形中得到提高，这使得朝廷上有野心的官员们更急于谋求宰相一职。宋太宗事必躬亲，高度擅权。受其影响，宋真宗也牢牢控制着朝政，每天需要处理大量的奏章。对于这种数十年如一日的高强度劳动，宋真宗慢慢表现得难以适应，但权力的独占性让他不放心将批阅奏章的权力交给大臣，于是机敏的刘娥成为他在后宫最

---

① 《宋朝事实》卷3《圣学》。《涑水记闻》卷6："真宗即位，每旦，御前殿，中书、枢密院、三司、开封府、审刑院及请对官以次奏事，辰后入宫上食。少时，出坐后殿，阅武事，至日中罢。夜则召侍读、侍讲学士，询问政事，或至夜分还宫。其后率以为常。"
② 《续资治通鉴长编》卷96，天禧四年十月戊寅条。

重要的行政助手。宋真宗减轻工作压力的同时，刘娥的政治素质得到了锻炼和提升，为她日后参政打下了基础。这个结果，恐怕是宋太宗始料未及的。

宋太宗之所以如此煞费苦心地勤于政事，并全力以赴地培养接班人，与北宋初年政治环境的变化有着极大的关系。

文士崛起

五代时期，武人势力极度膨胀。节度使拥兵自重，几乎掌握辖区内行政、军事、财政等全部大权，他们之间不仅为了争夺地盘而互相混战，实力强大的节度使甚至能通过兵变推翻前朝，建立新王朝。赵匡胤称帝前，就曾经在时任后汉枢密使的郭威手下任职，后来郭威发动兵变，推翻了后汉政权，成为后周太祖，赵匡胤也因追随郭威有功而加官晋爵，补任东西班行首（禁军将领），拜滑州副指挥使。数年后，身为后周禁军殿前都点检的赵匡胤依样画葫芦，亲自策划并发动陈桥兵变，夺取后周的政权，建立宋朝。[①] 既然皇帝不再是高高在上神圣不可侵犯的真命天子，任何人凭借实力都可

---

① 邓广铭：《陈桥兵变黄袍加身故事考释》，载《邓广铭治史丛稿》，北京大学出版社，1997。

以取而代之，于是有人便公开叫嚷："天子，兵强马壮者当为之，宁有种耶！"①意思是天子并非命中注定的天命之选，只要兵强马壮势力强大便可以成为天子，这反映出五代十国时期频繁的王朝更替和割据战乱让人们对皇权有了新的认识，包裹在皇权上的神秘感和神圣性被彻底撕扯下来。

武人势力的膨胀已经严重威胁到皇权，五代君主无不利用各种机会来削弱武人的势力，重塑皇权的神圣性。②宋朝建立后，为了削平割据政权，收复燕云十六州，宋太祖一方面不得不继续重视军事，重用武将，但同时，他又大力提高文人的地位，力图用文人压制武人。③比如宋太祖认为与武人相比，文人没有多少政治野心，即便贪图钱财，也很容易满足："秀才们眼界狭窄，赏赐给他们十万贯钱，就能把屋子塞破了。"④"朕选择百余名能干的儒臣，分别治理地方藩镇，纵使他们都贪污，也没有武臣的危害大。"⑤在宋朝之前，官员出将入相很正常，但宋太祖却有意将文武官员区分开，

---

① 《旧五代史》卷98《安重荣传》。
② 方震华：《权力结构与文化认同：唐宋之际的文武关系（875—1063）》第四章《文治政府的复兴（951—997）》，社会科学文献出版社，2019。
③ 龙沛：《重归一统：宋初的战与和》，康海源译，九州出版社，2021。
④ 《杨文公谈苑》，上海古籍出版社，2012年点校本："措大眼孔小，赐与十万贯，则塞破屋子矣！"
⑤ 《续资治通鉴长编》卷13，开宝五年十二月乙卯条："朕令选儒臣干事者百余，分治大藩，纵皆贪浊，亦未及武臣一人也。"

第二章　宋初政局

公开宣称:"宰相须用读书人。"①

在宋太祖的基础上,宋太宗进一步提高了文官的地位。他认为要强化文官的实力,自然首先要增加文官的数量。在这种情况下,增加科举录取名额,使科举成为最重要的入仕途径便是自然而然的事情了。

从宋太祖朝开始,科举录取人数不断攀升。宋太祖一朝,共开15次科举,总共录取了455名进士。②宋太宗朝时科举录取人数进一步增加,比如太平兴国二年(977)进士榜,一下子录取了507人,超过了宋太祖一朝科举录取名额。科举录取人数增多,参加考试的举子人数也呈上升趋势。比如,参加太平兴国二年殿试举子人数有5300多人,数年后参加雍熙二年(985)科举考试的人数增加到1万多人。③

通过科举考试,以个人才能为评判标准选拔官员,打破了出身论,给予社会上广大身份低微之人极大的希望——凭借科举考试改变自身的命运,从而发迹变泰。宋人对此毫不隐晦,如宋人汪洙的《神童诗》中"朝为田舍郎,暮登天子堂"的诗句,便是广大士人对这种一朝科举登第,改变人生命运,实现"白衣卿相"梦想的生

---

① 《续资治通鉴长编》卷7,乾德四年五月甲戌条。
② 《宋会要辑稿》选举1之1。
③ 《续资治通鉴长编》卷18,太平兴国二年正月丙寅条、戊辰条;卷26,雍熙二年正月癸亥条。

动描述。

北宋时，不仅士人们热衷于科举，鼓吹科举，托名宋真宗的《劝学诗》，更是用直白的语言公开宣传读书、参加科举的好处："富家不用买良田，书中自有千钟粟。安居不用架高堂，书中自有黄金屋。娶妻莫恨无良媒，书中有女颜如玉。出门莫恨无人随，书中车马多如簇。男儿欲遂平生志，六经勤向窗前读。"[1]正是在这种巨大利益诱惑下，成千上万的士子们数十年如一日地前赴后继奔向考场，幻想着凭借科举考试彻底改变命运。

正是在宋初皇帝的大力推动下，文人在经历五代的挫折后重新崛起，并逐渐形成了一个强有力的集团。此后，北宋朝廷上文武不仅分途，而且地位也出现了新的变化。

五代的中枢体制基本上是枢密使、宰相二元体制，枢密使掌管军事，宰相掌管民事，枢密使的权力完全压制了宰相。

宋朝建立后，随着政权逐渐稳固，宋太祖开始着手改革中枢体制，建立了中书门下管理民政、枢密院管理军事，二者"对掌大柄"的体制，从制度上革除了五代时期中枢体制混乱的局面，明确

---

[1] 据廖寅研究，《劝学诗》出自下层士人，体现下层士人的理想，并非宋真宗的作品。此诗不是由某一位作者一次完成，而是由很多士人长时期共同完成，大致在宋末元初形成完整的《劝学诗》。因为宋真宗的独特身份和对于科举制度的独特贡献，这一由许多无名士人集体创作的作品，其作者"最佳人选"无疑是宋真宗。廖寅：《宋真宗〈劝学诗〉形成过程及作伪原因考述》，《中国高校社会科学》2018年第3期。

了宰相和枢密使的职权范围，形成了二者互相牵制、彼此独立，最终都听命于皇帝一人的结果。同时，宋太祖强化君主专制权力，形成君主乾纲独断的特点。不过，这一进程在宋太祖朝开始，最终在宋太宗朝才得以完成。[1]

宋初规定，中书门下设有三名宰相，分别是同中书门下平章事兼昭文馆学士、同中书门下平章事兼监修国史、同中书门下平章事兼集贤殿大学士，分别简称"昭文相"、"史馆相"和"集贤相"。

中枢体制中除了宰相，还有执政，二者合称"宰执"。执政包括枢密院正副长官以及参知政事。虽然人们习惯上称参知政事为"副宰相"，但其在制度上远远无法与宰相相提并论。

既然从宋太祖开始，朝廷政策便明显通过努力压制武将的势力，抬高文官的地位来平衡文武关系，那么作为文官之首的宰相的地位自然水涨船高，备受尊崇。[2]比如拜相仪式很庄重，与册封皇后、太子的礼仪规格相当，天子亲临内东门小殿召见翰林学士，当面宣谕旨意，然后锁好学士院，翰林学士在内草拟拜相制书，草拟

---

[1] 刘静贞：《皇帝和他们的权力——北宋前期》第二章《君主独裁体制的确立》，稻乡出版社，1996。
[2] 诸葛忆兵：《宋代宰辅制度研究》第四章第五节《宋代尊崇宰辅的措施》，中国社会科学出版社，2000。

完毕后交付外面相关部门颁布旨意施行。①如果从外地召入官员拜相，皇帝会下令百官列班迎接；如果是直接从朝廷大臣中提拔为宰相，则举行上事仪式。②

宋初不仅拜相仪式非常庄重严肃，委任宰相的凭证（告身）也与其他官员不同。宋太祖时规定，尚书令、侍中、中书令、平章事、使相为一级，枢密、节度使为一级，参知政事、三师、三公、仆射、东宫三师为一级。③显然，宰相的告身比作为执政的枢密使高一级，比参知政事高两级。在宋朝，由于尚书令、侍中、中书令等轻易不除授，使相虽然地位尊崇但并无实权，所以更凸显出宰相地位的不凡。

除了在官位上显示尊崇外，宰相在封赠上面也与众不同。宋制，宰相的曾祖母、祖母、母亲封国太夫人，妻子封国夫人。枢密使、副使、参知政事等官的曾祖母、祖母、母亲封郡太夫人，妻子封郡夫人。④宋代沿用唐朝制度，大臣初次拜相、任枢密使时，一

---

① 《铁围山丛谈》卷1："国朝之制，立后、建储、命相，于是天子亲御内东门小殿，召见翰林学士面谕旨意，乃锁院草制，付外施行。其他除拜，但庙堂金议进呈，事得允，然后中书入熟第，使御药院内侍一员，持中书熟状内降，封出宣押，当直学士院锁院竟，乃以内降付之，俾草制而已。故相位有阙，则中外侧耳耸听，一报供张小殿子，必知天子御内殿者，乃命相矣。"
② 《宋会要辑稿》职官1之76："凡宰相召自外者，令百官班迎之；自内拜者，听行上事仪"。
③ 《宋会要辑稿》职官11之60。
④ 《宋史》卷170《职官志十》。

定赐予功臣号。参知政事、枢密副使则需要皇帝的恩典才会赐功臣号。宰相初赐功臣号，字数为六字，其余官员一开始为四字。①

朝会排班，同样显出宋朝皇帝对宰相地位的尊崇。宋初，宰相序班在亲王之上。赵光义授封晋王，宋太祖为了加以荣宠，特意诏令其序班在宰相之上。赵光义即位后，出于同样的原因，诏令齐王赵廷美和宋太祖之子武功郡王赵德昭序班在宰相之上。②但这些都属于特殊情况，而且恰恰表明是一种"非常态"——班序位于宰相之上，是一种"荣宠"，可见正常情况下宰相的地位之高。太平兴国八年十月，宋太宗加封五子为王；十一月，封宋琪、李昉为相，此时赵廷美早已被废黜，赵德昭也已自杀身亡，宋太宗诏令宰相朝班序位在亲王之上，并成为定制。③

在朝廷举行的一些活动上，宰相也享有特殊的尊荣。比如遇到皇帝诞辰，宰相率领文武百官在紫宸殿外列班祝贺皇帝诞辰。宰相单独登殿为皇帝捧觞，表示祝贺。仪式结束后，皇帝回到大内，宰相夫人率领执政夫人等候于福宁殿下，拜舞称贺。然后宰相夫人单独登殿为皇帝捧觞，口称祝皇帝万寿无疆，并用红罗绡金须帕系在

---

① 《宋史》卷169《职官志九》。
② 《宋史》卷4《太宗纪一》："征太原，改东都留守，别赐门戟，封晋王，序班宰相上。"卷118《礼志二一》："（开宝）九年十一月，诏齐王廷美、武功郡王德昭位在宰相上。"
③ 《宋史》卷245《宗室传·昭成太子元僖》："诏自今宰相班宜在亲王上，宰相宋琪、李昉请遵旧制，不允。"

皇帝手臂上。宰相和宰相夫人单独为皇帝捧觞祝福，在当时也被视为一种"至荣"。①

宋初为了加强皇权，将政事与机事（即军事）分别归属中书门下和枢密院。虽然制度上中书门下与枢密使各司其职互不干涉，但在实际操作中，由于地位高于属于执政的枢密使，宰相还会理直气壮地要求过问军事。比如宋太宗末年宋朝与党项人的军事冲突日益激烈，宋太宗信任枢密副使寇準，经常单独召见寇準商量军务。宰相吕端就曾拦住寇準对他说："如果是边境上的寻常事宜，枢密院职责所在，我不敢过问；但如果是军国大计，我身为宰相，不可以不知道。"寇準也觉得吕端说得有道理，便将他与宋太宗商量的事宜告诉了吕端。②

另外，皇帝出于现实需求，往往会打破制度的规定。如宋真宗信任且倚重宰相，在朝廷讨论对契丹、西夏用兵时，宋真宗每次得到边境的上奏，一定先派人将奏议送到中书门下。不仅如此，他还

---

① 《铁围山丛谈》卷2："国朝故事，天子诞节，则宰臣率文武百僚班紫宸殿下，拜舞称庆。宰相独登殿捧觞，上天子万寿，礼毕，赐百官茶汤罢，于是天子还内。则宰臣夫人在内亦率执政夫人以班福宁殿下，拜而称贺。宰臣夫人独登殿捧觞，上天子万寿，仍以红罗绡金须帕系天子臂，退复再拜，遂燕坐于殿廊之左。此儒臣之至荣。"
② 《宋史》卷281《吕端传》："初，李继迁扰西鄙，保安军奏获其母。至是，太宗欲诛之，以寇準居枢密副使，独召与谋。準退，过相幕，端疑谋大事，邀谓準曰：'上戒君勿言于端乎？'準曰：'否。'端曰：'边鄙常事，端不必与知；若军国大计，端备位宰相，不可不知也。'準遂告其故。"

对首相毕士安、次相寇凖说："军旅之事虽然属于枢密院职权范围，但中书总领文武大政，号令都应该从中书发出。"此外，宋真宗还特意强调，宰相讨论军事，可以畅所欲言，千万不要因为担心侵犯了枢密使的职权而有所顾忌。[1]虽然制度并未发生改变，但在实际操作中，宰相的权力已经扩大了。

既然宋朝皇帝重视文官，文官集团崛起掌权，作为文官集团首脑的宰相，在朝廷上处于一人之下万人之上的地位，其一举一动自然牵涉国家的走向。宋真宗的登基就多亏了宰相吕端的力挽狂澜。

即位风波

虽然早在至道元年八月，宋太宗便举行了自唐朝天祐以来近百年未曾举行过的立储大典，正式册立三子元侃为皇太子，并为其更名"恒"，解决了困扰宋太宗多年的皇位继承人的问题。但宋太宗在至道三年三月的猝然离世，仍然给了一些野心家觊觎权力的机会。宋太宗生前最为宠信的内侍王继恩，因为在拥立赵恒为太子的过程中并未出力，担心宋真宗即位后会疏远自己，从而动摇自己现

---

[1] 《续资治通鉴长编》卷57，景德元年九月丁酉条："上每得边奏，必先送中书。谓毕士安、寇凖曰：'军旅之事，虽属枢密院，然中书总文武大政，号令所从出。……卿等当详阅边奏，共参利害，勿以事干枢密院而有所隐也。'"

有的权力地位，便萌发了利用老皇帝驾崩、新皇帝即位这一微妙的政权交替时间另外拥立新皇的想法。于是，王继恩勾结宋太宗的李皇后和参知政事李昌龄、知制诰胡旦等人，试图改立宋太宗长子、已经被废黜多年闲居在家的赵元佐为皇帝，这样自己就能以拥立之功继续在新皇帝手下邀功得宠。此事看起来既胆大妄为又极具风险，但王继恩毫不顾忌，因为在拥立皇帝这件事情上他并非毫无经验，甚至可以说是个"老手"——当年宋太祖驾崩时，宋皇后派他召宋太祖的次子赵德芳入宫继承皇位，王继恩却见风使舵，断然违背宋皇后的旨意，将赵光义直接引入大内，顺利继承大统。宋太宗登基后，王继恩深受宠信与重用。此番他决定故伎重施，再做一次"定策国老"。[1]

可惜这次王继恩的如意算盘落了空，他的阴谋被外表看起来老实平庸但实则精明老练的宰相吕端识破。当李皇后派遣王继恩宣召吕端前去讨论皇位继承人的问题时，吕端马上嗅出了阴谋的味道。他迅速判断出宫内正在酝酿一场针对太子赵恒储位的可怕阴谋。吕端当机立断，谎称宋太宗之前曾经赐下诏书，专门申明皇位继承之

---

[1] 中唐以后，宦官权势熏天，甚至能够废立皇帝。如宦官李辅国拥立唐肃宗，便以定策元老自居。《新唐书》卷208《宦官传下·杨复恭》中记载，杨复恭拥立唐昭宗，后来为唐昭宗所疏远，十分愤怒，在给义子杨守亮的信中便愤愤不平地说："吾披荆榛立天子，既得位，乃废定策国老，奈负心门生何！""门生"指天子。而王继恩拥立宋太宗继位，也是宋初尚有唐末五代政治"遗风"的体现。

事，此诏书放在宰相处理政务所在的中书门下书阁内。他又以年老体衰为名，恳请王继恩替自己去书阁内寻找这份诏书。[①]

王继恩根本就没有怀疑吕端的真实意图，他一边嘲笑吕端年老体衰，觉得这个宰相实在太过平庸无能，在心里高兴地规划着下一步计划；一边毫无戒心地踏入书阁，去寻找这份事实上根本并不存在的诏书。看到王继恩顺利落入自己的圈套，前一分钟还"衰老不堪"的吕端立刻换了一副精明老练的模样。王继恩前脚踏入书阁，他后脚就干净利落地锁上了书阁的门，并命令手下人严守书阁，没有自己的命令，坚决不能放王继恩出来。王继恩在听到身后房门被锁上的那一刻，终于明白过来自己着了吕端这个扮猪吃老虎的家伙的道儿了。他拼命叫喊让人打开房门，可惜不管他是咒骂还是威胁，书阁的门始终被人看得死死的，他根本没法出去。此时，他只能寄希望于后宫的李皇后能够压制住吕端。

吕端意识到问题的严重性，立刻在上朝所用的笏板上写下"大渐"两个字，派遣身边最为亲信的人火速赶往东宫，催促赵恒进宫，而他本人则身着官服，立即入宫面见李皇后。李皇后发现只有吕端一人前来，心里有些奇怪，但她仍然按照之前的计划对吕端说："官家现在已经驾崩，长子继承皇位是顺理成章之事。您身为宰相，看眼前这事该如何是好？"吕端明白了李皇后的意思，她是

[①] 吕端时年六十三岁。

打算让赵元佐来代替太子赵恒继位。吕端义正词严地反驳道:"先帝册立皇太子,就是为了应对今天这种情况。如今大行皇帝刚刚辞世,尸骨未寒,我们怎么能够有不同的看法?"李皇后无子,无论继位者是赵元佐还是赵恒,对她来说差别并不大,当然如果拥立本来并非太子的赵元佐成功继位,事后肯定会收获赵元佐更多的谢意。李皇后原本对于易储的态度并不强硬,看到吕端毫不退缩,她也变得犹豫起来,再加上身边没有了王继恩的帮衬,李皇后顿时哑口无言。①

就在双方陷入僵局之时,接到吕端消息的赵恒匆忙赶到大内。吕端一见到赵恒,立即催促其举行登基仪式。经过一番简单的仪式,赵恒正式端坐于御座上,在悬垂的御帘后接受百官的朝拜。在百官正式行君臣参拜大礼前,细心的吕端担心在这最后也是最关键的一刻对手会李代桃僵,他手捧笏板不肯下拜,请求先将御帘卷起来再行君臣之礼参拜。御帘被卷起来了,吕端还是不放心,干脆直接走到近前,仔细看清楚御座上端坐之人确实是赵恒本人后,才退

---

① 《涑水记闻》卷6:"太宗疾大渐,李太后与宣政使王继恩忌太子英明,阴与参知政事李昌龄、殿前都指挥使李继勋、知制诰胡旦谋立潞王元佐。太宗崩,太后使继恩召宰相吕端,端知有变,锁继恩于阁内,使人守之而入。太后谓曰:'宫车已晏驾,立嗣以长,顺也,今将何如?'端曰:'先帝立太子,正为今日。今始弃天下,岂可遽违先帝之命,更有异议?'乃迎太子立之。寻以继勋为使相、赴陈州本镇,昌龄为忠武行军司马,继恩为右监门卫将军、均州安置,胡旦除名、流浔州。"

回朝班，恭敬地率领文武百官山呼万岁，行君臣之礼。[①]礼毕，参知政事温仲舒宣布宋太宗遗诏，赵恒在宋太宗的灵柩前即位，同时昭告天下，宋朝正式开启了宋真宗时代。

唐朝后期，宦官势力空前高涨，不仅干预朝政，甚至直接操纵皇帝的废立。[②]宋太祖、宋太宗鉴于唐朝宦官之祸，对内侍的管理比较严格，但他们不信任在外统军的武将，因此又起用宦官以监视地方武人。宋太宗时，朝廷设立走马承受公事一职，名义上是随军承受奏报文书，实则作为皇帝耳目，负责监督当地将帅、州郡不法等事。该职一般以内侍充任，他们借机便作威作福。[③]正是在皇帝的纵容下，像王继恩这样权势熏天的高级内侍，不仅在宋太宗继位时发挥了重要作用，甚至还试图干预宋真宗的继位。不过此时的北宋已不像唐朝后期，文官集团已经初步形成，再加上当时的宰相吕端为人颇有智谋，所以王继恩企图干预皇位继承之事自然遭遇失败。

对宋真宗来说，登基伊始，残酷的政治斗争便给他上了生动的一课，让他充分认识到自己从父亲手中接过来的仍然是一个尚未完全稳定的王朝，还有很多问题等待他去处理。

---

① 《涑水记闻》卷6："真宗既于大行柩前即位，垂帘引见群臣，宰相吕端于殿下平立不拜，请卷帘，升殿审视，然后降阶，率群臣拜呼万岁。"
② 王守栋：《唐代宦官政治》，中国社会科学出版社，2009。
③ 申忠玲：《宋代的走马承受公事探究》，《青海社会科学》2011年第5期。

从太子变成皇帝后，宋真宗面临着一个身份转换的问题：之前他是宋太宗眼中的乖儿子，事事听话，为人谦退；在大臣们眼中，他是位低调和气的太子，与东宫的臣僚们平等相处，以师礼对待宾客，遇事多咨询请教。如今，昔日为人低调甚至有些谦卑的太子一朝天下在手，变成高高在上的皇帝，拥有至高无上的权力，从此君臣之间再无昔日那种相对平等亲密的关系，无论是对宋真宗本人还是对从前的朝廷大臣们来说，都需要一个慢慢适应的过程。

继承皇位的宋真宗急于摆脱自己昔日在臣僚眼中唯唯诺诺的形象，想要告诉他们自己现在已经是皇帝了，权威不容冒犯。他很快便抓住了机会。工部侍郎郭贽不愿意离开京城到外地任职，向宋真宗求情。宋真宗假意询问宰辅们："郭贽不想到外地任职，此事该如何处理？"宰辅们不清楚新皇帝的意图，老老实实地回答说："最近也有这样的先例。"很明显，宰辅们认为郭贽是否去外地任职这件事情的决定权在于皇帝，宋真宗可依先例答应郭贽的请求。但宋真宗严肃地说："朕刚即位，命令郭贽去治理大的藩镇，但他不愿意去。如此，朕以后如何调遣他人！"见皇帝态度如此坚决，郭贽只好不情不愿地乖乖赴任去了。①

---

① 《续资治通鉴长编》卷41，至道三年四月甲辰条："朕初嗣位，命贽治大藩而不行，则何以使人！"

宋真宗通过这件事情，明明白白地告诉大臣们：自己现在已经是一言九鼎的皇帝了，自己的话就是圣旨，不容商议，大臣们不要再用以前的眼光来看待自己了。虽然立了威，但宋真宗也不想表现出一副刚愎自用的样子，他很快令御史台诏告内外文武大臣们，鼓励他们对国事积极进言献策："自今人君有过，时政或亏，军事臧否，民间利害，并许直言极谏，抗疏以闻。"[1]

在展现了皇帝尊严和虚心纳谏的两副面孔后，宋真宗不得不面对自己缺乏治理国家经验的软肋。在太子之位上，他只需要根据宋太宗的要求循规蹈矩地执行便可。担任开封府尹时，虽然名义上是开封府的最高长官，实际上全凭经验丰富的判官等僚属替他出谋划策，打理一切。如今那个意志坚定、给他规划好一切的父皇已经不在了，他现在成为整个国家的最高主宰，所有人都在看着他的一举一动，揣测圣意，他的每一个决定都会影响他人的生死荣辱，所以他的决策必须慎之又慎。宋真宗想像宋太宗那样运筹帷幄、乾纲独断，但稚嫩的他面对纷繁复杂的政务，内心充满了惶恐、焦虑，担心自己做不好。在这种情况下，他自觉或不自觉地延续了担任开封府尹时的方法，任用一些有能力又信得过的大臣来辅佐自己，倚重他们，信任他们，他们则尽心竭力地为他分忧，君臣之间形成一种良性互动，来共同治理国家。只不过这一次，挑选宰辅的重任落到

---

[1] 《续资治通鉴长编》卷41，至道三年五月丁卯条。

了宋真宗自己肩上，他试着从前朝元老重臣开始，慢慢过渡到潜邸旧臣，以及既可以信赖又有能力的朝臣身上。

倚重宰辅

宋太宗驾崩后，宰相吕端身为前朝元老重臣，又是拥立宋真宗的功臣，自然成为宋真宗倚重信任的首选对象。在宫内服丧期间，宋真宗每次见到吕端等宰辅，都十分恭敬地向他们拱手作揖以示尊重。在古代，帝王可以对臣下直呼其名。但宋真宗为了表示礼遇，从不直呼吕端等人的名字，而是用官名来代替。见到宋真宗如此低姿态，吕端等人都颇有些受宠若惊，赶紧跪拜行礼，并请求宋真宗遵循正常的君臣之礼。宋真宗态度真诚地说："诸位卿家都是顾命元老，朕怎么敢与先帝相提并论？"[1]

宋真宗守丧期间，在禁中时时召见宰辅们，向他们请教有关"军国大事经久之制"。吕端也对当前政事提出许多好的建议，条理清晰，宋真宗都欣然采纳。[2]

---

[1] 《续资治通鉴长编》卷41，至道三年六月甲辰条："上居忧日，对辅臣于禁中，每见吕端等，必肃然拱揖，不以名呼。端等再拜而请，上曰：'公等顾命元老，朕安敢上比先帝。'"

[2] 《续资治通鉴长编》卷41，至道三年七月乙丑条："端陈当世急务，皆有条理，上甚嘉纳。"

年逾花甲的吕端身材高大，又有些肥胖，上了岁数后行动难免有些艰难。皇宫内宫殿较多，殿阁的门槛又比较高陡，宋真宗担心吕端跨越门槛时会感到吃力，特意命工匠对宫内门槛进行改造。[①]

为了体恤吕端年老多病，咸平元年十月，宋真宗特意下诏免除吕端上朝议政的辛苦，只需要在中书门下处理政务。吕端觉得自己的身体无法继续工作，便多次向宋真宗提出辞呈，宋真宗最终同意他辞去宰相之位，授以太子太保。在罢相制书中，宋真宗称赞吕端是"国之隽老"。[②]咸平三年（1000），吕端病情加重，宋真宗多次前往探望。吕端病逝前夕，宋真宗再次亲临探视。吕端离世后，为了追念他的功劳，宋真宗为其举行了隆重的葬礼，并追封吕端的亡妻李氏为泾国夫人，吕端的四个儿子也都升了官。[③]

宋真宗对吕端的援立之恩一直念念不忘。多年后，吕端的几个儿子不成器，使得家境窘迫，负债累累，不得不将朝廷赏赐的住宅退还，还希望朝廷能够赏赐一些钱财来偿还债务。宋真宗知道此事后非常同情，命内侍将吕家所欠的钱款数额包括利息计算完毕后，如数赐钱给他们。大中祥符年间，寇準任西京（今河南省洛阳市）留守，吕端的儿子吕荀要带领全家去西京赴任。宋真宗特意嘱咐寇

---

① 《续资治通鉴长编》卷41，至道三年六月甲辰条。
② 《宋宰辅编年录校补》卷3。
③ 《续资治通鉴长编》卷47，咸平三年四月庚戌条。

準要好生照顾吕荀一家,"无使失所"。①

吕端辞去相位后,宋真宗同时任命两位新的宰相:张齐贤(同中书门下平章事)和李沆(史馆相)。这个人事搭配也是宋真宗精心考虑的结果。张齐贤在宋太宗朝时曾经担任过宰相,是前朝旧臣。宋真宗为太子时,李沆曾经担任过太子宾客,是潜邸旧臣,二人感情比较深厚。可以说,这是一个新老臣僚搭配的宰相班子,既能发挥张齐贤丰富的政治经验,又能锻炼自己的亲信李沆,为其日后独当一面做好准备。另外,宋太宗淳化年间(990—994),张齐贤任宰相时,李沆任参知政事,二人已经以宰执的组合在二府共事过,彼此比较熟悉。相比张齐贤,宋真宗更信任李沆。②

咸平三年十一月,张齐贤因在朝会上醉酒失仪而罢相。次年,宋真宗任命吕蒙正为昭文相,又任命向敏中为集贤相。吕蒙正在宋太宗朝曾经两度拜相,资格很老。此番宋真宗再度起用他为相,仍然是希望通过宋太宗朝有威望的旧臣来压服百官。而向敏中在宋太宗朝曾经担任过同知枢密院事,宋真宗登基后升迁为参知政事,属于老资格的执政。咸平二年至咸平三年宋真宗对契丹用兵时,向敏中在枢密院曾经参与其事,并给宋真宗出谋划策,所以此番被

---

① 《续资治通鉴长编》卷73,大中祥符三年四月乙亥条;《宋会要辑稿》选举32之12。
② 在李沆拜相制书中,宋真宗还强调李沆曾经在宋太宗朝任执政,"翊赞先圣,宾护承华"。见《宋宰辅编年录校补》卷3。

拔擢为宰相，也有宋真宗奖赏其功劳的成分。不过宋真宗真正依赖的还是李沆一人，所以无论德高望重的吕蒙正，还是新晋宰相向敏中，他们都像之前的张齐贤一样，担任一段时间宰相后便被罢免了。

那么，李沆为何备受宋真宗信任？除了他是宋真宗的潜邸旧臣外，还有什么原因？

李沆，宋太宗太平兴国五年（980）进士。这一年的进士榜被称作"龙虎榜"，因为这一榜不但录取的人数比以前大为增加，而且中第者升迁也比较快。在这一榜中，官至宰执者即有李沆、寇準、王旦、向敏中、苏易简、宋湜六人，其中李沆、寇準、王旦、向敏中四人后来均官至宰相。

李沆虽然没有亲身经历过五代的乱离局面，但他深深懂得只有社会安定才能实现人民安居乐业和国家太平，所以他为政不刻意追求名誉，讲究不生事、少扰民。[①]宋真宗还在开封府尹任上时，宋太宗教育他为政要以清静不扰民为本。宋真宗为太子时，李沆任太子宾客，他的为政思想与宋太宗对宋真宗的教育不谋而合，于是深得太子信任和倚重。登基后，宋真宗曾经询问李沆治国之道应以何事为先？李沆回答说："不用浮薄新进喜事之人，此最为先。"宋真

---

① 参见《隆平集校证》卷4《李沆》，中华书局，2012年校证本："沆好学，沉厚寡言，有精识。"《宋史》卷282《李沆传》："沆性直谅，内行修谨，言无枝叶，识大体。居位慎密，不求声誉，动遵条制，人莫能干以私。"

宗接着询问朝中大臣中谁是这样的人？李沆指出梅询、曾致尧是这样的人，宋真宗便记下此二人姓名，以后便不太重用他们。甚至在李沆去世二十多年后，有人向朝廷推荐梅询，说他可堪重用，宋真宗仍当场驳回，并直截了当地告诉推荐之人说："李沆曾说过此人并非君子，朕不会用他。"①足见宋真宗对李沆的信任倚重之深，所以当年李沆公然反对立刘娥为贵妃时，宋真宗才会默默接受这一结果，而没有勃然大怒。

景德元年七月，李沆上朝时突感身体不适，回到家后便卧床不起。宋真宗赶紧派遣御医前去诊治，御医诊断后认为其病情严重。第二天，心急如焚的宋真宗亲自去李沆家中探望，可惜当天李沆还是去世了。宋真宗听闻李沆的死讯十分悲痛，亲自去吊唁，并下令停止上朝五日（李沆位居一品，按例只需辍朝两日），为李沆举行了隆重的葬礼，并追赠太尉、中书令，谥号"文靖"。为了表示恩宠，宋真宗又在别第为李沆举哀，并提拔了李沆几个弟弟，任用他的儿子、侄子为官。

李沆从担任太子宾客开始，一直到宋真宗登基后辅佐左右，君臣二人有着很深的感情，宋真宗对李沆极为倚重。李沆猝然发病去世，宋真宗很难忘怀这位昔日的良师益友，他动情地对身边大臣说："李沆为人生性忠良纯厚，始终如一，没想到会这么早就过世

---

① 《宋史》卷282《李沆传》。

了。"说完泪如雨下。①

李沆因病突然去世，宰相之职空缺，宋真宗不得不开始物色新的宰相人选。按照宋朝的官员迁转惯例，宰相一般从现任执政官中拔擢。当时的执政有参知政事王旦、王钦若，知枢密院事王继英，同知枢密院事冯拯、陈尧叟等人。这些人当中，王继英虽然是宋真宗的潜邸旧臣，深得信任，但他出身小吏，且一直担任武职，按照宋朝宰相应由读书人担任的惯例，他不可能担任宰相。冯拯和陈尧叟都是刚刚进入二府，资历尚浅。相比之下，两位参知政事王钦若和王旦更为合适，不过由于一些客观情况，二人都无法拜相。

王钦若为人其貌不扬，身形消瘦，脖颈间还有一赘瘤，因为这一特征，他成为宰相后，人们背地里称他作"瘿相"。王钦若虽然形象不佳，但为人头脑机敏，敢于任事。他早年担任亳州判官时，负责管理当地的粮仓。有一年农民赶来缴纳税粮，不料路上阴雨连绵，粮食被雨淋湿了，收粮官担心收了湿谷子没法交差，便不肯接受农民的税粮。百姓们从各地赶来，还有的长途跋涉而来，十分辛苦，随身带的干粮都快吃光了，此时没法交粮又不能离开，因此被困在城中左右为难。王钦若表示他愿意承担一切后果，下令将百姓

---

① 《宋史》卷282《李沆传》："景德元年七月，沆待漏将朝，疾作而归，诏太医诊视，抚问之使相望于道。明日，驾往临问，赐白金五千两。方还宫而沆薨，年五十八。上闻之惊叹，趣驾再往，临哭之恸，谓左右曰：'沆为大臣，忠良纯厚，始终如一，岂意不享遐寿！'言终又泣下。废朝五日，赠太尉、中书令，谥文靖。"

缴纳的税粮全部收入粮仓。然后他上书朝廷,讲述了此事的经过,并提出以后朝廷如果需要从粮仓中支粮,不应再根据所接受粮食年份的远近依次调拨,而是一律先调拨湿粮,这样粮仓里面的粮食不至于因腐烂而无法食用。宋太宗认为王钦若的做法非常好,亲笔撰写诏书给他,并因此记住了其名字。等到王钦若任满,宋太宗便将他直接提拔为朝官。①

到了朝中为官后,王钦若审时度势,决定找机会向太子赵恒示好,为自己日后升迁铺路。很快,赵恒遭遇的一次政治风波给王钦若提供了机会。至道二年,开封周围地区发生旱灾,宋太宗下令各地把旱灾情况查清楚之后上报,以便对受灾地区减免赋税。时任开封府尹的赵恒,也将所属地区的受灾情况以及要求减免赋税的名单上报。不料,有臣僚上书,称开封府谎报受灾情况,赵恒意图收买人心。一向为人多疑猜忌的宋太宗对此十分重视,马上下令调查。王钦若便是当时负责调查此事的官员之一。不久,调查官员们回奏,称开封府陈述的灾情属实。王钦若认为这是个好机会,便在朝堂上慷慨陈词,不仅称开封府上报的灾情实事求是、毫无问题,而且还指出有几个县的灾情实际上更严重,减税还不够。王钦若此番说辞,让其他人担心会触怒宋太宗,都为他捏了一把汗。不过,官员们的调查结果已经打消了宋太宗的疑虑,王钦若的一番陈述不仅

---

① 《涑水记闻》卷7。

让赵恒化险为夷，反而还获得宋太宗的嘉奖。赵恒因此非常感激王钦若，即位之后还回忆说："当此时，朕亦自惧。钦若小官，独敢为百姓伸理，此大臣节也。"也因此记住了他的名字。①

宋真宗登基后，提拔了一批自己信任的官员，王钦若便是其中之一，他被任命为判三司理欠凭由司。得到皇帝的赏识成功升职后，王钦若继续伺机钻营。一天，三司度支判官毋宾古与王钦若闲聊，毋宾古感叹说："全国老百姓拖欠的钱粮，自五代起到如今已是个天文数字，官府一直在不停催促征收，老百姓为此事亡族破家。此事伤害百姓太重，而且这笔钱拖欠的时间太久，数目太大，已经成了一笔烂账，恐怕是没法收缴上来了。既然朝廷没法收上来这笔钱粮，老百姓也交不起，何不将这笔钱粮蠲免呢？我准备奏请皇上，将这笔钱粮减免。"毋宾古只是随口说说，没想到说者无心，听者有意。王钦若马上意识到这是一个巴结皇帝的绝佳机会，于是他回去后立刻召集自己的手下连夜清算，核实数目，第二天一大早就进宫把奏疏交给了宋真宗。宋真宗刚开始看到王钦若奏疏中的数字大吃一惊，宋朝官员从开国以来便一直在征收钱粮，没想到百姓欠了这么多。于是宋真宗颇为疑惑地问王钦若："既然这笔钱粮根本没法收上来，百姓还为此痛苦不堪，蠲免它不是正好缓解百姓的

---

① 《续资治通鉴长编》卷42，至道三年十一月丙寅条；卷39，至道二年五月辛丑条："王钦若始受知于真宗。"

痛苦吗?这么好的一件事情,先帝为何没想到呢?"王钦若很巧妙地回答道:"先帝并非不知道此事的弊端,之所以没有解决,是因为这是他专门留给陛下您来给天下臣民施恩的。"

此事本来是王钦若在奏疏中提出的,按理说功劳是他的,但王钦若有功而不自居,反而把露脸的机会给了宋真宗,还顺带恭维了已故的宋太宗。王钦若的一番话让宋真宗十分感动。于是当日,宋真宗便下令免除百姓所欠的一千余万缗税赋,同时释放了三千余名因欠税而入狱的百姓。自此,王钦若愈发受到宋真宗的赏识。[1]

必须说,在当时的情况下,王钦若这项建议可以说是百利而无一害。对朝廷而言,这笔钱粮原本就是死账,根本不可能收上来,与其继续征收惹得百姓怨声载道,不如顺水推舟蠲免,达到"施恩于民"的目的;对百姓而言,朝廷不再征收这笔钱粮,自己少交了一份税,减轻了负担,自然对朝廷感恩怀德,以后再缴纳赋税,也会积极很多;对王钦若个人而言,这个建议恭维了宋太宗、宋真宗父子二人,足以使他在宋真宗心目中的地位直线上升,强化宋真宗心里他"敢为百姓伸理"的好印象,而且还认为他能为皇帝分忧,是不可多得的人才。事实也的确如此,王钦若此后在宋真宗心中的

---

[1] 《青箱杂记》卷6,中华书局,1985年点校本;《国老谈苑》卷2,大象出版社,2006年点校本;《宋史》卷283《王钦若传》。

地位便非同一般了。咸平四年（1001），王钦若被提拔为参知政事，成为执政，炙手可热。可惜次年王钦若遭到御史中丞赵昌言的弹劾，称他利用主持科举考试的机会收受贿赂。此事虽然由于宋真宗的袒护让王钦若化险为夷，但毕竟使得王钦若灰头土脸，落下一个以权谋私的坏名声，形象受损的同时也得罪了一批朝臣，臣僚之间关系紧张。李沆去世时，王钦若在朝中的声望还未恢复，实在不适合接任宰相。

我们再说王旦。早在宋太宗朝，王旦便已经在政坛上崭露头角，担任知制诰。宋真宗即位后，升王旦为翰林学士。这两个职务的职责都是专为皇帝撰写诏令，地位重要，因此也比较容易接近皇帝。王旦为人正直、沉稳，与宰相李沆性格比较接近，二人又是同年①，所以彼此交好。在李沆的推荐下，王旦获得宋真宗的重用。咸平三年，王旦拜同知枢密院事，成为执政。宋真宗很喜欢李沆的从政风格，与李沆风格相似的王旦自然也颇得其赏识。可惜王旦是赵昌言的女婿，而赵昌言因弹劾王钦若失败遭到宋真宗贬黜，自此王旦与王钦若之间结下无法化解的矛盾。

宋真宗虽然信任王钦若，但他也知道其受贿一事属实。因为袒护王钦若，已经激起了朝廷上很多人的不满，所以宋真宗此时没法再犯众怒提拔王钦若为宰相。而王旦因为赵昌言被贬一事与王钦若

---

① 科举考试同榜考中的人。——编者注

势同水火，此时提拔他为宰相，肯定会对王钦若不利，这也是宋真宗不愿意看到的。

最有资格担任宰相的两个执政交恶，让谁担任宰相都会引起另一方的不满，思前想后，宋真宗只好把眼光投向其他大臣。此时宋朝与契丹之间关系日趋紧张，契丹军队屡屡南下侵宋，双方在多地发生激战，互有胜负，宋真宗甚至有意亲征。在这种外部军事压力之下，宋真宗希望起用一些有魄力、能担当的官员来帮助自己处理政事，于是他将目光锁定了前朝旧臣——寇準。

寇準天资聪颖，十九岁便考中进士，少年得志，仕途也一帆风顺，仅仅用了十多年时间便升为执政。寇準为人敢于直言进谏，勇于担当。宋太宗既欣赏寇準的才干又不满意其性格，所以虽然多次将其贬黜，但遇到大事时还是会想到他。比如当次子赵元僖去世后，储位空悬，宋太宗心情烦躁，加上身上箭伤旧疾发作，情绪低落到了极点。他派人将在千里之外任职的寇準召回京城，向他询问太子人选。寇準支持立赵元侃为太子。①

---

① 《宋史》卷281《寇準传》："时太宗在位久，冯拯等上疏乞立储贰，帝怒，斥之岭南，中外无敢言者。準初自青州召还，入见，帝足创甚，自褰衣以示準，且曰：'卿来何缓耶？'準对曰：'臣非召不得至京师。'帝曰：'朕诸子孰可以付神器者？'準曰：'陛下为天下择君，谋及妇人、中官，不可也；谋及近臣，不可也；唯陛下择所以副天下望者。'帝俯首久之，屏左右曰：'襄王可乎？'準曰：'知子莫若父，圣虑既以为可，愿即决定。'帝遂以襄王为开封尹，改封寿王，于是立为皇太子。"

对于寇準在自己立储之事上的功劳，宋真宗心知肚明，也想重用他，但碍于寇準性格张扬，与李沆等主张清静的为政思想冲突，所以一直迟迟无法下定决心。此时李沆已经去世，朝中并无反对寇準之人，再加上契丹用兵迹象日益明显，迫切需要像寇準这样的果敢之人出谋划策，所以宋真宗决定让寇準担任宰相。但他仍然对寇準的性格不太放心，于是临时匆匆提拔毕士安为参知政事，紧接着让其出任首相，寇準出任次相。毕士安为人端方，性格沉稳，曾经因为品行端正得到宋太宗的嘉奖。宋真宗担任开封府尹时，毕士安任开封府判官，因此也成为宋真宗的潜邸旧臣，故宋真宗对其性格颇为了解，也很信任他。此番宋真宗让他与寇準并相，并且位置高于寇準，也是看中了毕士安性格沉稳的一面，来调和寇準张扬的性格。①

寇準任相不久，景德元年闰九月，契丹萧太后和辽圣宗亲统大军南下攻宋，前锋直抵河南澶州。得知契丹军队大举进攻，朝廷上下一片慌乱，王钦若、陈尧叟密请迁都南逃。平时好发豪言壮语的

---

① 根据《宋宰辅编年录》记载，宋真宗在任命毕士安为宰相前，曾经向其征求意见，询问他愿意搭档的人选，毕士安推荐了寇準。《宋宰辅编年录校补》卷3："上意欲擢任三司使寇準，乃先置宿德以镇之，遂自翰林侍读迁士安参知政事。士安入谢，真宗曰：'未也，行将相卿，谁可与卿同进者？'士安因言寇準忠义，能断大事，臣所不如。上曰：'闻準刚，使气奈何？'士安曰：'準忘身为国，秉道疾邪，故不为流俗所喜，今天下之民，虽蒙休德，涵养安逸，而北戎跳梁未服，若準者，正宜用也。'不阅月，遂与準并相。"

宋真宗此时见形势危急，人心动荡，也动了"南巡"的心思。关键时刻，多亏了寇凖和毕士安力排众议，反对南迁，坚持要求宋真宗亲征迎敌。经过反复陈述利害，宋真宗最终勉强同意，动身前往澶州。然而一路上，他又屡屡反悔，甚至到了澶州却迟疑不肯亲临澶州北城的前线慰问宋军。最终，在寇凖、毕士安和禁军统帅高琼等人的半劝说、半强迫的情况下，宋真宗勉强登上澶州北城城楼，遥望宋军营寨来鼓舞士气。但他也只是待了一小会儿就匆忙下城，退回到距离前线更远的地方。

契丹大军远道而来，长驱直入，虽然攻破不少城池，却收获甚少，又要时刻担心宋军截断退路。此时宋真宗亲临前线，鼓舞了宋军的士气，而契丹前锋悍将萧挞凛（凛，一作览）又被宋军射死，士气备受打击，契丹恐腹背受敌，提出议和。宋真宗素主议和。于是双方开始遣使接触，谈判议和。终于在这一年的十二月（1005年1月）双方达成一致，订立和约，史称"澶渊之盟"。

澶渊之盟后，寇凖以力挽狂澜之功，得到上自皇帝、下至群臣的交口称誉，而毕士安因病于景德二年（1005）十月去世，于是寇凖在朝中的声望、地位达到顶点。识趣的王钦若知道寇凖不待见自己，为了避其锋芒，主动要求辞去参知政事。宋真宗也知道二人不和，不宜共同执政，于是答应了王钦若的请求。但宋真宗舍不得王钦若离开，特意为其设置了资政殿学士一职，让王钦若负责编纂《册府元龟》一书，这样既能让他堂而皇之地继续留在京城，也能避免他与寇準发生政治摩擦。①

王钦若被免参知政事，签书枢密院事冯拯渔翁得利，顺利晋升参知政事。寇準又提拔了一向赏识的丁谓为权三司使。但寇準万万没有料到的是，丁谓表面上对自己百般迎合，实则暗地里有取而代之之意，并在日后成为寇準最大的政敌。

寇準一向看不起王钦若，经常寻找借口，对他百般刁难。身为宰相，寇準有权规定朝会班次——决定官员们上朝时站立的位置先后，官员班次往往与其在朝中的地位相联系。寇準看到王钦若被授予资政殿学士，便故意将资政殿学士与其他杂学士划为一等，站位在翰林学士之下。王钦若觉得自己受了侮辱，便跑去向宋真宗哭诉："臣自翰林学士拜参知政事，如今虽卸任参知政事一职，但并无过错。结果上朝立班，反而站在翰林学士之下，大家都对臣指指点点，以为臣是被贬官了，臣实在难以接受。"宋真宗听了之后赶忙安抚王钦若，但他又不想得罪寇準，便想了一个两全其美的办法，下诏将王钦若的学士头衔改为大学士，并特意点明让他上朝立班于翰林学士之上。②可见，宋真宗虽然重用寇準，同意王钦若辞去执政，但心中仍对王钦若恩宠有加。

---

① 《续资治通鉴长编》卷59，景德二年四月己亥条。
② 《归田录》卷1，中华书局，1981年点校本；《青箱杂记》卷3。

暗箭难防

王钦若虽然离开了二府，但宋真宗仍然对其念念不忘，时常召见。有时候宋真宗单独召王钦若夜间对饮，二人谈笑风生，君臣相处得十分愉快。[1]明明自己深得圣宠，却被冷落在最高权力范围之外，权力欲极强的王钦若内心自然不会甘于仅编纂《册府元龟》这样的"冷"差事。他看到寇準得宠，心里十分嫉妒，而寇準对他的倾轧更让他恨得咬牙切齿。为了能取寇準而代之，王钦若开始寻找机会中伤寇準，有如毒蛇一般，积极而动且务求一击而中。不得不说王钦若确实是个善于揣测人心、玩弄心理战术的高手，他很快就找到了宋真宗的弱点。

一天退朝时，宋真宗目送寇準离去，王钦若见四下无人，便开

---

[1] 参见《湘山野录》卷下："王冀公罢参政，真宗朝夕欲见，择便殿清近，惟资政为优，因以公为本殿大学士。公奏曰：'臣虽出于寒贱，不能独宿，欲乞除一臣僚兼之。'遂以陈文僖彭年并直。一夕，公携一巨榼入宿，方与陈寒夜闲饮，遽中人持钥开宫扉独召公，匆匆而入，谓陈曰：'请同院不须相候，独酌数杯先寝。'至行在，真宗与公对饮，饮罢持禁烛送归，繁星列星。陈危坐伺之，已四更，笑曰：'同院尚未寝乎？'陈曰：'恭候司长，岂敢先寝？'喜笑倒载，解袜襆带几不能，坦腹自矜曰：'某江南一寒生，遭际真主。适主上以巨觥敌饮，仅至无算，抵掌语笑，如僚友之无间。'已而遂寝。殆晓，盥栉罢，与陈相揖，觉夜归数谈颇疏漏，自言：'夜来沉湎，殊不记归时之早晚，无乃失容于君子乎？'陈曰：'无之，但殷勤愧谢。'既则，已将趋班，同趋出殿门，执其手以语封之曰：'夜来数事，止是同院一人闻之。'文僖归谓子弟曰：'大臣慎密，体当如此。'"

始进谗言道:"陛下如此敬畏寇準,是认为寇準促成了澶渊之盟的签订,对国家有莫大的功劳吗?"宋真宗虽然觉得王钦若的问题很奇怪,也没有多考虑,直接回答说:"是的。"而这正中王钦若下怀。王钦若接着故意说:"想不到陛下竟然如此看待澶渊之盟。此役是因为陛下亲征才能最终达成双方和议。陛下不以为耻,反认为寇準对社稷有功,臣实在想不通。"听了王钦若的话,宋真宗感觉很吃惊,赶紧问他为何这样认为。

王钦若见宋真宗已经起了疑心,便趁热打铁接着说:"城下之盟,《春秋》一书中都耻于记载,当时即便是弱小国家的国君都会感到耻辱。现在以陛下您的天子之尊,却在契丹兵临城下时与敌人达成和议,还答应每年送给对方大量的岁币,这不就是城下之盟吗?还有比这更大的耻辱吗?!"

其实,严格来说,澶渊之盟的签订不能说是寇準"促成"的。因为在和议前,当时包括寇準在内的朝中主战之人不同意与契丹和议,他们认为宋朝有实力在战场上获胜。但宋真宗当时已经被吓破了胆,急于结束这种在前线提心吊胆的日子,因此才力主和议,并答应每年送岁币给契丹。所以表面上战争以和平局面收场,但宋朝每年要给契丹银十万两、绢二十万匹。从某种程度上说,实际上仍然是输了。

被王钦若这么一说,宋真宗也意识到这一层,之前他因为澶渊之盟解决了宋朝和契丹长达数十年的战争局面而心中沾沾自喜,此时这种喜悦感瞬间消失得无影无踪，取而代之的是无比的尴尬和羞愧。王钦若见宋真宗的心理已经发生变化，便抓住机会再攻击寇準："陛下听说过赌博之事吗？赌徒快输光的时候，他们就会孤注一掷，把身上所有的钱都拿出来下注，只求翻本。寇準怂恿陛下亲征，其实并无战胜的把握，不过是将陛下作为最后的筹码来孤注一掷，与赌徒无异。此事实在太过凶险，幸亏最后达成和议。如果万一和议失败，后果不堪设想。"在王钦若的"循循善诱"下，宋真宗彻底改变了对澶渊之盟的看法，也真的认为自己只不过是寇準为了博得功名的赌注。自此以后他再看寇準，便越来越觉得不顺眼。于是在景德三年（1006）二月，宋真宗找了个借口，以寇準为人轻率、好取声誉为由，将其罢相。①

王钦若的如意算盘是，只要寇準被免，就可以轮到自己担任宰相。不料最后宋真宗经过一番考虑却任命王旦为宰相。寇準虽然有才干，但为人个性张扬、做事强横，与同僚关系紧张，其从政风格也不是宋真宗满意的类型。王钦若虽然有一定才干，也善于察言观色，言语上处处奉迎宋真宗，但他为人贪财受贿，还喜欢搬弄是非，不仅在臣僚中口碑不佳，和其他臣僚之间的关系也比较紧张。

---

① 《宋宰辅编年录校补》卷3："（寇準）既罢相，遂相王旦。旦入谢，上谓寇準以国家爵赏过求虚誉，无大臣体，罢其重任，庶得终吉也。既而命準出知陕州，又遣近侍传旨戒约。他日，上谓辅臣曰：'执政之地，百僚具瞻，品藻拟伦，当务公共。轻诺寡信，怨是用长，不可不戒也。寇準之居相位，多致人言，岂不由此？'冯拯曰：'吕蒙正尝云準轻脱好取名誉，不可不察。'"

宋真宗想来想去，虽然自己青睐王钦若，但他还是觉得像李沆那样为人沉稳、考虑周到，又处处替皇帝着想的宰相更适合自己。放眼朝野中，只有王旦当年深得李沆认可，二人性情相似，且王旦多年担任执政，政治经验丰富，在群臣中颇有口碑。在这种情况下，王旦顺利成为宰相。①

王旦的从政风格与李沆比较接近，为政主张清静，不骚扰百姓。而且他本人很有才干，因此宋真宗信任他。当然，王旦作为臣子还有一个重要的优点，不贪功，不自大。当时宰相有差遣除授官员的权力，但王旦并不借此以权谋私任用亲信，而是首先秘密上书宋真宗，列举三四个候选人，等待宋真宗亲自批示人选。臣僚并不知道此事，每次除授官职，都对人选争论不休，唯独王旦提出的人选，进呈上去的都一概得到宋真宗批准。丁谓认为王旦推举的人选都能得到批准，一定是因为他借宰相之权任用亲信，故屡屡毁谤王旦弄权。宋真宗知道真相，反而更加相信王旦。凡是王旦荐举之人，当事人都不知情。王旦去世后，史官修撰《宋真宗实录》时得到内廷出示的奏章，才知道朝廷士人多是王旦推荐的。

王旦这种有功推于君主，有过自己默默承担非议的品质，极大地满足了宋真宗既需要有能臣替自己分忧解难，又需要有人替自

---

① 《宋宰辅编年录校补》卷3："旦端重坚正，明达国体，接物若甚和易，而风仪峻整。当官莅事，庄厉不可犯。"

己的过失背锅的心理。时间越长,宋真宗的依赖心理越重,越来越离不开王旦,"言无不听,凡大臣有所请,必曰:'王旦以为如何?'"①所以王旦任相长达十一年之久,是宋真宗朝任相时间最长的宰相。

东封西祀

看到王旦成为宰相,王钦若又一次大失所望。由于多年前他与王旦岳父赵昌言之间的冲突,他与王旦之间的矛盾已经无法调和,所以在王旦担任宰相期间,王钦若想尽一切办法中伤王旦。但看到宋真宗对王旦的倚重牢不可破,他转而打击王旦的政治同盟,寻找一切机会来削弱王旦的势力。王旦自然也明白王钦若的政治野心,便一直死死压制王钦若,不让其成为宰相。二人之间这种表面上相安无事但背地里剑拔弩张的关系,一直持续到王旦晚年因病辞相之后。

王钦若担心如果王旦完全获得宋真宗的信任,那么自己的拜相美梦便要彻底成为泡影,于是他开始谋划如何与王旦争夺宋真宗的信任。而此时的宋真宗,在被王钦若指出澶渊之盟属于城下之盟

---

① 《宋史》卷282《王旦传》。

后，脆弱的神经遭受了重创，一直快快不乐。他罢免了宰相寇準，可是仍然对"澶渊之耻"无法释怀，迫切需要寻找新的突破口来证明自己是个明君。善于察言观色的王钦若敏锐地察觉到宋真宗的心理变化，他觉得这是分化王旦与宋真宗关系、巩固自己在宋真宗心目中地位的一个好机会。

有一天，宋真宗召见王钦若，二人有意无意地聊起澶渊之盟，宋真宗仍然无法释怀。宋真宗本以为澶渊之盟是自己主导下的功绩，可以让自己名垂青史，成为一代贤君，但是经过王钦若"点拨"，宋真宗发现，澶渊之盟不但不是什么光耀之事，反而是奇耻大辱，这让他感到无比失落。到底有什么办法能让自己洗刷耻辱，成为贤君呢？宋真宗非常迷茫，于是他问王钦若："朕现在知道澶渊之盟实乃城下之盟，你说该怎么办？"王钦若猜出宋真宗根本不想再起战事，便故意说："陛下只有放手与契丹一战，出兵夺取燕云十六州，才能洗刷城下之盟的耻辱。"宋真宗一听又要与契丹正面血战，刚刚萌发的一点儿悔恨一下子被抛到九霄云外。他故作忧国忧民地说："我国和契丹之间多年征战，河朔地区的百姓苦不堪言。因为和议，当地百姓刚刚获得喘息之机，可以休养生息，我实在不忍心再次让他们陷入水深火热的战场中。卿足智多谋，你想想还有没有不需要两国开战的其他好方法。"

王钦若见宋真宗果然如自己所料想的那样惧怕战争，就按照计划一本正经地说："陛下既然心怀百姓不肯对契丹用兵，那么就应该建'大功业',这样才能够镇服四海八荒,向戎狄宣扬我大宋的国威。"听到王钦若说不需要打仗,宋真宗立即来了兴趣便问道:"卿口中的大功业到底指的是什么?"直到此时,王钦若才缓缓地说出自己心中真正的想法:"臣回陛下,臣所说的大功业就是封禅。不过,封禅应该得到上天降下的祥瑞,而这祥瑞,必须得是稀世绝伦的事情才行。"

听了王钦若一番话,特别是听到封禅需要祥瑞时,刚刚高兴起来的宋真宗又泄了气。宋真宗的情绪波动自然都被王钦若看在眼里,而这一切也都在他的预料之中。王钦若的心中好不得意,觉得宋真宗太容易被自己牵着鼻子走,轻而易举地被玩弄于股掌之中。他接着说道:"上天降下的祥瑞哪有那么容易获得?不过前代举行封禅之人,有通过人力获得祥瑞的方法。只要君主对这种人造祥瑞深信不疑并对其加以崇敬尊奉,再将其明示天下,那么这种人造祥瑞就与上天自然降下的祥瑞没有什么不同。陛下果真相信有所谓的'河图'与'洛书'吗?还不都是圣人装神弄鬼来教化百姓的手段罢了。"王钦若的话说得十分直白露骨,实际上就是在赤裸裸地怂恿宋真宗假造祥瑞,从而为举行封禅寻找借口。听明白了王钦若的想法,宋真宗也不禁心动起来。[1]

在古代人们的思想意识中,封禅象征着政权得到了上天的眷

---

[1] 《续资治通鉴长编》卷67,景德四年十一月庚辰条。

顾，因此是中国古代帝王们非常向往的一件大事。但由于完成封禅需要的条件很高，特别是需要有象征天下太平的祥瑞出现，所以，古代王朝中能够完成封禅的帝王寥寥无几。宋太宗曾经也动过封禅的念头，甚至为此做了准备，不料还没有正式运作此事，乾元殿、文明殿接连发生火灾，大臣们纷纷上书反对封禅。宋太宗觉得这是上天对自己治理国家的警示，提醒自己天下尚未太平，便主动放弃了封禅的想法。[①]

对于宋太宗未能成行的封禅一事，宋真宗早就有所耳闻。想到这一点，他也有些担心会重蹈父皇的覆辙，但他又经受不住封禅的巨大诱惑，颇有些踌躇。过了很久，他对王钦若小心翼翼地说："朕对此事并没有什么意见，就是担心王旦反对，该怎么办？"看到宋真宗果然非常重视王旦的态度，王钦若既庆幸自己及早发现了这个问题，又嫉妒王旦在宋真宗心中的重要地位。他大包大揽地说："此事交给臣来处理。臣告诉他，此事乃是陛下的意思，想必王旦也不会有意见，应该没有问题。"[②]

为了给封禅造势，同时也为了试探王旦的态度，在王钦若的授意下，景德四年十一月，殿中侍御史赵湘上书朝廷，请求宋真宗封禅。赵湘的奏疏送到中书门下，宰相王旦等人看到是关于封禅的大

[①] 《续资治通鉴长编》卷25，雍熙元年四月己亥条、庚子条，五月丁丑条，六月庚寅条。
[②] 《续资治通鉴长编》卷67，景德四年十一月庚辰条。

事，不敢耽搁，将奏疏进呈给宋真宗。宋真宗看完奏疏后只是拱手，并不回答。王旦等人担心宋真宗会听信手下臣僚的怂恿，便委婉地劝诫说："封禅之礼，旷废已久，若非圣朝承平，岂能振举？"宋真宗见王旦不同意封禅，便说："朕之不德，安能轻议。"①

果然，王旦反对封禅。王钦若便找机会告诉王旦，称宋真宗因为澶渊之盟苦恼已久，下定决心要封禅，希望他不要反对。一向谨慎小心的王旦听说宋真宗已经铁了心要做此事，也不敢违背圣意，只好勉强同意。

听王钦若报告说王旦已经同意封禅，宋真宗十分高兴，但他还是有些不放心。于是宋真宗假意在大内举行一场宴会，邀请王旦赴宴。宴会上君臣二人相谈甚欢，气氛十分融洽。宴会结束后，宋真宗特意下诏赐给王旦一樽酒，并郑重其事地告诉他说："此酒味道十分可口，爱卿回家后可以与妻子儿女一同饮用。"王旦回到家，按照宋真宗的吩咐与家人一同打开酒樽，准备品尝美酒，结果却惊讶地发现酒樽中装的不是美酒，而是珍珠。王旦想起王钦若之前告诉过他宋真宗要封禅的事情，马上就明白皇帝这是在用这些珍宝来堵住他的嘴，让他不要反对此事。②

其实王旦没有反对此事，一方面是看到宋真宗已经下定决心

---

① 《续资治通鉴长编》卷 67，景德四年十一月庚辰条。
② 《续资治通鉴长编》卷 67，景德四年十一月庚辰条。

要这样做,很难改变他的想法;另一方面是看到宋真宗为了能封禅,竟然"贿赂"身为臣子的自己,王旦更加确定宋真宗决心要做此事。当然更重要的是,此事背后的重要推手是王钦若,如果自己执意反对封禅,很有可能造成君臣关系紧张,甚至出现裂痕。如果这样便给了对相位一直虎视眈眈的政敌王钦若以可乘之机,说不定到时候王钦若乘机在宋真宗面前诋毁自己,自己多年来苦心经营压制王钦若的努力极有可能会付诸东流。于是王旦决定委曲求全。宋真宗接下来大搞人造祥瑞,东封泰山、西祀汾阴,王旦不仅没有反对,反而成为这些活动的重要参与者。

宋真宗下定决心搞一场声势浩大的封禅,又担心朝廷是否有足够的财力支撑起这场活动。三司使丁谓为了迎合宋真宗,特意奏称朝廷府库绰绰有余,完全没有问题。有了财政保障,宋真宗让丁谓统筹封禅的开支用度,放心大胆地实施起封禅计划。[1]

在这一过程中,王钦若作为封禅的始作俑者,积极地为宋真宗出谋划策,成为宋真宗封禅提议在朝堂上最坚定的支持者。而宋真宗为了报答王钦若的支持,不断对其加官晋爵,屡屡赏赐。王钦若获得了好处,自然更卖力地讨好宋真宗。君臣二人一唱一和,形成了一种积极互动的局面。有了王钦若的"榜样",朝臣中

---

[1] 《宋史》卷283《丁谓传》:"大中祥符初,议封禅,未决,帝问以经费,谓对'大计有余',议乃决。因诏谓为计度泰山路粮草使。"

一些不甘寂寞、急于上位之人纷纷采取类似做法，积极奉迎宋真宗，而宋真宗也对这些人不吝赏赐和提拔，进一步助长了他们的气焰。

在君臣互动中，围绕着封禅一事，北宋朝臣逐渐分化。如王钦若、丁谓等人，他们自身都具有一定才干，且又急于上位，便迫不及待地采取奉迎宋真宗的方式来换取仕途。他们的成功给朝堂上带来了一股很坏的风气，从此以后，投机钻营、揣摩圣意逐渐成为很多大臣仕进的手段。而这些人一旦大权在握，为了防止他人压过自己，便结党营私，排斥异己，使得朝堂上一片乌烟瘴气。作为宰相的王旦虽然始终屹立不倒，但为了保全自身，不得不委曲求全地迎合宋真宗。可以说，在这场封禅闹剧中，无论是像王旦这样的正面人物，还是像王钦若、丁谓这样的反面形象，都无可避免地卷入其中，主动或被动地成为宋真宗的"帮凶"。[1]

宋真宗费尽心思筹谋的封禅及神道设教活动，也为刘娥带来了机会和利益。刘娥是全力支持宋真宗的，因此让宋真宗有一种夫妻同心的感觉。宋真宗不仅每次出巡都让刘娥随行伴驾，还不断地加封刘娥，让刘娥封后的计划顺利推进。可能受到宋真宗狂热的情绪感染，久而久之，到了晚年，身为皇太后的刘娥已经成为虔诚的道

---

[1] 张其凡：《宋真宗"天书封祀"闹剧之剖析——真宗朝政治研究之二》，载《宋初政治探研》，暨南大学出版社，1995。

教徒，接受了道教法箓。①另一方面，宋真宗让刘娥越来越多地参与批阅奏章，也逐渐培养了刘娥的政治才干。刘娥则利用陪伴宋真宗外出祭祀的宝贵机会，走出后宫，借机观察百官，熟悉朝政运行。

大中祥符元年十月，宋真宗在泰山举行声势浩大的封禅大典。原本大家都认为封禅结束后，一切都会回归到正常的轨道上，没想到宋真宗却在神道设教的道路上愈陷愈深，不能自拔。结束封禅后，宋真宗的行驾没有直接返回开封府，而是拐到曲阜拜谒孔庙。大中祥符四年正月，宋真宗又千里迢迢赶奔汾阴（今山西省万荣县），祭祀后土。大中祥符七年（1014）正月，宋真宗前往亳州拜谒太清宫。在这些活动期间，宋真宗开始大规模修建宫观。大中祥符二年（1009）四月，诏令丁谓为修建玉清昭应宫使，大兴土木建造玉清昭应宫，供奉上帝；十月，诏令天下各地兴建天庆观。大中祥符五年，宋真宗又导演了一场所谓的"圣祖降临"，宣称赵宋皇室的始祖叫赵玄朗，是上天的神祇。宋真宗不仅亲自大肆崇祀圣祖，还下令修建景灵宫，将其供奉起来。几乎每一座宫观都富丽堂皇，耗费了大量民脂民膏。②

澶渊之盟后，宋朝迎来了得之不易的外部和平，原本应该利用

---

① 张继禹编：《中华道藏》第46册《章献明肃皇后受上清毕法箓记》，华夏出版社，2004。
② 汪圣铎：《宋真宗》，吉林文史出版社，1996。

这个宝贵的机会好好发展。不料王钦若为了一己之私，故意将宋真宗引向封禅祭祀、神道设教上来。而软弱的宋真宗既不甘心忍受城下之盟的耻辱，又不敢通过正当的军事手段为自己赢得尊严，郁闷之下反而采取这种自欺欺人的把戏来进行自我麻醉。可能一开始宋真宗只是想在泰山封禅而已，可当他一旦开始陶醉在"天降祥瑞"的美好景象中时，便不想再从这种美好的感觉中走出来，于是一步一步地继续走下去，久久地沉浸在自己营造的一个又一个美好的盛世幻境中而无法自拔。

从东封西祀开始，宋真宗朝的朝野气象开始急转直下。宋真宗日益沉缅于神道设教活动中，以致无心处理政务。除了牢牢掌握最终决策权之外，他逐渐放权，将一些日常政务都交给宰相王旦处理。此举越发激起权力欲极强的王钦若等人对王旦的嫉妒，他们觊觎王旦的相位，千方百计地攻击王旦。而王旦也不甘示弱，利用各种机会进行反击。双方明里暗里斗争不断，党争日趋激烈。当然，这种党争，也并非完全是因为宋真宗为了一己私欲大搞封禅引起的，其背后是宋代基本的政治逻辑在作怪。

"异论相搅"

宋朝通过兵变开国，因此为了避免这样的事重演，皇帝特别重视防范内患。宋太宗在即位诏书中宣称自己要遵循宋太祖的治国思想,"事为之防,曲为之制"[①],意思便是凡事都要"委曲防闲",也就是以防范内部隐患为第一要务。在这种思路的指导下,面对日益强大的文官集团,宋太宗采取"异论相搅"的手段,即在朝庭中任用持有不同意见的人。这种做法,表面上看似有利于朝廷上出现不同的声音,便于皇帝倾听不同的意见,更好地发现问题并了解事实;但更重要的目的是要让持不同政见的大臣彼此掣肘,互相监督,方便皇帝控制大臣。对皇帝而言,在君臣关系中,他最关心的是与位高权重的宰相之间的关系,因为在历史上,二者一直处于爱恨纠结的矛盾之中。

在中国古代,君主以国家最高统治者的身份统御天下,而宰辅则以群臣首领之位,辅弼天子,统率群臣,参决政务。可以说,君主与宰辅之间的关系,如同一个人的头脑与四肢的关系一样。君主离不开宰辅,需要宰辅辅佐自己处理国家各种政务,但君主又必须拥有对宰辅的控制权。毕竟,一旦宰辅的权力过大、过重,甚至超越了王权能够控制的范围,宰辅便会从国家的栋梁之臣变成权臣,不仅威胁君主的权威,甚至还会上演改朝换代的戏码。事实上,中国古代许多次的改朝换代,都是权臣在宰辅之位上权力过大,皇帝对其失控的结果,这自然是任何一位皇帝都不想看到的结局。因

---

① 《续资治通鉴长编》卷17,开宝九年十月乙卯条。

此，长期以来，君主与宰辅之间的关系一直处于一种微妙的博弈之中。历代君主都在努力摸索，如何能够既任用有才干的臣僚替自己分忧解难，治理天下，同时又能保证牢牢地控制着臣僚的权力范围，使其不至于尾大不掉。

宋真宗无疑从宋太宗那里学到了这种平衡方式。如果说宋真宗在位早期由于缺乏从政经验，对吕端、李沆等人是以对待师长的态度言听计从的话，那么等到王旦为相时，宋真宗早已拥有了丰富的治国经验，他此时对宰相的信任和倚重，更多是将其作为自己的助手和执行者。在这种情况下，宋真宗逐渐采用"异论相搅"的政治手段来操控大臣，他信任并重用宰相王旦的同时，又宠信并不断提拔王钦若、丁谓等与王旦关系不睦的官员，并纵容双方的斗争。

王钦若是宋太宗淳化三年（992）的进士，而王旦便是当年的同知贡举（考官），因此在理论上王旦与王钦若之间是"座主"与"门生"的关系，二人应该关系和睦。但现实的政治斗争让二人势同水火，不可调和。而二人产生矛盾的开始，就是之前提到的涉及王钦若的科场受贿案。

咸平五年（1002），刚刚科举中第为官的任懿被人举报，称其在咸平三年的科举考试中通过贿赂主考官而中举。经过审讯，任懿招认，科举考试前，为了方便应举，他曾经寄居在京城一所寺院中，因此认识了寺院中的两名僧人。经过一番交谈，他得知这两名僧人有门路联系上当年的主考官,于是任懿动了心思。

与唐朝的科举录取人数相比,宋朝科举录取名额要多得多。比如宋真宗咸平元年,录取进士科51人,诸科150人,特奏名进士1人;咸平二年,录取进士科71人,诸科174人,特奏名进士3人,童子科1人;咸平三年,录取进士科427人,诸科777人,特奏名进士236人,特奏名诸科697人,特赐第7人。①虽然每次科举考试录取的人数都在增加,但与参加科举考试的人数相比,录取比例还是很低的,所以竞争一直非常激烈。②既然有"捷径"可以让自己更容易中第,任懿自然不想放过这样一个好机会。经过一番讨价还价,他决定通过这两名僧人作为中间人向主考官行贿以保证自己能够被录取。

这两名僧人通过当时的主考官王钦若的门客宁文德等人牵线,与王钦若的妻子李氏达成行贿协议(白银二百五十两)。北宋科举考试时为了防止作弊、行贿等事情发生,考试期间将考场临时封闭,考官与考生一律不得外出。条件谈妥后,李氏通过派人给主考官王钦若送饭的机会,将此事悄悄地告诉了王钦若。王钦若心领神会,按照约定录取了任懿,然后告诉李氏事情办妥并速去索

---

① 龚延明、祖慧编著:《宋代登科总录》卷三《北宋真宗朝》,广西师范大学出版社,2014。
② 如宋真宗在咸平三年诏书中称,咸平二年参加科举考试的举子人数超过万人。见《续资治通鉴长编》卷47,咸平三年五月辛卯条:"去岁天下举人,数逾万人,考核之际,缪滥居多。"

取贿银。谁知此时任懿因为着急回家奔丧,已经提前离开京城,于是作为中间人的僧人给他写信,告之事情已经办成,让他按照约定交付银两。任懿收到信后十分高兴,如数支付了银两,不料匆忙之中不慎将僧人索银的来信丢失。此信被他人拾取后举报,任懿因而落网。

宋初曾经为了整顿吏治而严惩贪官。例如宋太祖朝,曾有多名贪官因贪污受贿而被直接下令处死。[①] 此后虽然惩罚力度有所减轻,但官员收受贿赂还属于重罪。御史中丞赵昌言原本对王钦若并无太多好感,觉得此人善于溜须拍马,就是靠着阿谀奉承才飞黄腾达的。负责审讯此案时,如果能够抓住王钦若受贿的把柄,正好可以重挫他。于是赵昌言上书宋真宗,不仅义正词严地弹劾王钦若,而且还要求亲自审讯王钦若以彻查此案。王钦若深知此案非同小可,一旦坐实,自己的仕途不仅毁于一旦,而且搞不好还会落个抄家掉脑袋的后果。于是他一方面矢口否认自己受贿,坚称冤枉;一方面积极活动,设法为自己脱罪。

宋真宗一直很宠信王钦若,前一年才刚刚将他提拔为参知政事,准备进一步重用,没想到马上就爆出受贿之事,一旦坐实,不

---

① 《宋史》卷1《太祖纪一》:"(乾德二年)五月己卯,知制诰高锡坐受藩镇赂,贬莱州司马。辛巳,宗正卿赵砺坐赃杖、除籍。"卷2《太祖纪二》:"(乾德三年四月)癸丑,职方员外郎李岳坐赃弃市。""(八月)戊午,殿直成德钧坐赃弃市。""(五年)九月壬辰,仓部员外郎陈郾坐赃弃市。"参见齐源:《浅论宋初严法治赃吏》,《青海社会科学》1985年第6期。

仅王钦若的前程尽毁，还会大大有损于自己作为皇帝的识人之明。为了保护王钦若，宋真宗连忙召见赵昌言，对他说："朕信赖王钦若，对他百般照顾，他对此心知肚明。如果王钦若缺钱想要银两，完全可以开口向朕要，朕肯定会满足他的要求。他何必冒犯国法，收受考生的贿赂？再说，王钦若刚刚被提拔为参知政事，属于国家重臣，怎么能够骤然下令逮捕入狱加以审讯呢？"宋真宗有意为王钦若开脱，赵昌言则始终坚持受贿罪自开国以来就属于重罪，不可轻易放过。赵昌言不仅执意要审讯王钦若，还称王钦若是奸邪小人，不可任用。

宋真宗见赵昌言不肯让步，心里十分不快。赵昌言一再斥责王钦若品性奸邪，更让宋真宗觉得脸上无光，不禁有些恼怒。于是宋真宗随便找了个借口，下令让翰林侍读学士邢昺、内侍阎承翰、知曹州边肃等人重新审理此案。阎承翰的加入表面上是代表宋真宗监督审讯过程，保证审讯的公正性，但真正的目的则是将宋真宗要开脱王钦若的态度透露给邢昺等人。邢昺等人见宋真宗态度明确，要力保王钦若，他们不敢像赵昌言一样坚持秉公执法，于是整个案件接下来的审讯便朝着有利于王钦若的方向发展。

不出所料，任懿翻供，谎称自己认识另一位考官洪湛。参加科举考试前，由两位僧人牵线搭桥，任懿得以向考官行贿，但自己并不知道具体向谁行贿。在任懿的新供词中，不仅先前供词中牵涉的王钦若的门客和王钦若的妻子等重要人物统统不见踪迹，而且将行贿对象指向了另一位无辜的主考官洪湛。邢昺等人拿到了任懿这份新口供，大喜过望，直接据其定案。为了坐实洪湛受贿，抄家时，因为找不到所谓的赃银，搜捕人员不惜将洪湛借用别人的银器拿来充数。

有了口供和物证，宋真宗匆匆下令了结此案。按照宋朝刑律，洪湛受贿应该被判处死刑，宋真宗"法外开恩"，改为流放儋州（今海南省儋州市）。洪湛平白无故遭人冤枉，悲愤不已，第二年便死了。初审此案的赵昌言则以"诬陷"王钦若的罪名被罢免御史中丞之职，贬为安远军行军司马，并被赶出朝廷。[1]

在此案中，宋真宗为了维护自己作为皇帝的尊严和脸面，刻意袒护宠臣王钦若，不惜颠倒黑白，伤害无辜的洪湛，打压秉公执法的赵昌言等人。宋真宗表面上达到了目的，但造成了朝臣之间日后的矛盾和冲突。特别是此案发生时，赵昌言的女婿王旦同样身为执政，他目睹了岳父的不幸遭遇和王钦若的小人得志，于是暗下决心，有生之年一定要打压王钦若。

王钦若一方面庆幸自己侥幸过关，但他也深知无辜的洪湛做了自己的替罪羊，心里隐隐不安。到了晚年，沉迷道教的王钦若相信

---

[1] 《续资治通鉴长编》卷51，咸平五年三月庚戌条。《涑水记闻》卷7所载与《续资治通鉴长编》略有出入，其载事后僧人在向任懿索取未支付的贿银时，双方发生"喧斗"，故而事泄。

因果报应，疑神疑鬼。[①]为了让自己心安，他特意提拔洪湛的儿子以为补偿。与良心不安相比，对王钦若来说，更严重的是此案彻底得罪了同为执政的王旦。在通往宰相之路上，王钦若和王旦原本就是竞争对手，此事之后，王钦若与王旦表面上客客气气地共事，但暗地里剑拔弩张，彼此算计，就此开始了二人多年的明争暗斗。而此二人之间的斗争，不仅影响了宋真宗朝的政治走向，而且让刘娥在通向皇后之位的路上意外地渔翁得利。

二王之争

应该承认，与李沆敢于当着宋真宗使者的面烧掉宋真宗御笔手书的做法相比，王旦缺乏抗争的勇气和锐气，这可能与其性格相对软弱有关。不过，王旦并非一味顺从宋真宗，一旦涉及个人切身利益和私人恩怨，他的态度还是十分坚决的。对其死敌王钦若，既然因为宋真宗的宠信无法彻底将其打倒，王旦便想尽一切

[①] 《枫窗小牍》卷下，大象出版社，2008年点校本："比部郎洪湛，以王钦若贿卖任懿及第，累谪儋州，竟死海外。忽有相识，遇洪大庾岭，犹仪卫赫然，若有官者。相识谓是赦还，与执手庆慰，洪曰：'我往捕王钦若耳。'言讫不见，其人愕然。已而钦若病甚，口呼'洪卿宽我，我以千金累卿，然惠秦已囊百两，不难偿卿九百也'。观此，则二百五十金之说，犹当时鞫者默为钦若减贯也，然湛冤极矣。"惠秦即为任懿行贿的僧人之一。

办法阻击王钦若在仕途上更进一步。大中祥符五年四月，经王旦大力举荐，向敏中再度拜相，任集贤相。[①]向敏中为人"厚重镇静"，与李沆、王旦的行事风格相似，属于宋真宗比较喜欢的类型。向敏中任相，又一次挡住了王钦若的入相之路。

王钦若看到王旦为了打压自己而不顾个人声誉，积极参与宋真宗的东封西祀活动，并巩固了与宋真宗的关系，心中十分恼火。他便一面伺机挑拨王旦和宋真宗的关系，一面寻找一切机会打击王旦的政治同盟。

当时宋真宗有意封德妃刘娥为皇后，正四处在朝廷重臣中寻找支持。包括宰相王旦在内的很多人都态度暧昧，持观望态度。不过王旦的同党，包括参知政事赵安仁、翰林学士杨亿等人都坚决反对立刘娥为皇后，所以王旦极有可能也不赞同，只不过他为人向来小心谨慎，没有公开表明态度。当宋真宗询问赵安仁此事时，赵安仁态度坚决地反对，他的理由是刘娥出身寒微，不可以母仪天下。他又提出，后宫的沈才人是太宗朝宰相沈义伦的孙女，出身相门，门第高贵，更适合做皇后。宋真宗虽然对赵安仁的言论很不满，但赵安仁说得有理有据，而且宋真宗素知赵安仁是一位正直守道之人，不由得也有些犹豫。王钦若探听到这个消息，意识到这是个扳倒赵安仁的绝佳机会，于是再度施展自己挑拨离间的本领，伺

---

① 《续资治通鉴长编》卷77，大中祥符五年四月戊申条。

机在宋真宗面前中伤赵安仁。

一日，宋真宗与王钦若闲聊起当今大臣中谁是真正的长者。王钦若乘机假意称赞赵安仁："当今大臣中有长者之风的，没有人能够超过赵安仁。"宋真宗对此回答感觉很奇怪，便问王钦若："你何以这样说？"王钦若表示："赵安仁昔日曾为故相沈义伦所知，至今仍然对其知遇之恩念念不忘，常常想着如何报答他的恩情。"宋真宗听了王钦若的话后，沉默不语——赵安仁正直无私的高大形象在他心目中一下子坍塌了。不仅如此，他还觉得赵安仁反对立刘娥为皇后有着不可告人的私人目的，反而更坚定了他要立刘娥为皇后的想法。不久，宋真宗以赵安仁在中书门下尸位素餐为名，罢免了其参知政事之职。①

赵安仁被罢，参知政事一职空缺，王旦和王钦若对这一职位又展开了激烈的争夺。王旦打算向宋真宗推荐宋太宗朝宰相李昉之子、翰林学士李宗谔为参知政事。因为王钦若身为枢密使，二人同在二府，王旦便将此事告诉了王钦若。王钦若表面上同意，暗地里却在谋划反击的方法。他得知李宗谔家境贫寒，俸禄微薄，经常入不敷出。王旦时常周济李宗谔，前前后后借给他许多钱财。王钦若认为这是个好机会，因此偷偷地提前向宋真宗汇报说："李宗谔欠

---

① 《东轩笔录》卷2，中华书局，1983年点校本；《续资治通鉴长编》卷78，大中祥符五年九月戊子条。

了王旦很多钱,根本还不上。王旦打算引荐李宗谔为参知政事,利用李宗谔任参知政事时朝廷赏赐的财物来偿还其债务。王旦推荐李宗谔,并非为了江山社稷来挑选贤能之人,而完全是出于他的私心。"宋真宗听完王钦若的密报,派人四处打听,发现李宗谔果然欠了王旦很多钱,于是便彻底相信了王钦若的谗言。

第二天,王旦上书推荐李宗谔为参知政事,宋真宗心里十分不悦,不仅不许,反而斥责王旦有结党营私的嫌疑。[1]王钦若见王旦受挫,乘机推荐同党丁谓出任参知政事,顺利得到宋真宗的批准。此时王钦若也因为积极支持宋真宗封刘娥为皇后,由知枢密院事晋升为枢密使,成为枢密院的最高长官。

此时的宰执队伍中,王旦、向敏中两位同年虽然占据了宰相一职,暂时压住了王钦若等人一头,并再度阻击了王钦若的入相之路。但在执政队伍中,参知政事丁谓、枢密使王钦若势力强劲,二人既得宋真宗宠信又十分狡猾,枢密副使马知节虽不肯与他们为伍,但根本斗不过这二人。可以说,现在的局势是,王旦控制了宰相,王钦若控制了执政,双方的角力还在继续,并呈现胶着状态。

多年来,为了巩固自己在宋真宗心目中的地位,王钦若费尽心机,处处迎合;为了打击王旦,他拉帮结派,处心积虑。虽然他一直深得宋真宗的宠信,并且多年担任枢密使,可惜,面对近在眼前

---

[1] 《涑水记闻》卷7;《续资治通鉴长编》卷78,大中祥符五年九月戊子条。

的中书门下，他始终差了"临门一脚"。而王旦因为能力出众，一直得到宋真宗的倚赖，有了这重保护，王旦的宰相地位稳固不破，他强撑病体，耐心等待扳倒王钦若的机会。而这机会终于来了。大中祥符七年六月，马知节与王钦若因为公事发生争执，王旦借此上奏宋真宗，称枢密院人事复杂。宋真宗也不满他们争执不休，有伤国体，便下诏一举罢免了枢密院正副官员，于是王钦若、陈尧叟、马知节尽数被罢免。[1]之后王旦便推荐寇準出任枢密使，枢密副使分别是王嗣宗和在澶渊之盟签订中立有功劳的曹利用。本来王旦已经获胜，可惜寇準仍然改不了任性而为、做事粗疏的习惯，他极力攻击三司使林特等人，而此时林特因为支持宋真宗东封西祀正得宠，寇準的攻击自然无效，自己反而被贬黜，王钦若趁机翻身，取代寇準再度任枢密使。[2]

其实，无论是资历还是能力，王钦若早就有拜相的资格，宋真宗也因为宠信王钦若，多次想让他担任宰相。但无奈王旦在这个问题上有"撒手锏"，他对宋真宗说："王钦若有幸遇到陛下，并深得您的宠信，得到的恩待礼遇都非常高，还是让他待在枢密院吧，反正中书门下和枢密院的地位是一样的。臣见太祖、太宗朝从来没有南方人担任宰相一职，虽然古人称选立贤才不需要考虑地域，但必

---

[1] 《宋史》卷283《王钦若传》，《宋宰辅编年录校补》卷3。
[2] 《续资治通鉴长编》卷84，大中祥符八年四月壬戌条。

须是贤士才可以。臣身为宰相,不敢压制别人仕进,只不过这是公议罢了。"[1]王旦此言,实际引出了北宋初期朝堂上的一个问题——南北地域偏见。

宋太祖、宋太宗两任皇帝都没有让南方人做宰相,原本是因为宋朝立国在北方,北方人自然是最早的一批臣民。南方则是在宋朝平定十国过程中逐渐纳入宋朝版图的,所以南方人进入宋朝官场的时间自然比北方人要晚。再加上南北文化、思想等方面的差异,北

---

[1] 《宋史》卷282《王旦传》。此外,宋人还记载了宋太祖曾有不让南方人担任宰相的命令。《道山清话》:"太祖尝有言不用南人为相,《实录》《国史》皆载,陶谷《开基万年录》《开宝史谱》言之甚详,皆言太祖亲写'南人不得坐吾此堂',刻石政事堂上。或云自王文穆(王钦若)大拜后,吏辈故坏壁,因移石于他处,后浸不知所在。既而,王安石、章惇相继用事,为人窃去如前两书,今馆中有其名而亡其书也,顷时尚见其他小说,往往互见,今皆为人节略去,人少有知者,知亦不敢言矣。"《邵氏闻见录》卷1:"祖宗开国所用将相皆北人,太祖刻石禁中曰:'后世子孙无用南士作相、内臣主兵。'至真宗朝始用闽人,其刻不存矣。"《云麓漫钞》卷10,中华书局,1996年点校本:"艺祖御笔:'用南人为相,杀谏官,非吾子孙。'石刻在东京内中,虽人才之出无定处,然山东出相,山西出将,古亦有此语。其后王荆公首变法,吕惠卿实为谋主,章子厚、蔡京、蔡卞继之,卒致大乱,圣言可谓如日矣。渡江后,士大夫不复言,仅见于《邵氏闻见录》及《长编》。"虽然宋人言之凿凿,但所谓的宋太祖不让南方人担任宰相的说法无疑是后人捏造出来的,针对的就是宋朝南方人在朝廷中发挥的作用越来越大、地位越来越高这样的事实,说明宋朝统治期间,政治上南北人士之间的观念差异以及北方人对南方人的歧视长期存在。见程民生:《宋代地域文化》第一章第四节《乡土观念与地域偏见》,河南大学出版社,1997。其实这与所谓"太祖誓约"一样,反映了宋人的某种观念。参见蔡涵墨、陈元:《曹勋与"太祖誓约"的传说》,《中国史研究》2016年第4期。

方人对于南方人有一种居高临下的自傲，这就造成了在北宋初年的朝廷中担任高官的南方人比较少，更不用说宰执了。

当时朝廷中北方人歧视南方人的情形并不鲜见，比如山西人寇準就毫不掩饰对南方人的偏见，总说南方人狡诈。江西人晏殊年少有才，参加科举考试表现优异，被宋真宗特赐同进士出身，很多人都向宋真宗表示祝贺。寇準却只是说："可惜晏殊是江南人。"宋真宗觉得寇準实在有些过分，就问他："张九龄不也是江南人吗？"寇準听后无言以对。张九龄是唐朝公认的贤相，宋真宗这话其实就是提醒寇準，南方人中也有人才。但寇準并没有改变对南方人的偏见。在一次科举考试中，南方人萧贯原本高中状元，时任枢密使的寇準竟然又对宋真宗说："南方下国，不宜冠多士。"而这次宋真宗竟然听从了寇準的话，将状元头衔改赐给北方人蔡齐。事后，寇準得意忘形地对别人说："又与中原夺得一状元！"[1]

王旦反对王钦若拜相，既有私人恩怨，可能也有北方人对南方人的歧视，但他明面上的话说得滴水不漏，既撇清了嫉贤妒能的嫌疑，又搬出祖宗来说事，将其上升到"祖宗之法"和"公议"的高度，原本简单的问题一下子就复杂化了。因此王钦若不能担任宰相是因为与宋朝祖宗之法不符，并非王旦有意从中作梗，把这个烫手

---

[1] 《续资治通鉴长编》卷60，景德二年五月己未条；卷84，大中祥符八年三月癸卯条。

山芋扔给了宋真宗。

　　虽然王旦并没有明确指责王钦若德行不够，但他自始至终也没有称王钦若是"贤才"，这是在提醒宋真宗。"违背祖宗之法"这顶大帽子，宋真宗实在不敢触碰，多年养成的习惯让他谦逊有余而魄力不够，所以宋真宗没有勇气挑战祖宗之法。更重要的是，王旦确实很符合一个贤相的标准，这也是宋真宗始终无法离开他的原因。相比之下，王钦若虽然有能力，也更能揣摩并迎合自己的心意，但在处理政务上确实有些问题。比如王钦若喜欢搞小动作，他上朝奏事的时候，事先在怀中放着好几份奏章，在朝堂上他会根据皇上的心情选择性地拿出部分奏章请示。退朝以后，他会把所有的奏章都拿出来，声称皇帝全都批准了，以此来达到自己的目的。此事后来被他人揭发，虽然宋真宗并没有处分王钦若，但内心深处还是有些不满。[1]宋真宗多年来明知王钦若与王旦有矛盾，也知道王钦若有很多问题，但他始终不肯将其赶出朝廷，其实也是一种"异论相搅"。

　　天禧元年（1017）五月，体弱多病的王旦的身体终于支撑不住，上书请求辞去相位，七月，宋真宗同意了王旦的请求。没有了王旦

---

[1] 《续资治通鉴长编》卷82，大中祥符七年六月乙亥条："钦若每奏事，或怀数奏，但出其一二，其余皆匿之。既退，则以己意称上旨行之。（马）知节尝于上前顾钦若曰：'怀中奏何不尽出？'钦若宠顾方深，知节愈不为之下，争于上前者数矣。"

的压制，苦熬了多年的王钦若终于如愿以偿在同年八月得以拜相，但他一直耿耿于怀，对别人说："为王公迟我十年作宰相！"[①]但王钦若的喜悦并没有持续多久，两年后他便遭到弹劾而不得不辞职。宋真宗又重新起用寇準为宰相。寇準一如既往地任性使气，他与丁谓之间的关系也日益紧张，党争日益激烈。此时宋真宗也步入其人生的最后阶段，疾病缠身，精力不济（短短几年后，宋真宗便去世了），使他无力再像以前那样勤于政事。他在大内越来越依靠刘娥来帮助自己处理政务，而富有权力欲望的刘娥趁机将自己的势力从后宫逐渐向前朝延伸。对于政治斗争嗅觉敏锐的前朝臣僚来说，这是最高权力变化的一个信号。于是，围绕着宋真宗、刘皇后和太子，又开始了新一轮的斗争。

[①] 《宋史》卷282《王旦传》。

第三章 从后宫到前朝

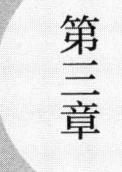

自北宋开国以来，除了宋太祖的母亲杜太后曾对朝政有所关注外，在刘娥之前的所有皇后，均端居后宫，默默做好自己身为妃嫔的分内之事，在朝廷上几乎没有任何存在感。即便是刘娥，最多也只是在宋真宗的同意和支持下，偶尔涉足政事，参与批阅奏章，讨论一下前朝政务。在宋真宗身体健康、头脑清醒，能够全盘掌握政局的情况下，刘娥根本没有任何机会在朝政上公开表现自己的聪明才智。没有想到的是，历史给了刘娥一个走向历史前台的机会，而刘娥也毫不犹豫地抓住了这个机会，从而在北宋历史上留下了浓重的一笔。

不合时宜的冠礼

刘娥虽已成功入主中宫，但她深知母凭子贵的道理，自己能够顺利成为皇后，一个很重要的原因是手上掌控着宫人李氏所生的皇子赵受益，而越早确立赵受益的储君身份，自己的皇后地位便会越发稳固。作为宋真宗目前唯一健在的子嗣，赵受益在宋真宗心目中的地位自然非同一般。刘娥充分利用了宋真宗爱子心切的心理，积极地为赵受益争取封爵。

大中祥符五年十二月（1013年2月），刘娥被册立为皇后。大中祥符七年三月，宋真宗下诏封五岁的赵受益为庆国公。次年十二月（1016年1月），宋真宗又下诏为赵受益举行冠礼，冠礼过后数日，便加封赵受益为寿春郡王。[1]

中国传统的冠礼对男子而言意义非常，它标志着男子长大成人。儒家经典《仪礼》记载男子应在二十岁行冠礼。虽然现实中人们不一定严格遵从礼制的规定，但赵受益六岁便举行冠礼，年龄实在太小。清楚礼制的宋真宗为何会突然做出如此惊人之举，其实背后有许多不为人知的考量。

宋真宗此时年近五十，考虑到自己年事已高和身体的日益衰老，以及之前所生子女的夭折情况，赵受益极有可能是他唯一的子嗣，自然需要认真培养。可严峻的现实是，步入中年后，宋真宗的身体状况堪忧，不仅长年患病，甚至多次病危，按照这种情况发展下去，宋真宗恐怕根本无法支撑到赵受益长大成人顺利接班。在传统上，对皇位继承人虽无年龄要求，但如果即位时尚未成年行冠

---

[1]《宋史》卷8《真宗纪三》。

礼，便意味着新皇帝尚未成年，无法亲政，只能由大臣辅政。最经典的例子就是西周的成王和周公。武王去世时，年纪尚幼的成王即位，周公暂时摄政，直到成王成年后才还政。宋代之前的历代王朝中，也不乏幼主登基大臣辅政的情况，只不过这种辅政的结果往往并不像周公和成王的情况那么美好，经常出现权臣篡位或者内乱的情形，给后人留下血淋淋的历史教训。对于从小耳濡目染父皇宋太宗强调大权独揽、时刻提防臣下的宋真宗来说，他根本不放心将年幼的儿子托付给一班老谋深算、工于心计的大臣们，所以内心十分焦虑。

刘娥刚刚成为皇后，自然不希望自己最大的靠山宋真宗出现任何意外，她也想尽快确定赵受益的储君身份，于是便提出一个两全其美的方案：建议宋真宗去太清楼[①]养病，将国事交给皇子处理。如此一来，宋真宗可以减少国事操劳，有利于保养身体；皇子也得到了锻炼，为日后登基打好基础。为了让皇子名正言顺地参与国事，只有打破常规，尽快让赵受益举行冠礼，便可以成人的身份熟悉朝政，为将来统治天下做好准备。

宋真宗觉得刘娥的建议可行，便让臣僚讨论此事。御史中丞王臻觉得赵受益年纪太小，便向宋真宗上书，希望他收回成命。王臻在奏议中虽然引经据典，论述有理有据，可惜他忽视了宋真宗此举

---

① 太清楼是宋太宗时期在皇宫内修建的，用以藏书。宋代皇帝常于此设宴。

背后的真正目的。作为皇子赵受益行冠礼的直接受益人，皇后刘娥自然也不会同意王臻的建议，她利用替宋真宗批阅奏章的机会，直接否决了王臻的奏议。①

天禧不喜

从大中祥符元年天书降临开始，宋真宗越来越沉浸在自己设计的"游戏"中不能自拔，官员们也不时地上报在全国各地出现的各种祥瑞。宋真宗开始还有些心虚，但慢慢地，随着报告的祥瑞数量、种类越来越多，他开始真正相信自己的统治已经获得了上天的眷顾，国家正处于太平盛世之中。与此同时，王钦若、丁谓等一班大臣卖力地奉迎宋真宗，为其所作所为推波助澜，让宋真宗无比享受这种"盛世"带来的虚荣感。

大中祥符九年（1016）五月，宋真宗下诏，准备第二年正月亲自去玉清昭应宫，与天下臣僚、百姓一起为玉皇大帝上封号；并且

---

① 《玉壶清话》卷6，中华书局，1997年点校本："真宗中年，多或不豫，欲权弭听断，养和于西林园，即太清楼也。议委政于皇太子，加冠监国，用王沂公曾以辅之。时中丞王臻不喻上意，议方下，遽以疏上云：'……今皇子未成，俾冠而临国，冠道未成，不冠而监，岂可以童子之道理焉？……臣窃谓兹事体重，陛下春秋未高，伏望陛下念万国，调顺气剂，存真纳和，不必过计。社稷万灵，扶拥圣履'云。时以政出宫闱，不敢妄决，议者遂寝。"

130　　　　　　　　　　　隐秘的女皇：北宋刘娥与士大夫共治天下

准备半个月后，再举行南郊祭祀。① 没想到仅仅一个月后，作为宋朝"心脏"地区的京畿路、京东西路、河北路等地发生了严重的蝗灾。② 蝗灾刚发生时，宋真宗还天真地相信凭借自己的德行，蝗虫不会造成灾害，于是他派人到天书、封祀期间修建的玉清昭应宫等宫观焚香祈祷。③ 面对宋真宗的执念，善于溜须拍马的大臣们纷纷上奏，要么说蝗虫根本没有进入田野中伤害庄稼，要么说通过焚香祭祀，蝗虫就被消灭干净或者自行离开了。④ 宋真宗甚至还煞有介事地拿着死蝗虫给群臣看，让他们相信蝗虫根本不足为惧。⑤

在古人的思维里，水旱之类的自然灾害都属于灾异，根据天人感应学说，这些灾异产生的原因是人事出了问题，于是导致上天降灾。此次蝗灾发生，自然需要有人来背锅，于是有人上书朝廷，声

---

① 《续资治通鉴长编》卷87，大中祥符九年五月甲辰朔条。
② 《续资治通鉴长编》卷88，大中祥符九年九月庚午条。
③ 《续资治通鉴长编》卷87，大中祥符九年六月癸巳条："京畿蝗，命辅臣诣玉清昭应宫、景灵宫、会灵观建道场以祷之。"七月辛亥条："飞蝗过京城，上诣玉清昭应宫、开宝寺、灵感塔焚香祈祷，禁宫城音乐五日。"
④ 《续资治通鉴长编》卷87，大中祥符九年六月甲申条："李士衡言：'河北螟虫多不入田亩，村野间有蚁食之。又蝗飞空中，有身首断而殒者，有自溃其腹，有小虫食之者，斯乃妖不胜德，而示兹异也。'"六月丁酉条："知陈州冯拯言：'境内有蝗，寻遣官祭告，焚捕已尽，田稼无害。近频得雨，麦菽滋茂。'"七月庚戌条："中使自嵩山来，言蝗飞至山南，遇雨悉殒于涧中，殆数千斛。河东转运使言潞州致祭，蝗悉飞出城，邻州或祭或驱，皆渐殒散。"七月丙辰条："开封府言祥符县赤冈村蝗附草而死者数里，撷其草来上。"
⑤ 《续资治通鉴长编》卷87，大中祥符九年七月辛亥条："上出死蝗以示大臣，曰：'朕遣人偏于郊野视蝗，多自死者。'"

称蝗灾是由于大臣子弟骄纵不法所致。宋真宗当然乐意相信这场蝗灾与自己无关，于是下诏警告在位的公卿大臣，让他们认真管教好自己的子弟。[1]

既然已经"找到"了导致蝗灾的原因，再加上大臣们对灾情的刻意隐瞒，宋真宗觉得蝗灾很快就会结束，不禁沉浸在自我陶醉之中。不料七月时，蝗虫竟然飞到了开封。当时宋真宗正在便殿的小阁内用膳，左右之人禀报说蝗虫飞到了大内宫殿之上。宋真宗站起身，扶着大内宫殿的栏杆，仰望着遮天蔽日的蝗虫恣意地越过开封上空。宋真宗多年来不辞辛劳，千里奔波东封西祀，每次祭祀，他都满怀虔诚地祈祷，终于天书、祥瑞屡降，让他相信现在已然是太平盛世，可眼前严重的蝗灾无情地嘲讽着他。宋真宗一言不发，颓然地坐回到小阁内，根本无心继续用膳，令手下人将饭菜撤走。受此打击，宋真宗本来时好时坏的身体彻底垮了。[2]

尽管灾情接连不断，宋真宗仍然执意要举行第二年春天的祭祀典礼。他将辅臣们召入崇政殿，让他们观看自己为第二年玉皇封号典礼准备的宝册、衮服、仙衣等物品。[3]他想让辅臣们知道，自己

---

[1] 《续资治通鉴长编》卷87，大中祥符九年七月癸亥条："上封者言，蝗旱由大臣子弟恣横所致也。诏谕宰相令学士院降诏，以警在位，诏曰：'朕勤遵治化，用致洽和。……自今士大夫各务敦修，更思教勖，姑从保家之美，勿贻败类之羞，苟掇显尤，难从末减。仍令所在官司，谨察视之。'"

[2] 《续资治通鉴长编》卷88，大中祥符九年九月庚午条："自是圣体遂不康。"

[3] 《续资治通鉴长编》卷88，大中祥符九年十二月辛巳条。

对上天无比虔诚、无比恭敬，一定可以得到上天的庇佑。

虽然宋真宗表面上故作镇定，但他内心深处已经惶惑不安，于是十一月下诏称第二年改元"天禧"，意求能够获得上天降福。在改元诏书中，宋真宗刻意强调这些年来上天对自己的眷顾。[1]宋真宗希望通过改元，能够再次获得上天的青睐。

表面上看起来，这似乎只是一次普通的改元，但现实很快便向众人证明这是一个新时期的开始。天禧元年七月，任相多年的王旦在多次递交辞呈后，终于获得宋真宗的批准。作为辅佐真宗时间最久的宰相，王旦为人正直、兢兢业业。多年来，正是在王旦的悉心辅佐下，宋真宗才能放心大胆地举行东封西祀等活动。本来宋真宗想让王旦继续辅佐自己的儿子，然而王旦因为多年来违心地跟随宋真宗大搞神道设教，内心一直饱受良心的煎熬，痛苦不堪。再加上随着年岁渐长，王旦长期抱病，便借着改元之机提出辞呈。宋真宗一开始并不同意王旦离开，后来见王旦去意已决，且见其身体状况实在堪忧，便只好恩准了。

王旦在群臣中既有威望，又善于平衡朝廷内外各种势力，所以朝堂上虽然政治斗争不断，但在王旦的大力调和下，局面一直不致失控。随着王旦的离开，加上宋真宗的健康状况日益恶化，之前各

---

[1]《宋大诏令集》卷2《改天禧元年诏》（大中祥符九年十一月乙卯）："朕奄受元符，克绍骏命。……登封乔岳，禋瘗隆腄。荐锡蕃禧。弥思昭报。是用率寰区之臣庶，崇霄极之尊称。属献岁方初，涓日惟吉。"

种潜伏的矛盾一下子爆发出来，围绕着权力之争，朝廷内开始了新一轮的洗牌和各路人马间的明争暗斗。

册立太子

既然宋真宗仍然相信祥瑞，刘娥便投其所好。天禧二年（1018）正月，有人上报真游殿和皇后居住的崇徽殿中长出了芝草。芝草即灵芝，古人认为这是一种瑞草，人服用后可以成仙，所以芝草出现预示着祥瑞降临。东汉时期，谶纬盛行，便出现过芝草生于皇宫中的事情。[①]如今芝草生于大内，宋真宗当然非常高兴，特意作诗歌颂此事，并将所作诗歌赐给宰相。[②]芝草出现在刘娥宫中，一方面是刘娥为了迎合宋真宗迷信祥瑞的有意所为，另一方面也借着祥瑞降临来证明自己的皇后之位同样得到了上天的肯定。

赵受益从仪式上来说既然已经成人，刘娥便利用各种机会向宋真宗进言早日确立其太子身份。为了达到目的，刘娥将自己的想法透露给宰相王钦若，让他在上朝奏对时向宋真宗进言。自从在

---

① 参见《后汉书》卷2《显宗孝明帝纪》，中华书局，1965年点校本："是岁，甘露仍降，树枝内附，芝草生殿前，神雀五色翔集京师。"
② 《续资治通鉴长编》卷91，天禧二年正月庚子条："芝草生真游殿及皇后所居崇徽殿，上作歌诗示宰相。"

拥立刘娥成为皇后一事上成功站队，王钦若与刘娥的关系日趋紧密。王钦若知道刘娥虽然表面上端居后宫，却能够直接影响宋真宗的决策，于是这些年来他在奉迎宋真宗的同时，也不忘讨好刘娥。现在刘娥想早日确定赵受益的太子身份，王钦若自然清楚这是巴结刘娥的绝佳机会，于是他便在奏对时，不遗余力地屡屡向宋真宗提起皇子赵受益，称："皇子天性聪颖，好学乐善，为人又孝顺笃实，俨然少年老成，让人佩服。但皇子至今没有被封为亲王，中外人情都瞩目此事，希望陛下能够允诺臣等奏议，早日给皇子加爵为亲王才是。"[1]

宋制，皇子、兄弟封国，称之为亲王。亲王之子承袭爵位，嫡子封嗣王，宗室近亲承袭爵位，如有皇帝特旨可封为郡王，其余宗室近亲并封为郡公。[2] 显然，皇子被封为亲王，才是与其他宗室子弟区分开身份的一个重要标志。而赵受益目前爵位只是寿春郡王，郡王的爵位等级尚不如嗣王，显然太低了。这也就是王钦若口中的"未正封爵"。

宋真宗本来就想尽早将赵受益推向前台，有了王钦若的积极奏请，便顺水推舟加封赵受益。二月，宋真宗下诏以升州（今江苏省

---

[1] 《续资治通鉴长编》卷91，天禧二年二月丁卯条："先是，宰臣因对，屡言'王性聪悟，好学乐善，孝谨弥笃，迥然老成，而未正封爵，中外人情咸有所属望，愿允臣等奏，早议崇建'。上谦让久之，洎固请再三，乃许焉。"
[2] 《宋史》卷169《职官九》。

南京市）为江宁府，设建康军，以赵受益为建康军节度使，加太保，封升王。①赵受益被封为升王后，王府官员为迎合宋真宗"天下太平"的心理，不失时机地上书称江宁府蚕麦丰收，得到了宋真宗的嘉奖。②

作为宋真宗的独子，赵受益小小年纪便举行冠礼，又迅速加封亲王，明眼人都看清楚了宋真宗是有意将其确定为皇位继承人。心思活络之人觉得这是奉迎宋真宗的好机会，于是出现了下面的一幕。

有一天，官员陈恕的儿子、知梧州陈执中突然给宋真宗进呈了自己撰写的三篇《复古要道》，大意是国家治理需要仿效古代先王，这与北宋初年建立以来逐渐形成的法祖宗的倾向相吻合，很对宋真宗的胃口。梧州位于今天的广西壮族自治区，距离北宋都城开封不啻万水千山，作为一个偏僻之地的小官，陈执中突然进呈了这样一篇奏议，宋真宗觉得很奇怪，就下令召见陈执中。陈执中到了京城面见宋真宗，君臣交谈了一阵，宋真宗称赞他写的《复古要道》很好。听到此言，陈执中顺势又拿出一沓文稿，说这是自己新完成的奏议《演要》三篇，比《复古要道》更为重要，希望宋真宗能够重视。宋真宗阅读完《演要》，发现陈执中在文稿中引经据典，委婉地催促他早日确定皇位继承人。宋真宗心中不禁十分感慨，他想起

---

① 《续资治通鉴长编》卷91，天禧二年二月丁卯条。
② 《续资治通鉴长编》卷91，天禧二年闰四月丙午条："江宁尹升王言得本府状，蚕麦登熟，诏奖之。"

父皇宋太宗为确立皇储的忧心焦虑、自己成为太子后的种种过眼往事。眼见自己年逾五十，仍然只有赵受益一个儿子，估计以后再有儿子的可能性比较小了。宋真宗又想起刘娥、王钦若等人的劝说，不禁心动。

第二天，宋真宗召见辅臣们议事时，故意先拿出陈执中的其他奏疏给辅臣们，让他们评价奏疏水平如何。王钦若等人当即交口称赞曰："其文甚善，其人颇有才干。"听了宰辅们的夸奖，宋真宗心中颇为得意，认为自己慧眼识珠。他指着自己的衣袖说："还有比这些更优秀的奏疏呢！"说完便将事先放在衣袖之中的《演要》三篇拿出来。宰辅们看完了《演要》三篇，异口同声地称赞该文水平优异。宋真宗非常高兴，便将陈执中召到便殿，慰劳、叮嘱了好久，不久，将其擢为右正言。①

善于察言观色的王钦若看完《演要》三篇，自然就明白宋真宗有意立储。于是他立刻撰写奏疏，请求宋真宗尽早册立太子。随着王钦若的上书，很多心领神会的大臣们也纷纷上书请求册立太子。宋真宗看到群臣这么快就领会了自己的意思，心中很是高兴，但他还是假意推托，言称赵受益年龄还太小，需要再历练一番。群臣见罢，自然继续上书恳请，宋真宗见群臣言辞诚恳，众口一词，便

---

① 《续资治通鉴长编》卷92，天禧二年八月丁酉条。

"顺应人心"地同意册立太子。①

过了几天，宋真宗正式下诏立赵受益为皇太子，改名为"祯"。为了庆贺这件喜事，宋真宗同时宣布大赦天下，并且给宗室成员和文武官员的儿子们加恩典。②宋真宗对册立太子一事非常重视，下诏以翰林学士晁迥为册立皇太子礼仪使，命秘书监杨亿撰写皇太子册文，知制诰盛度书写册文，陈尧咨书写宝文（玉玺上的文字）。③接着，宋真宗又给太子配备了东宫官：以知开封府乐黄目为给事中兼太子左庶子，升王府咨议参军张士逊为右谏议大夫兼右庶子，直史馆崔遵度为吏部郎中兼左谕德，升王府记室参军晏殊为中书舍人，右正言鲁宗道为户部员外郎兼右谕德，入内押班周怀政为入内副都知兼管勾左右春坊事。④不久乐黄目因为他事被贬官离京，宋真宗又特意召知益州王曙为给事中兼太子宾客。⑤

在这些人当中，周怀政的身份比较特殊。他原本是一名普通内侍，因为积极参与宋真宗制造天书降临而受到宋真宗的赏识，此后一路高升，逐渐成为宋真宗的亲信。这次为太子配备东宫官，宋真

---

① 《续资治通鉴长编》卷92，天禧二年八月丁酉条："群臣上表请立皇太子，不允。表三上，许之。"
② 《续资治通鉴长编》卷92，天禧二年八月甲辰条："立升王受益为皇太子，改名祯。大赦天下，惟十恶、劫杀、谋杀、故杀、斗杀、盗官物、伪造符印、官典犯赃，论如律。宗室并加恩。文武常参官子为父后见任官者，赐勋一转。"
③ 《续资治通鉴长编》卷92，天禧二年八月乙巳条。
④ 《续资治通鉴长编》卷92，天禧二年八月庚戌条。
⑤ 《续资治通鉴长编》卷92，天禧二年八月乙卯条、十月壬寅条。

宗特意加上周怀政，也有为周怀政日后发展铺路的意思，足见宋真宗对他的宠信。

为了让太子得到良好的教育，宋真宗特意让参知政事李迪兼任太子宾客。李迪举进士第一，为人稳重有才学。宋真宗起初打算授予李迪太子太傅一职，李迪以宋太宗时未曾给太子立过太子太保、太子太傅为由，言称没有先例而坚决不肯接受，于是宋真宗让他只兼任太子宾客，但同时下诏，太子应执弟子之礼来礼遇太子宾客。[①]宋真宗此举，正是仿效当年宋太宗培养自己时的做法。

宋真宗如此看重李迪，赵祯手下之人自然不敢怠慢。当时赵祯身边有一名担任春坊祗候的殿侍叫张迪，此人名与李迪相同，于是赵祯让张迪改名克一，以示对李迪的尊重。李迪是个老实人，受到太子如此礼遇自然感激涕零，便将这件事情上奏宋真宗。宋真宗听说后非常高兴，觉得太子为人谦逊知进退，懂得礼遇大臣，在与宰辅们议政的时候，特意将这件事情告诉他们，宰辅们免不了又是对宋真宗一通恭维，称赞太子少年老成。[②]已经册立了太子，宋真宗接下来就是仿效当年的宋太宗，开始培养太子。

宋真宗当年做太子时，宋太宗怕他身份改变后心生骄纵，特意下诏让其与诸臣平等相待。多年的教育早已深深烙印在宋真宗心

---

① 《宋史》卷310《李迪传》。
② 《续资治通鉴长编》卷92，天禧二年八月壬子条。

中，如今他如法炮制，诏令中书门下五品、尚书省御史台四品、诸司三品官员见太子行礼后，太子都要答拜，官员们可以受拜。[1]礼仪院向皇上进言道："至道年间，先帝敕令百官称太子之名，宫僚自称臣属。先帝之后又依太子奏请，停止称宫僚名。"于是宋真宗诏令太子依从至道年间的做法。[2]宋真宗刻意让太子与太子属官保持平等关系，太子宫僚自然要客气一番。右谏议大夫兼太子左庶子张士逊等人上书言道："大臣们每天去资善堂参见太子，上台阶后依次叩拜，然后太子跪着接受臣等参拜，望令以后太子坐着接受臣等参见。"宋真宗不许。[3]后来蔡州团练使赵德雍等又上书请求太子坐着接受臣僚参拜，宋真宗仍然不许。[4]看来他是下定决心要仿效自己当年做太子的样子来培养赵祯。宋真宗撰写了《元良箴》赐给赵祯，让他知道好的辅佐之臣的重要性，同时，他还作诗分别赐给太子宾客以下的太子宫僚以为勉励。[5]

宋真宗对赵祯的培养非常上心。赵祯临摹了自己写的诗歌，宋真宗非常开心，就将赵祯的临摹赐给宰相。宋真宗又撰写《学书歌》《劝学吟》赐给太子。[6]

---

[1] 《续资治通鉴长编》卷92，天禧二年八月壬子条。
[2] 《续资治通鉴长编》卷92，天禧二年九月辛酉条。
[3] 《续资治通鉴长编》卷92，天禧二年九月甲子条。
[4] 《续资治通鉴长编》卷92，天禧二年九月乙丑条。
[5] 《续资治通鉴长编》卷92，天禧二年八月癸丑条。
[6] 《续资治通鉴长编》卷93，天禧三年二月丁未条、丙辰条。

随着宋真宗的身体状况日益变差，他开始将主要精力从处理朝政转向培养太子。天禧三年（1019）九月，宋真宗诏宗室、辅臣、学士、正副三司使、尚书丞郎、给谏、舍人、待制直龙图阁于清景殿，观御制赐皇太子《元良述》、《六艺箴》、《承华要略》十卷、《授时要略》十二卷，又以《国史》、两朝《实录》、太宗《文集》和《御集》、《太平御览》等书赐予太子，遂宴从官。① 数日后，给事中、参知政事兼太子宾客李迪上言："昨日东宫赐宴，臣获准陪侍在太子身边，太子一举一动皆遵礼而行，不轻易开口讲话。在观赏戏曲时，从不随意大笑。左右人瞻仰太子圣德，无不肃然起敬。"宋真宗听到太子宫僚夸奖太子少年老成，非常高兴地说："太子平常在内庭日常起居，也从不多言多语。"寇準见宋真宗心情大好，也恭维道："太子天赋仁德，严重温裕，复禀圣训，勤道力学，实邦家之庆也。"②

　　十一月，阁门、太常礼院呈上即将举行的南郊祭祀的《大礼称庆合班图》，其中太子的序位在宰相之上，太子恳切地予以谦让。宋真宗将此事告谕辅臣，寇準等辅臣当面向宋真宗陈述储君乃国家未来之重，不可以过分谦让，希望还是遵从仪制。宋真宗开始不同意，经过寇準等人一再请求，最终才答应。③ 宋真宗如此器重太子，

---

① 《续资治通鉴长编》卷94，天禧三年九月丙子条。
② 《续资治通鉴长编》卷94，天禧三年九月辛巳条。
③ 《续资治通鉴长编》卷94，天禧三年十一月辛酉条。

臣僚们自然不甘落后，争先言说太子的圣德。翰林学士钱惟演甚至请求将太子的种种圣德记录在国史中。①

与宋太宗的强势高压不同，宋真宗虽然同样非常注意太子的行为，但是由于自身性格的原因，他对太子并没有那么严厉，父子二人相处得比较融洽。太子赵祯也很乖巧，知道父皇这些年一直抱病在身，所以借着南郊祭祀，提出在玉清昭应宫建殿设置经藏，为宋真宗祈福。宋真宗很满意太子的孝心，不仅下诏予以嘉奖，还赐殿名"长生崇寿"。②

就在宋真宗全力培养太子时，一度平静的朝廷之上随着官员的调动，掀起了新一轮的党争。

祥瑞再临

王钦若通过奉迎宋真宗和刘娥，开始在朝廷上作威作福，春风

---

① 《续资治通鉴长编》卷94，天禧三年十一月戊辰条："翰林学士钱惟演言：'正阳门习仪，皇太子立于御坐之西，左右以天气暄煦，持伞障日，太子不许，复遮以扇，太子又以手却之。文武在列，无不瞻睹。有司设马台于太庙内，太子乘马至门，命移出萧屏外，下马步进。及南郊坛，前驱者解青绳将入外壝，太子亟止之，将及外壝，即下马。伏以太子英睿之德，既自天资，谦恭之志，实遵圣训。……今太子持谦秉礼，发自至诚，士民传说，充溢都邑。伏望宣付史馆，以彰盛德。'诏奖皇太子，仍优答惟演。"

② 《续资治通鉴长编》卷94，天禧三年十一月甲戌条。

得意。而在远离朝廷的地方，有失意之人按捺不住寂寞，准备寻找机会重新回到朝廷，这些人中有丁谓，还有寇準。

丁谓为人"机敏有智谋，憸狡过人"[1]，为了获得更高的政治地位，他像王钦若一样讨好宋真宗，做事"多希合上旨"[2]。宋真宗要在宫城大兴土木营建玉清昭应宫，左右近臣以劳民伤财为由，上疏劝谏反对。劳民伤财是君主大忌，宋真宗无法反驳，便召问丁谓。丁谓想了想，回答道："陛下有天下之富，建一座宫殿供奉上帝，而且用来祈求皇嗣。群臣如有阻挠，希望陛下将这层意思告诉他们，与其理论。"当时宋真宗的几个皇子都夭折了，皇嗣乃国家根本，这个理由既冠冕堂皇又义正词严，令宋真宗非常满意。宰相王旦私下进呈奏疏劝谏，宋真宗就将丁谓教给他的说法告诉王旦，王旦也不敢再反对了。看到无人反对，宋真宗非常高兴，下诏令丁谓为修建玉清昭应宫使。[3]玉清昭应宫的工程规模宏大，规制宏丽，工程原先估计用十五年时间建成，丁谓征集动用了数万工匠，严令日夜不得停歇，结果只用了七年时间便建成，深得皇帝赞赏。[4]当时有好几个大臣像丁谓这样积极迎合宋真宗，人们便将丁谓与王钦若、林特、陈彭年、刘承珪等五个在宋真宗东封西祀活动中推波助

---

[1] 《宋史》卷283《丁谓传》。
[2] 《东轩笔录》卷2。
[3] 《宋史》卷283《丁谓传》。
[4] 《续资治通鉴长编》卷83，大中祥符七年十月甲子条。

澜的人合称为"五鬼"。

像丁谓这样既有能力又很狡猾的人，一旦利欲熏心，很容易变成奸佞之徒，造成的危害也特别大。据说寇準曾经很欣赏丁谓的才能，屡屡向宰相李沆推荐，但李沆一直不肯重用丁谓。寇準觉得很奇怪，就询问李沆原因，李沆说："看丁谓的人品，你放心让他居于人上吗？"寇準觉得这是李沆故意刁难丁谓，气呼呼地说："像丁谓这样有本事的人，相公你能始终压制住他，让他一辈子都在人下吗？"李沆见寇準发火，笑着对他说："等到你日后后悔，再想想我今天说的话吧。"[1]没想到李沆一语成谶，真宗朝末年，寇準果然与丁谓成为死敌，并最终被丁谓扳倒，流放岭外而亡。

大中祥符九年九月，丁谓罢参知政事，任平江节度使，不久后又知升州。[2]虽然离开京城，但丁谓仍然时刻不忘奉迎宋真宗，讨其欢心。天禧三年正月，丁谓上言，在启动承天节道场时，天降甘露，并献上五言诗以庆贺祥瑞降临。宋真宗下诏褒奖他一番，又写了首和诗赐给丁谓。[3]四月，内侍雷允恭奉命赴茅山举行道教投金

---

[1] 《宋史》卷282《李沆传》。
[2] 丁谓此次被罢免参知政事的原因，史无明载。《续资治通鉴长编》卷88，大中祥符九年九月甲辰条注云："谓忽请外任，当有说，而《实录》、正史皆不载，疑此未得其实也。"但是丁谓被罢免出朝，应该不是宋真宗的意志，因为在其上书请求离京时，宋真宗特意"授本镇旄钺，以宠其行"；在知升州任上，丁谓"请归拜墓"，也被宋真宗允许。
[3] 《续资治通鉴长编》卷93，天禧三年正月丙戌条。

龙玉简仪式，并设醮。丁谓上奏，称设醮仪式时，有七只仙鹤飞来盘旋于法坛之上。这明显是在向宋真宗报告有祥瑞降临。宋真宗很高兴，又作诗赐给丁谓。[1]君臣二人互动频繁，宋真宗不禁又念及丁谓的才干，于是下令将丁谓召回京城。[2]而在召还丁谓之前，宋真宗也召回了寇準。[3]

寇準为人粗犷、任性、自负，且极为重视身份地位，数年前得到同年王旦的推荐被重新任命为枢密使。但他不知收敛，恣意妄为，在枢密院与枢密副使王嗣宗、曹利用二人不和，轻视曹利用是武人出身，他还多次向宋真宗举报宰相王旦的过失，并与三司使林特发生激烈争执，最终四面树敌，被罢免枢密使赶出京城。[4]在自知即将被免职前夕，寇準私下求宰相王旦帮忙，希望能够给他一个体面的使相身份离开京城。王旦表面上称自己不敢答应，私下里却向宋真宗建议根据寇準过往的功劳，应该给他使相头衔离京。宋真宗答应了王旦的请求。但不知情的寇準心中怨恨王旦，临行前向宋真宗哭诉，言语间控诉王旦刁难自己。宋真宗无奈地告诉寇準，是王旦替他求来了这个使相头衔。听到宋真宗的这番话，寇準顿时哑

---

[1] 《续资治通鉴长编》卷93，天禧三年四月丁酉条。
[2] 《续资治通鉴长编》卷93，天禧三年六月戊子条。
[3] 《续资治通鉴长编》卷93，天禧三年四月己亥条。
[4] 王晓波:《寇準年谱》，巴蜀书社，1995。

口无言，羞愧难当。①

在地方任职期间，寇準表面上摆出一副无所谓的样子，内心深处却不甘心被冷落，期待有机会重新回到朝堂之上。大中祥符九年二月，寇準奉命判永兴军，并在那里结识了永兴军巡检朱能。朱能原本是单州团练使田敏的厮役，为人凶恶狡诈。他看到当时的入内副都知周怀政颇得宋真宗信任，手眼通天，很多人都投靠他，便想方设法贿赂了周怀政身边的亲信见到了周怀政。宋真宗大搞天书、封禅，装神弄鬼，周怀政正是凭借逢迎宋真宗上位，所以他对于鬼神之事自然颇感兴趣。朱能投其所好，与兵卒姚斌等人在周怀政面前肆意妄谈神怪之事来博得其好感。周怀政感觉朱能颇有本领，能与自己一拍即合，就举荐他为官。在周怀政的运作下，朱能在终南山修建道观，与殿直刘益等人伪造符命，托言神灵降临，"言国家休咎，或臧否大臣"。

朱能属于投机分子，而周怀政则是利欲熏心，他抓住了宋真宗迷信神怪的心理，不仅伪造神灵降临来讨好宋真宗，甚至想借机干预朝政，来达到自己的政治目的。当然周怀政的做法并非无先例。早在宋太宗年间，张守真为了讨好宋太宗，就制造过黑煞将军降临之事，为宋太宗继位制造舆论，继而引发了著名的"烛影

---

① 《续资治通鉴长编》卷84，大中祥符八年四月壬戌条。

斧声"之谜。①

寇準出任永兴军，朱能成了寇準的下属。他知道寇準曾经做过宰相，无论在朝廷上还是地方上都颇有威望，便想借着寇準的威望来坐实自己的道观有神祇降临，因此刻意奉迎寇準。而寇準为人性格刚强好胜，喜欢别人依附自己。看到朱能对自己如此曲意奉承，寇準难免心中得意，因此对于朱能利用自己为其法力做证之举也是佯作不知，半推半就。朱能在道观装神弄鬼，妄议朝政，但是影响力毕竟仅局限于一地。为了更大的利益，胆大妄为的他与周怀政商量后，决定仿效当年的王钦若，再搞一次天书降临。②

朱能和周怀政敢于这样明目张胆地假造天书降临，主要还是有当年王钦若的成功先例。从大中祥符年间的天书降临到后来的"始

---

① 《续资治通鉴长编》卷17，开宝九年十月壬子条："初，有神降于盩厔县民张守真家，自言：'我天之尊神，号黑杀将军，玉帝之辅也。'守真每斋戒祈请，神必降室中，风肃然，声若婴儿，独守真能晓之，所言祸福多验。守真遂为道士。上不豫，驿召守真至阙下。壬子，命内侍王继恩就建隆观设黄箓醮，令守真降神，神言：'天上宫阙已成，玉锁开。晋王有仁心。'言讫不复降。上闻其言，即夜召晋王，属以后事。左右皆不得闻，但遥见烛影下晋王时或离席，若有所逊避之状，既而上引柱斧戳地，大声谓晋王曰：'好为之。'"
② 《续资治通鉴长编》卷93，天禧三年三月乙酉条。

祖托梦"①，宋真宗在经历了一段对神道的情绪高亢之后，现在基本上进入了疲惫期，虽然这些年地方上仍然不断上报一些所谓的祥瑞，却都大同小异，再没有更大、更具影响力的事出现。另外，最近几年宋朝社会形势开始恶化，除了各种自然灾害频发之外，还出现了一些民众起事，与之相伴随的，还有一些妖言惑众的流言，这使得人心惶惶，人们已经开始质疑宋真宗幻想出来的"太平盛世"。②宋真宗此时的健康状况不佳，情绪波动也较大。朱能和周怀政谋划之事如果成功，就如同给宋真宗注入了强心剂，肯定可以讨好宋真宗。而宋真宗因此对周怀政和朱能二人自然好感倍增，二人日后飞黄腾达亦不在话下。

当朱能通过周怀政将终南山天书降临一事告诉宋真宗时，宋真

---

① 《续资治通鉴长编》卷79，大中祥符五年十月戊午条："九天司命上卿保生天尊降于延恩殿。……是日，五鼓一筹，先闻昏香，少顷，黄光自东南至，掩蔽灯烛。俄见灵仙仪卫，所执器物皆有光明，天尊至，冠服如元始天尊。……上再拜于阶下。……天尊曰：'吾人皇九人中一人也，是赵之始祖……'即离坐，乘云而去。及曙，以语辅臣，即召至殿，历观临降之所，又召修玉清昭应宫副使李宗谔、刘承珪，都监蓝继宗同观。"

② 天禧二年，龟山断臂僧智悟率领千余弟子横行乡里，"凌殴平民，恣为不道"，惊动朝廷。宋真宗派遣内侍前去处理，遣散智悟弟子，并让军队驻扎龟山。是年夏，从西京开始，民间讹传有"帽妖"出现害人，谣言愈传愈盛，从西京传到京城，并继续向外传播。朝廷派人四处抓捕"妖人"，最后处决了几名嫌犯，匆匆了结此事。次年春，亳州讹传当地要开战，千余百姓逃亡到临州避难，人心惶惶。夏秋间，四川、陕西又兴起"邪教"。这些异常现象的出现，无疑与宋真宗身体状况日益恶化、朝廷上下人心浮动有关。参见汪圣铎：《宋真宗》，吉林文史出版社，1996。

宗很高兴，但他也知道如今不比大中祥符年间，随便再说天书降临，恐怕难以服众。于是宋真宗赶紧找来了宰相王钦若，向他询问办法。王钦若听说终南山出现了天书，又生气又紧张，生气的是有人竟然在好几年后想仿效自己当年的做法，实在有些拙劣；紧张的是万一此事成功了，周怀政和朱能在宋真宗心目中的地位无疑会大大提高，将影响自己的地位。狡猾的王钦若想到一个一石二鸟的计策，他对宋真宗说："寇準从一开始就不相信天书，如今天书就降临在寇準的治所，只要寇準认为天书是真的，他肯将天书进呈，那么天下百姓自然就相信了。"①

王钦若的这个主意非常阴险。他与寇準之间因为权力之争矛盾很深，在很多人眼中，寇準一直是正面形象，是正义的化身，而自己则是被人斥为"五鬼"之一的卑鄙小人。王钦若对此一直耿耿于怀，想找机会让寇準自毁形象。如今天书出现，寇準如果执意不肯配合宋真宗进呈天书，那么就会彻底得罪宋真宗，断送他返回朝廷的机会；如果寇準委曲求全地配合宋真宗，那么他自污以讨好宋真宗，与自己有何区别？宋真宗没有王钦若想得那么多，他只是觉得王钦若这个主意非常好，就让周怀政向寇準转达自己的意思。周怀政也知道让寇準进呈天书是堵住悠悠众口最有效的方法，所以他让

---

① 《续资治通鉴长编》卷93，天禧三年三月乙酉条注。史料原文中的宰相是"王旦"，根据李焘的分析，寇準进呈天书时，王旦已经过世，此时的宰相是王钦若，所以此事应是王钦若所为。

朱能想尽一切办法说服寇準。

寇準本来对于王钦若一伙人搞天书降临并不感兴趣，看到大家都在争先恐后呈报祥瑞，他也很清楚这是奉迎宋真宗的好机会，也曾附和众人，上报称自己管辖地区的监狱"狱空"（监狱里没有犯人）——此举属于官员治理有方的一种表现，也是展现帝王圣政的常见手法。此外，宋真宗东封西祀时，寇準还曾不失时机地提出陪同前往祭祀，并得到宋真宗的恩准。他还曾主动讨好宋真宗，提出将丁谓上贡的三万七千余株芝草，陈列于文德殿并让文武百官欣赏。[①]总之，被罢免后的寇準为了讨好宋真宗也动了不少脑筋。

虽然寇準想通过讨好宋真宗来重新赢得圣宠，但与王钦若、丁谓等人赤裸裸地假造祥瑞相比，他的做法还是比较收敛克制的。如今让他明目张胆地造假，称天书降临在自己管辖的地区内，并且还要进呈给朝廷，其名节必然受损，肯定会被他人看不起，自己也就沦落成与王钦若一样的人了。所以一开始，寇準坚决不肯配合。周怀政看到寇準不肯配合，就另辟蹊径，转而去找寇準的女婿王曙来做说客。王曙此时担任太子赵祯的宫僚，等将来赵祯登基后，便是潜邸旧臣，飞黄腾达指日可待。但因为他是寇準的女婿，王钦若在朝中一直找机会打压他，王曙却无力反击，心里一直愤愤不平。周

[①] 《续资治通鉴长编》卷79，大中祥符五年十二月己卯条；卷69，大中祥符元年八月庚戌；卷81，大中祥符六年十二月辛未条。

怀政告诉王曙，只要寇準配合宋真宗完成这次天书降临，他可以保证寇準能够重新返回朝堂，甚至再度入相；但如果寇準放弃这个机会，甚至因此惹宋真宗不快，那么他再回到朝堂上的希望恐怕就很渺茫了。周怀政软硬兼施，王曙很快就屈服了，他将周怀政分析的利害关系讲给寇準听，希望岳父能够听从周怀政的安排。寇準多年徘徊在地方，早就迫不及待地想要返回朝廷，而且他也不甘心被王钦若打压，还想与他再一较高下。在巨大的利益诱惑和自己强烈的权力欲望驱使下，寇準最终妥协了。①

三月，寇準上书朝廷，奏称乾祐县（今陕西省柞水县）山中发现了天书。看到寇準终于"开窍"知道迎合自己，宋真宗心里很得意。宋真宗认为寇準还是有些才干的，又想起当年王旦致仕后极力推荐寇準为宰相，而且如今他终于懂得识时务，宋真宗觉得可以再度起用寇準。

收到寇準的奏报后，宋真宗派遣仪仗前往迎接天书还京。天书再次降临，激起了朝中一些正直大臣的担忧，他们担心宋真宗再搞一次造神运动。太子右谕德鲁宗道上疏，直言："天道福善祸淫，不言示化。人君政得其理，则作福以报之；失其道，则出异以戒之，又何有书哉？臣恐奸臣肆其诞妄，以惑圣听也。"知河阳孙奭

---

① 《湘山野录》卷中："寇忠愍罢相，移镇长安，惊恍牢落，有恋阙之兴，无阶而入。忽天书降于乾祐县，指使朱能传意密谕之，俾公保明入奏，欲取信于天下。公损节遂成其事，物议已讥之。未几，果自秦川再召入相。"

的上疏，言辞更加激烈，他斥责朱能是"奸憸小人"，"妄言祥瑞"祸乱天子朝廷，并声称："天且无言，安得有书？天下皆知朱能所为，独陛下一人不知尔！乞斩朱能以谢天下。"①虽然众人的上疏中都将矛头指向朱能，有意无意地忽略寇準在其中的作用，但寇準的形象无疑大大受损了。

果然如周怀政所言，寇準委曲求全奉迎宋真宗很快获得了相应的回报，不到一个月，寇準便收到了让自己返回京城的诏令。不仅如此，他还得知这次回京，是准备接替王钦若担任宰相。据说寇準兴冲冲地准备启程返回京城，临行前，很多人都来给他送行，其中有位门生请求单独与寇準相见。寇準觉得很奇怪，就单独召见了他。二人见面后，这位门生说："我天生愚钝卑贱，没有什么可以帮助您的，只有三条计策献给您，供您参考。"寇準说："那你试着说一说。"门生说："如果您走到河阳，便自称患病请求免于觐见，坚决要求到外地任官，远远地躲避祸害，此为上策。如果您到京城觐见陛下，当场便揭发乾祐天书降临之事实际上是伪造的，还可以稍微补救您平生正直的名声，此为中策。最不可取的，不过就是堂而皇之地进入中书门下为宰相。"寇準早就眼巴巴地盼望着返回京城大显身手了，听了门生的话满脸的不高兴，向门生客套地拱了拱手，以示送客。门生看到寇準一门心思要回京城当宰相，并不理会

---

① 《续资治通鉴长编》卷93，天禧三年四月辛卯条。

自己的一片苦心，只好站起身来离开了。寇準临行前，诗人魏野也曾委婉地劝诫寇準急流勇退，在寇準生日时特意献诗一首，诗中有"好去上天辞将相，归来平地作神仙"的句子，借着上古神仙赤松子来警醒寇準不要贪恋权势，早日辞官。可惜寇準完全听不进任何人的劝说，最终走向了不幸的结局。[①]

当年王旦违心地支持宋真宗大搞天书降临、东封西祀，如今寇準为了重返朝堂执政，不惜自污形象，伙同他人伪造天书降临。可以说，这一切的发生，都离不开宋真宗迷恋神道设教的恶劣影响。不仅朝堂上像王钦若、丁谓这样的奸佞之臣横行无忌，甚至像王旦、寇準这样的正面官员，为了自身利益，也逐渐同流合污，令人不禁唏嘘。

刘娥的布局

在丁谓和寇準各怀心事兴冲冲地返回京城的路上，千里之外的朝堂上，政局也在悄然发生着变化。

刘娥对自己的低微出身一直耿耿于怀，千方百计地想要加以粉饰。在主动与朝廷中刘姓官员攀宗亲的计划屡屡碰壁后，刘娥改变

[①] 《湘山野录》卷中；《续资治通鉴长编》卷93，天禧三年五月甲申条。

了策略，在宋真宗的支持下，干脆放开手脚，自说自话，并将其坐实。根据刘娥之前的说法，她的父亲刘通曾经参加过宋太宗太平兴国年间讨伐北汉的战事，并卒于行军途中，后来暂时安葬在京城西面某处。随着刘娥地位的不断上升，刘通也不断地得到封赠，被追赠为永兴军节度使兼中书令。刘娥的母亲庞氏，被赠为徐国太夫人。但刘娥仍然不满意，她提出要正式安葬自己的父母，一来体现自己的孝道，二来通过这一行为让天下之人都知道自己的出身高贵。于是天禧二年七月，刘娥正式安葬刘通和庞氏。宋真宗下诏追赠刘通为太师、尚书令，谥号"武懿"。

既然刘娥是升王的母亲，刘通夫妇自然就是升王的外祖父母。为了表示孝心，宋真宗又特意命令升王府咨议参军张士逊准备好一切礼仪器具，代表升王护送刘通夫妇棺椁安葬在祥符的邓公原。刘娥亲临遣奠，宋真宗御制祭文置于灵座的右面。[①]经过这一番隆重的安葬仪式，至少在宋朝官方记载中，刘娥的出身问题得到了解决。

出身问题解决了，自己的儿子也被册立为太子，刘娥已经不再担忧自己在后宫中的地位，她开始将眼光投向前朝。这些年，宋真宗的身体状况堪忧，经常生病，刘娥在后宫中由最早协助宋真宗处理政务的助手，逐渐向宋真宗处理政事的代理人转变。而刘娥天生

---

① 《续资治通鉴长编》卷92，天禧二年六月己未条。

对权力颇感兴趣，随着对朝廷政务日益熟悉，她也开始积极地通过各种途径介入前朝的政务。[1]根据当前的形势与可利用的资源，刘娥首先将势力渗入京城禁军中。

虽然有御医的精心调治，但宋真宗的身体状况并不见好转，反而屡报病危，这让羽翼未丰的刘娥十分担忧。经过多年的历练，刘娥对于朝廷事务已经有了比较深刻的理解，她深知太子年幼，一旦宋真宗驾崩，难保朝廷不会出现动荡。为了以防万一，刘娥决定主动出击，将守卫京城、保护皇宫的军事力量控制在自己手中。天禧三年五月，刘娥利用宋真宗发病无力处理奏章的机会，下令龙卫、神卫四厢都指挥使夏守恩改为捧日、天武四厢都指挥使，洛苑使、勤州刺史、同勾当皇城司刘美为龙卫、神卫四厢都指挥使，领昭州防御使。七月，夏守恩迁殿前都虞候，刘美迁马军都虞候。八月，诏令夏守恩仍权领殿前步军司，刘美权领马军司事。[2]

宋真宗时，中央禁军根据廪禄高低分为上、中、下三军，其中捧日、天武、龙卫、神卫左右厢各四军为上四军，其长官是都指挥使。这上四军中，捧日左、右厢禁军和天武左、右厢禁军均隶属殿前司，前者为骑兵诸军主力，后者为步兵诸军主力。龙卫左、右厢禁军与神卫左、右厢禁军均隶属侍卫亲军司，其中前者为马军司主

---

[1] 《续资治通鉴长编》卷93，天禧三年五月己未条："上不豫，中宫预政。"
[2] 《续资治通鉴长编》卷93，天禧三年五月己未条。

力,后者为步军司主力。这四支军队都负责守卫京城。

夏守恩是宋真宗的潜邸旧臣,深得宋真宗信任,所以他一直掌管着皇帝亲兵,保护宋真宗的安全。虽然禁军统帅并不介入政治斗争,但因为位置特殊,所以人选往往都是皇帝的心腹。此番刘娥让自己的冒牌哥哥刘美成为京城禁军统帅之一,将势力渗入京城禁军中,明显是为了一旦出现意外,自己可以控制京城。

王钦若的死局

多年来,刘娥利用王钦若在前朝作为自己的眼线搜罗亲信,为自己办事,二人关系一直比较融洽,如今刘娥又利用夏守恩和刘美控制了中央禁军。可以说,刘娥在文官和武将队伍中,都赢得了几乎最有实权的官员的支持。正当刘娥雄心勃勃地准备进一步拓展自己在朝堂上的势力范围时,王钦若却因为贪污受贿查有实据被弹劾罢相,让刘娥失掉了朝堂上的重要助力。

王钦若担任宰相后,将主要精力放在排斥异己、巩固地位上,在政务上碌碌无为,在帮助宋真宗造神方面也没有任何"特色"和"政绩"可言。于是天长日久,宋真宗有些失望,对他也没有原先那么宠信了。正是在这种情况下,有人上书弹劾王钦若,奏称其收受贿赂。王钦若故伎重施,还像当年一样,在宋真宗面前极力辩驳自己是冤枉的，并且口口声声请求宋真宗同意让御史台负责审理此事。王钦若在朝堂上面红耳赤地大呼小叫，毫不顾忌自己的宰相身份，实在有失体面。此举也令宋真宗颇为不悦，他冷冷地对王钦若说："国家设置御史台，难道就是为了替别人辨别真假虚实的吗？"①听到宋真宗的话，王钦若大惊失色，他发觉宋真宗对自己的态度不复往日，他意识到自己已经失宠了。

常言道"祸不单行"。王钦若受贿一事还没有了结，又出了其他事情。商州地方有一名道士谯文易被官府捕获，因为此人私藏国家明令禁止的禁书，而且据传他还能施展法术，驱使六丁六甲神，并自称曾出入王钦若家。通过搜查谯文易的物品，官府果然发现了王钦若写给谯文易的诗，以及二人的来往书信。在古代，君主特别忌讳臣僚与自称有法术的方外人士交往，因为担心他们妖言惑众，从而威胁自己的统治。宋真宗也不例外。而且宋真宗本人还特别迷信神道，自然更不愿意臣僚们利用神道来蛊惑人心。王钦若与谯文易来往，绝对了犯了人臣大忌。

宋真宗于是询问王钦若与谯文易之间的事情。因证据确凿，王钦若无法抵赖，只能无可奈何地递交辞呈。作为自己政治上多年的忠实搭档，刘娥一开始还想保护王钦若，但她得知王钦若此番问题

---

① 《续资治通鉴长编》卷93，天禧三年六月甲午条："时钦若恩遇浸衰，人有言其受金者，钦若于上前自辨，乞下御史台覆实。上不悦，曰：'国家置御史台，固欲为人辨虚实耶？'钦若皇恐，因求出藩。"

比较严重，恐怕难以过关，只能放弃之前的想法，转而设法减轻王钦若被贬黜之罪。刘娥劝宋真宗考虑一下王钦若多年来的忠心耿耿，特别提到王钦若在天书降临、东封西祀等活动中不辞辛劳鞍前马后地奔走，希望宋真宗对其减轻处罚。宋真宗听从了刘娥的建议，在王钦若罢相制书中没有提及他那些不光彩的事情，只是轻描淡写地说王钦若多年担任宰相十分辛劳，让他卸任之后好好休息。[①] 宰相之位再度空悬，朝堂上又开始了新一轮政治洗牌。刘娥也需要重新物色自己的政治代理人。

寇、丁之争

王钦若被罢，宋真宗马上任命刚刚返回京城的寇準为宰相，搭档原先的宰相向敏中共同主持中书门下事务，丁谓则担任低一级的参知政事。[②] 这三人基本构成了当时的权力核心。

向敏中是政坛老手，城府很深，深谙明哲保身之道。他多年来奉行独善其身的原则，不与人结党，为人低调行事，因此无论宋太

---

① 《续资治通鉴长编》卷93，天禧三年六月甲午条。
② 《续资治通鉴长编》卷93，天禧三年六月戊戌条："以山南东道节度使、同平章事寇準为中书侍郎、兼吏部尚书、平章事，保信节度使丁谓为吏部尚书、参知政事。"

宗还是宋真宗，都觉得向敏中老实可靠，对他很信任。此番向敏中与寇準同列相位，虽然向敏中资格老，地位略高，但向敏中深知他这个搭档不甘人下的性格特点，为了避免与之发生冲突，向敏中干脆以年老体衰为由放权，对中书门下事务不管不问，任由寇準掌权。

寇準一朝咸鱼翻身，扬眉吐气，之前狂放的性格很快又暴露出来。可能是为了弥补多年来的压抑，此时的寇準行事更加乖张恣意。按照礼制，给事中、谏议大夫、中书舍人的母亲和妻子只可封县君。寇準的女婿王曙当时担任枢密直学士、给事中，他不满意自己的母亲和妻子的封号过低，私下向寇準发牢骚。寇準自然也希望自己的女儿和亲家母的封号更高，于是便奏请宋真宗下诏将给事中等官员母亲和妻子的封号等级提高到郡君。寇準改动旧制虽然让很多相关之人受益，但由于他的初衷存有私心，所以引发不少非议。人们议论起此事时都认为寇準"专私而不忌"，①即为了私人利益而毫无顾忌。身为宰相，不能秉公处事，自然容易落人口实。可此时的寇準正值春风得意，因而头脑发昏、忘乎所以。他没有注意到的是，远在深宫的刘娥早已通过各种眼线掌握了他的一举一动，正在对其进行考量。

寇準对于自己喜欢的人十分信任，甚至不惜违反法令为其谋取

---

① 《续资治通鉴长编》卷94，天禧三年十一月辛酉条。

好处；但对于自己讨厌的人，则百般侮辱。之前他讨厌王钦若，就故意压低他在朝班上的位序。他现在又不喜欢户部员外郎、知制诰李咨。李咨负责起草制书，寇準因为看不惯他，总要鸡蛋里挑骨头，退回去好几次让其修改。有一次，李咨在草拟的制书中用了"淑慎"一词，寇準刁难他说"淑慎，妇人事也"，讽刺其用词不当。李咨不得已，拿着《毛诗》给寇準看："'淑慎君子，其仪不忒'，此安有妇人事？"寇準性格顽固强硬，见自己的指责被反驳了，心中更加恼怒，便倚仗着宰相身份挖苦讥讽李咨，最后逼迫李咨按照他的要求更改文辞。长期受到寇準的无端折磨，李咨心中愤愤不平，但无奈与寇準的级别相差太大，根本无力反抗。思前想后，李咨便上疏宋真宗，坚决要求外调出京。宋真宗不明就里，见其态度坚决，就同意他辞去知制诰，改知荆南府。[①]

寇準先前与丁谓并无不和，此番二人同朝为官，寇準对丁谓毫不提防，当然这种态度的背后隐隐有着轻视丁谓的意思。狡黠的丁谓很清楚寇準心气儿甚高，而且刚刚配合宋真宗"导演"了一出天书降临的好戏，圣宠正盛，于是表面上对寇準曲意奉承，对一切政务的处理都唯寇準态度的马首是瞻。寇準对丁谓的表现十分满意，不免日常言语间不顾及丁谓的面子，导致了他与丁谓的关系迅速恶化。

按照惯例，宰执们会定期在一起吃"工作餐"。有一次，寇準喝

---

① 《续资治通鉴长编》卷95，天禧四年二月壬寅条。

汤的时候不小心弄脏了胡须。还没等寇準处理，丁谓赶紧站起身来，小心翼翼地替寇準擦拭胡须上面的羹汤。寇準觉得场面有些滑稽，就随口笑着对丁谓说："参知政事乃是国家股肱大臣，难道是为长官擦拭胡须的吗？"寇準这番话令在场之人哄堂大笑，丁谓顿时觉得颜面扫地。虽然他表面上不动声色，但心里又愤恨又羞愧，从此有了要扳倒寇準的心思。① 丁谓暗地里培育自己的党羽，积聚力量。他迅速找机会提拔了"五鬼"之一的林特；② 河北转运使、户部郎中段晔精通吏事，与丁谓相善，被任命为太常少卿、知广州，不久后又加右谏议大夫。③ 而丁谓的这些小动作，寇準都毫无觉察。

复杂的博弈

寇準和丁谓回朝后很快发现，与数年前他们离开时相比，虽然

---

① 《续资治通鉴长编》卷93，天禧三年六月戊戌条："谓在中书，事準谨甚。尝会食，羹污準须，谓起徐拂之。準笑曰：'参政，国之大臣，乃为官长拂须耶？'谓甚愧之，由是倾诬始萌矣。"
② 《续资治通鉴长编》卷93，天禧三年六月丁未条："以同玉清昭应宫副使、吏部侍郎林特为尚书左丞、玉清昭应宫副使。特性邪险，善附会，故丁谓始终善特，亟引用之。"
③ 《续资治通鉴长编》卷94，天禧三年九月甲戌条："以河北转运使、户部郎中段晔为太常少卿、知广州，寻加右谏议大夫。晔颇精吏事，素与丁谓善，故谓亟用之。"

第三章 从后宫到前朝　　　　　　　　　　　　　　　　161

皇帝还是宋真宗,但此时的朝廷已经发生了若干变化,最突出的变化就是皇后刘娥强势崛起,成为不可忽视的政治势力。

宋真宗此时患了中风,缠绵病榻,说话都很艰难,很多朝政大事都由刘娥居中裁决。[①]刘娥眼见宋真宗的病情日益严重,也在为未来积极布局。考虑到自己的皇后身份,刘娥不便直接抛头露面,便利用他人来作为自己的耳目。刘美此时已经成为京城禁军统帅之一,与夏守恩一道掌管禁军,牢牢控制着京城的局势。而在朝堂上,王钦若被贬黜离京,刘娥损失了一个重要的帮手,因此她又寻找了新的助力——翰林学士钱惟演。

钱惟演是吴越国国王钱俶之子。钱俶归宋后,钱惟演便在宋朝为官。钱惟演为人善于见风使舵,他知道自己乃亡国君主之后,虽然父亲钱俶主动献土归宋,获得很高的礼遇,被封王爵,但终究很难赢得宋朝君主的真正信任。为了保全家人和自己,钱惟演积极地在朝廷中寻找靠山。

既然皇帝掌握着对所有人生杀予夺的权力,攀上皇室自然是最保险的。可是宋朝皇室内部一直动荡不安,特别是离皇位最近的皇室子弟,几乎没有一个有好下场。宋太宗的长子赵元佐与父亲发生严重冲突,精神失常,被宋太宗禁锢府中,宋真宗即位后

---

① 《续资治通鉴长编》卷95,天禧四年六月丙申条:"时上不豫,艰于语言,政事多中宫所决。"

才恢复其爵位,但赵元佐一直待在府中,从不与外人交往。宋太宗次子赵元僖则意外中毒身亡。宗室中,因为皇位之争,宋太宗不惜指使手下诬陷自己的弟弟秦王赵廷美,并将其禁锢致死。至于其他稍微疏远的宗室,则在皇帝的严密监视下,在政治上根本没有发言权。[①]在这种情况下,宗室成员在政治地位上极为敏感,即使攀附也毫无胜算。于是钱惟演迅速调整战略,扩大搜寻范围,他很快就将目光投向了刘娥。

钱惟演和刘娥也算是"旧交"——当年钱惟演嫁女儿时,一应妆奁器皿等都是银匠刘美(当时还叫龚美)打造的,刘娥还是名落魄的女乐。没想到短短数年,刘娥竟然摇身一变,成为尊贵无比的皇后,并深得宋真宗宠幸,刘美也从银匠变成宋真宗的亲随,并且官职也一升再升。特别是在宋真宗患病,刘娥代为处理政务期间,刘美竟然攀升至掌管中央禁军三衙之一的马军司统帅。这一切钱惟演都看在眼里。经过一番运作,钱惟演成功地将自己的妹妹嫁给了刘美,而且为了讨好刘美,他还将刘美昔日给自己打造的银器一并作为妹妹的嫁妆。[②]

通过刘美,钱惟演成功地攀附上了刘娥这个高枝。翰林学士负责撰写诏令,与皇帝接触密切,能够接触一些军国机密,于是钱惟

---

① 关于宋朝宗室的情况,参见贾志扬:《天潢贵胄:宋代宗室史》,赵冬梅译,江苏人民出版社,2005。
② 《东轩笔录》卷15;《野客丛书》卷11,中华书局,1987年点校本。

演利用职务之便，向刘娥传递朝中的重要情报。为了进一步拉近关系，钱惟演死心塌地地为刘娥卖命，成为其在前朝的忠实爪牙，将朝堂上文武官员的一举一动及时地传递到刘娥耳中。

通过钱惟演，刘娥对于朝堂上寇準和丁谓的种种表现一清二楚。在刘娥看来，寇準性格张扬，不容易为人所左右，而且二人之前毫无交集。相比寇準，丁谓更容易拉拢。丁谓政治上有野心，为了达到目的不择手段，而且处事圆滑，能屈能伸。还有一个重要原因，之前宋真宗选立皇后时，丁谓和王钦若都属于坚定的"挺刘派"，刘娥对丁谓的印象比较好。事实证明，刘娥的判断是正确的，丁谓很快主动倒向刘娥，而寇準敌视甚至试图打击刘娥，二人之间的矛盾也迅速激化。

如何调整与刘娥的关系，是摆在寇準和丁谓二人面前亟待解决的问题。丁谓看到如今宋真宗缠绵病榻，神志时而清醒时而糊涂，刘娥端居后宫"代理皇权"，而且刘娥已经展露出不凡的政治手腕，自己今后如果想在仕途上更进一步，取得刘娥的支持是非常重要的。丁谓一直想扳倒寇準，但目前其职位稍低，若联合刘娥对付寇準，胜算无疑大了很多。分析清楚当前的形势后，丁谓主动向刘娥示好，而刘娥失去了王钦若的助力，也亟须在宰辅间寻找一个代言人，于是二人一拍即合，组成新的搭档。

寇準家境富裕，生性豪放，从心底里瞧不起出身贫寒的皇后刘娥。他看到刘娥代替宋真宗行使皇权，还在朝臣中培植个人势力，心中颇为不忿。在传统帝制的历史中，后宫干政是非常严重的现象，《尚书·牧誓》中便已经提到"牝鸡司晨，惟家之索"，对女主乱政提出了严厉的警告。女主临朝，极容易出现外戚干政的现象，轻则紊乱朝纲，重则国家灭亡，东汉就是鲜明的例子。寇凖认为自己身为宰相，有责任和义务维护皇权正统，于是他开始向刘娥的势力发起挑战。

刘娥端居深宫，寇凖很难直接抓住其把柄，他就从刘娥周围的人入手，机会很快就来了。四川盛产井盐，盐是当地汉族与其他各民族交易的重要物品，获利颇丰。刘娥的族人仗势欺人，在四川老家横行不法，强夺百姓的盐井，后来事情闹大了。根据宋朝的法律，案情严重的案件需要进呈京城审刑院处理，甚至需要皇帝亲自裁决。宋真宗看在刘娥的面子上，打算赦免其族人，不予追究。但寇凖不肯放过这一机会，恰好案情又涉及刘美倚仗刘娥的势力收受他人贿赂，寇凖便奏请宋真宗让刘美去御史台接受审讯。刘娥预先得知这一消息，抢先在宋真宗面前哭诉寇凖企图陷害自己的兄长，并指出寇凖此举恐怕有不可告人的目的，是要动摇皇帝禁卫亲军的根基。宋真宗长年患病，原本对于政局稳定就格外担心，刘娥这番话更是一下子触及他的敏感神经。果然，当寇凖将案情审理记录进呈宋真宗并提出要让刘美赴御史台接受审讯时，宋真宗勃然大怒，生气地对寇凖说："管军自前岂有此例，卿要送台，但送下！"直言让寇凖自己看着办。寇凖见宋真宗龙颜大怒，十分惶恐，不敢多言，只好匆匆告退。寇準走后，曹利用和丁谓趁机一起上奏："天旱不宜更起冤狱，中伤平人，乞罢之。"宋真宗气还没有消，连声说："便罢，便罢！"寇準后来又上殿奏事，宋真宗面色阴沉，十分不悦。寇準看到宋真宗的样子，也不敢过于坚持，只好沮丧地放弃了继续追查此事。之前受命负责审讯此案的监察御史章频也被调离，此案最终不了了之。[①]

试图借打击刘美来打压刘娥的势力失败后，寇準与刘娥之间的矛盾尖锐起来。丁谓看到寇準得罪了刘娥，便乘机挑拨离间，试图从中取利。

寇準罢相

天禧四年（1020）三月，向敏中病故，寇準暂时独相。参知政事丁谓改任枢密使，东宫官李迪担任参知政事。李迪为人老实憨厚，很仰慕寇準的威名，看不惯丁谓的嘴脸。另一名枢密使曹利用与寇準有宿怨，因为寇準瞧不起曹利用出身行伍。当年寇準任枢密使，曹利用任枢密副使，讨论军国大事二人意见不同时，寇準就轻蔑地嘲讽曹利用道："你不过就是一介武夫，懂什么国家大事？！"

[①] 《续资治通鉴长编》卷95，天禧四年六月丙申条。

曹利用因此对寇準恨之入骨。①枢密副使周起和签书枢密院事曹玮与寇準交好，②另一名枢密副使任中正则是丁谓的死党。因此，宰执队伍中明显分成两派，明争暗斗。

向敏中的去世对宋真宗打击很大，眼见伴随自己多年的老臣一个个地故去，宋真宗难免心生悲凉。③宋真宗的病情时好时坏，严重时甚至一度病危。宋真宗意识到自己可能时日无多，心中不禁有些慌乱。身为皇帝，宋真宗从来没有想过要主动放开手中掌握的最高权力，无奈现在的身体状况让他无法正常理政。虽然刘娥可以代替他行使皇权，但刘娥毕竟属于后妃，如此做法既不符合制度又不符合礼法。而且在宋真宗的内心深处，他也不希望出现后宫干政的局面。思前想后，宋真宗觉得太子监国是最好的选择。太子乃国之储君，监国名正言顺，历史上也有先例。虽然太子年纪尚幼，但是已经举行了冠礼，名义上已经成人，只要选好辅佐大臣，监国完全

---

① 《续资治通鉴长编》卷95，天禧四年六月丙申条："先是，準为枢密使，曹利用副之，準素轻利用，议事有不合者，準辄曰：'君一夫尔，岂解此国家大体耶！'利用由是衔之。"
② 寇準任相后，曾与周起一起到曹玮家赴宴，喝得酩酊大醉。见《续资治通鉴长编》卷96，天禧四年九月己未条："起素善寇準，而玮亦不附于丁谓，谓恶之……起性乐易，好饮酒，準前在中书，尝与起过玮家饮，同列多先去者，準及起尽醉，夜漏上，乃归。翌日，引咎伏谢，上笑谓曰：'天下无事，而大臣和乐，何过之有！'"
③ 《续资治通鉴长编》卷95，天禧四年三月己卯条："左仆射、兼中书侍郎、平章事向敏中卒。上即时临哭之，劢，赠太尉、中书令，谥文简……及追命制入，上特批一幅曰：'敏中端谨温良，宜益此意。'其恩顾如此。"

第三章　从后宫到前朝

没有问题。

有一天，身体稍微好转的宋真宗头枕着亲信内侍周怀政的大腿与他聊天，宋真宗感慨自己年老体衰，时日无多，无意中流露出想让太子监国替自己分忧的想法。周怀政觉得这是自己未来飞黄腾达的捷径，迫不及待地想要赶紧将此事落实，他再度想到了寇準。作为目前唯一的宰相，寇準无疑是太子监国后最重要的辅政大臣。寇準思想正统，反对刘娥参与朝政，其女婿王曙是太子宾客，这也是寇準会义无反顾地支持太子的重要原因。于是周怀政赶紧找到寇準，声称宋真宗因为身体原因倦政，准备让太子监国。[1]

寇準很清楚自己目前的处境：他已经得罪了刘娥，一旦刘娥羽翼丰满，肯定会毫不手软地将自己赶下台。如果太子监国，自己身为独相，肯定会成为辅佐大臣，这样就能限制刘娥干预朝政，也不必担心刘娥的报复。寇準于是选择站在太子一方，和周怀政再次成为政治上的盟友。

宋朝建立后，从来没有出现过皇帝在位期间太子监国的情况，寇準虽然是宰相，也不敢擅自决定，他便与二府官员们商量该如何安排太子监国事宜。参知政事李迪作为太子宾客，自然大力支持此事。丁谓明白寇準和李迪二人都能从中获益，而自己与太子之前并无交集，无法从中得利。而且他与刘娥是政治盟友，太子监国，刘

---

[1] 《续资治通鉴长编》卷96，天禧四年七月甲戌条。

娥必然失势，自己的地位肯定会受到影响。丁谓于是一口咬定太子监国事关重大，仅凭周怀政的口头传话而并无宋真宗的诏令或者其他文字证明，此事不足为据。他甚至指出此事极有可能是周怀政为了政治投机而自作主张。最后，丁谓言之凿凿地说："他日陛下圣体康复，朝廷如何对待这种局面？"李迪斥责丁谓狡辩，反驳他说："太子监国，难道不是古制吗？"于是二人激烈地争吵起来。[①]一时间众人议论纷纷，无法就此事达成共识。

既然宰执间意见无法统一，寇准决定抛开其他人，自己单独行动。寇准利用单独觐见宋真宗的时候进言："太子人望所属，愿陛下考虑宗庙之重，传以神器，以固万世基本。丁谓是奸佞之徒，不可以辅佐少主，愿陛下选择正直的大臣作为太子的羽翼。"[②]寇准这番话表达了多重意思，首先是他明确主张太子监国，让宋真宗将治国之权交给太子；其次，他打算趁机扳倒丁谓。

宋真宗之前有过让太子监国的想法，听寇准这么一说，也就顺势点头同意了。顺利得到宋真宗的恩准，寇准不禁喜出望外。他赶紧叫来翰林学士杨亿，让他草拟表章，奏请太子监国。他同时告诉杨亿，一旦事情落实，他会找机会罢免丁谓，让杨亿取而代之。杨亿见寇准如此信任自己，不禁又惊又喜。行事谨慎的杨亿担心白天

---

① 《宋史》卷310《李迪传》。
② 《续资治通鉴长编》卷95，天禧四年六月丙申条。

人多眼杂，草拟表章时万一被别人看到会泄露消息，便等到晚上夜深人静之时，特意将左右之人都打发出去，自己独自一人待在屋里写作。因为此事关系重大，杨亿不敢怠慢，对于表章中的措辞反复斟酌，力求做到万无一失。由于他过于紧张与思考过度，所以写作速度很慢，以至于蜡烛燃烧了半天，烛芯摇曳。本来此时应该有服侍的人来剪烛芯，但杨亿怕别人看到自己草拟的表章内容，就屡屡起身亲自剪烛芯。杨亿的保密工作做得很好，忙碌了一晚将诏令起草完毕，周围之人竟然毫无察觉。①

杨亿高度紧张地保密太子监国一事，丝毫没有泄露出半点儿消息，一切都顺利进行。只要表章正式上奏宋真宗并获得同意，那么太子就会顺利监国，届时木已成舟，刘娥、丁谓绝无翻盘的可能。可惜寇準却坏了事，大好局面顷刻逆转。事情是这样的：白天寇準在宋真宗那里顺利讨得了口谕，自以为胜券在握，心情放松之余，不禁有些飘飘然，忍不住开怀痛饮提前庆贺。酒酣耳热之际，寇準忍不住得意地将自己的谋划讲了出来。没想到被丁谓早在寇準身边安插的眼线听到并告诉了丁谓。丁谓闻讯后大吃一惊，知道寇準的计划一旦实现，自己必然落得被贬出京的下场。于是丁谓立刻联络自己的同党，借口有急奏要求立即入宫面见宋真宗；同时又派人通知钱惟演，让他火速将此事告知刘娥，便于采取应对措施。

---

① 《续资治通鉴长编》卷95，天禧四年六月丙申条。

丁谓等人一见到宋真宗，立即百般诋毁寇準，他们宣称拥立太子监国一事是寇準的个人主张，并未得到宰执们的认同。寇準不与同僚商量，私下里企图拥立太子，其人居心叵测，毫无忠君爱国之心。最后，丁谓等人一致请求宋真宗罢免寇準。

自从当年王钦若中伤寇準后，宋真宗对寇準的印象就一直并无改观，认为寇準为人任性，与他人很难共事。寇準虽被罢免，行事却一点儿也没有收敛。大中祥符末年，在宰相王旦的推荐下，寇準接替王钦若任枢密使。寇準因看不惯"五鬼"之一的三司使林特谄媚宋真宗，多次与林特发生激烈纷争。而当时宋真宗正倚仗林特为自己的造神运动提供财力支持，所以在寇準与林特的纷争中自然站在林特一边。可是寇準并没有意识到这一点，他只觉得自己是正人君子，林特是奸邪小人，自古忠奸不两立。宋真宗对林特迟迟不处分，更激起了寇準不达目的誓不罢休的决心。为了打击林特，寇準故意偏袒其他人，从而打压林特，甚至不惜将一些事情夸大来陷害林特。宋真宗终于忍无可忍，将寇準罢官，赶出朝廷。因为寇準是王旦引荐的，宋真宗不悦地对王旦说："寇準年纪大了，又经历了很多事情，朕以为他会痛改前非。没想到如今他的所作所为比之前更过分了。"王旦见寇準已经引起宋真宗的不快，不敢直接为其求情，只好拐弯抹角地说："寇準既喜欢让人感激他的恩惠，又想让人畏惧他的威风，这些问题都是大臣应该避免的。可是寇準却毫不介意，反而以为是自己身为大臣应该具备的特质，这是他的短处。如果不是非常仁德的君主，谁能容忍他呢？"[1]

王旦这番话表面上是批评寇準，实则是赞美宋真宗是圣君，所以才能够包容寇準这样的缺点。宋真宗听了王旦的话心里舒服多了，对寇準的不满也相应减少，他虽然罢免了寇準枢密使一职，但仍然同意给予寇準使相头衔。

正因为长久以来寇準给宋真宗留下的印象并不好，这次寇準能够返京复相，完全是因为他积极配合宋真宗搞天书降临，赢得宋真宗一时的欢心。寇準后来因故与刘娥发生冲突，刘娥开始在宋真宗面前屡屡中伤寇準，让宋真宗对寇準的印象急转直下。

史书记载，宋真宗因为患病，记忆力衰退，时常忘事。[2]在丁谓等人巧舌如簧的语言包围下，他竟然忘记了曾经与寇準约定让太子监国的事情。虽然宋真宗并不相信寇準敢私下拥立太子图谋不轨，但见丁谓等人将形势叙述得十分严峻，自己也有些半信半疑，便同意了丁谓等人的请求，决定罢免寇準。[3]事实可能确实如此，但也不排除有其他可能。

宋真宗深受宋太宗的影响，对皇权高度敏感。事实上，宋真宗虽然晚年疾病缠身，但一直到最后病逝，他始终牢牢掌握着最高权

---

[1] 《续资治通鉴长编》卷84，大中祥符八年四月壬戌条。
[2] 如《涑水记闻》卷6载："真宗晚年不豫，尝对宰相盛怒曰：'昨夜皇后以下皆去，刘氏独置朕于宫中。'众知上眊乱误言，皆不应。"
[3] 《续资治通鉴长编》卷95，天禧四年六月丙申条："谓等益惧，力潜準，请罢準政事。上不记与準初有成言，诺其请。"

力不肯放手。宋真宗当初提出让太子监国，并非真心准备移交权力，只不过是病情恶化，突然感觉时日无多，对未来了无生意的情况下仓促间形成的想法而已。一旦身体状况稍微好转，宋真宗便将这个念头抛诸脑后，仍然抓住权力牢牢不放。在这种情况下，丁谓等人故意将寇準的行为引向阴谋论的方向，自然会触动宋真宗敏感的政治神经，不得不多加考虑。另外，宋真宗虽然一时头脑发热答应了寇準的请求，事后难免会觉得后悔，如今有丁谓的质疑，让他可以趁机以"患病健忘"为借口，拒绝承认当初与寇準的约定。当然这样做的后果就是直接牺牲掉寇準。

此时天色已晚，丁谓见宋真宗已经被自己说动了，事不宜迟，立即催促宣召知制诰晏殊入禁中，准备草拟罢免寇準的诏令。晏殊听明白了宣召自己的用意后，心中一惊，知道第二天一早朝堂上的政治形势马上就会发生翻天覆地的变化，出于明哲保身的目的，不想牵涉其中，便给自己找了个借口委婉拒绝："臣掌外制，此非臣职也。"丁谓见晏殊不肯参与此事，也不勉强，就建议宣召另一位翰林学士钱惟演。钱惟演闻讯迅速赶过来，他见大局已定，便立即落井下石，无所不用其极地痛斥寇準担任宰相期间的专权跋扈，并强烈建议宋真宗狠狠贬斥寇準。此时的宋真宗已经决定放弃寇準，便询问钱惟演："寇準罢相后应该给予他什么官职？"钱惟演灵机一动，拿出之前王钦若的例子，说应该授予寇準太子太保。宋真宗觉得寇準似乎并没有大的过错，想了想说道："封他太子太傅。"接着又说:"再另外给他一些优待。"钱惟演说:"那就加封他国公。"说完,钱惟演将衣袖暗袋中随身携带的封国名册进呈给宋真宗。宋真宗翻看了一下,指着小国中的"莱"字点点头。钱惟演立刻记了下来。解决了寇准的问题,钱惟演又试探性地请示宋真宗:"如此一来,中书门下中只有李迪,恐怕需要重新任命宰相。"宋真宗想了想说:"此事暂且先放一放。"

丁谓、钱惟演这边紧锣密鼓地布置罢免寇准的安排,之前被宣召入宫的晏殊就有些尴尬了。他已经知道了丁谓等人的图谋,却又不参与他们的谋划,为了避嫌,他主动向宋真宗提议:"陛下所讨论的事情事关重大,为了避免泄露机密,臣不敢出宫,请求陛下安排。"宋真宗很满意晏殊的谨慎,便让晏殊当晚留宿在学士院内。

第二天,杨亿怀揣着奏请太子监国的表章兴冲冲地上朝,满心期待一个新政局的出现。寇准酒醒之后也精神抖擞地去上早朝,他踌躇满志地准备在太子监国后施展身手。没想到,还没等到早朝开始,禁中传出旨意,罢免寇准宰相一职,封为太子太傅、莱国公。[①]

宋初承接唐朝制度,以太师、太傅、太保为"三师",太尉、司徒、司空为"三公",是宰相、亲王、使相的加官,"其特拜者不预政事"。[②]三师三公虽然地位尊崇,但不参与朝政,所以经常用来

[①] 以上寇准密谋太子监国及失败等过程,俱见《续资治通鉴长编》卷95,天禧四年六月丙申条。
[②] 《宋史》卷161《职官志一·三师三公》。

加授给年老辞官的宰相以示尊崇。比如当年王旦以年老疾病缠身为由屡屡请求辞去相位，便被加封太尉兼侍中。寇準与王旦当年的情况不同，他根本不想辞去相位，是被强制加封了高官，剥夺了他参政的权力。表面上，寇準被罢相后还是很"体面"的，待遇不错，封爵为国公，寄禄官阶晋升为太子太傅，仍然享受着尊崇。[1]

听到罢相诏令后，寇準一下子蒙了，他不清楚为何一夜之间形势完全颠倒了。经历政坛风云变幻多年的寇準心里明白，自己已经一败涂地。虽然此刻还比较风光，那也只是因为对手暂时还没有想好如何清算自己而已，一旦对手想好了下一步的走法，自己的好日子就真正到头了。

见寇準毫无征兆地突遭罢相，杨亿也大为震惊，他虽然搞不清楚究竟发生了什么，但他知道自己怀中的请太子监国的表章无论如何也不能再拿出来了。

在这场激烈的较量中，丁谓最终笑到了最后。刘娥得知寇準被免相后心中也十分高兴。但在高兴之余，刘娥又产生了新的忧虑——太子。原本太子是刘娥的"护身符"，帮助她一路成为皇后，稳居后宫。刘娥为了让自己的地位更加巩固，也积极推动太子开府，外出历练，以赢得宋真宗的欢心。但太子毕竟并非刘娥的亲生

---

[1] 《续资治通鉴长编》卷96，天禧四年七月辛酉条载，宋真宗召宗室、近臣及太子太傅寇準、兵部尚书冯拯，观禁中苑中嘉谷，并在玉宸殿举行宴会。

骨肉，随着太子逐渐长大，自然受到越来越多人的关注。作为皇位的合法继承人，太子参与政务处理无疑具有先天优势。一旦太子监国，宋真宗放权，刘娥的身份便会显得微妙而尴尬：作为皇后，刘娥应该悉心照顾宋真宗；作为太子的母亲，刘娥只能放弃之前对政务的参与，退居后宫。后者自然是刘娥不愿意看到的结果。于是刘娥与太子的关系开始产生微妙的变化，在某种程度上，母子二人变成了权力上的竞争对手。

新的对手

寇準被罢相完全是突发事件，虽然丁谓等人的群起发难是直接诱因，但宋真宗恋权不肯承认与寇準之前的约定才是其中的关键因素。事后宋真宗觉得丁谓给寇準罗织的这些"罪状"有些危言耸听，他心中对寇準也怀有愧意，所以虽然罢免了寇準却没有将其贬黜而是继续留在京城。

寇準倒台，对刘娥来说自然是有利的。之前寇準刻意针对刘美，也有打压刘娥的意图。如今寇準骤然倒台，少了朝中一大威胁的同时，宰相之职空缺，很多人都觊觎这一职位，刘娥也想乘机将宰相一职控制在自己人手中。虽然宋真宗缠绵病榻多年，思维时而混乱时而清晰，但他毕竟是名正言顺的宋朝最高统治者。刘娥虽然之前代替宋真宗处理政务，但任命宰相毕竟关系重大，刘娥不便直接插手干预，于是她在暗中支持丁谓、钱惟演上位。按照宋代官制迁转惯例，执政可升任宰相，翰林学士可升任执政。丁谓现在是枢密使，钱惟演是翰林学士。一旦丁谓成功拜相，便会空出一个枢密使之位，钱惟演就有机会了。而丁谓和钱惟演也希望抓住这次机会，努力搏一把。

宋真宗迟迟不宣布新宰相人选，并且对寇準仍然保持礼遇，让丁谓、钱惟演等一班人心中颇为紧张，他们担心宋真宗突然有一天再度任命寇準为相，那就是他们的末日了。为了不让寇準东山再起，他们只能孤注一掷，一方面靠紧刘娥，通过刘娥在后宫对宋真宗施加影响，避免寇準再度被起用；同时，他们在前朝也积极运作，除了继续加紧在宋真宗面前诋毁寇準，争取让宋真宗早日将寇準赶出朝廷外，还试图谋得相位。在攻击寇準的人当中，翰林学士钱惟演表现得最为积极。

寇準一直看不惯钱惟演的谄媚与溜须拍马，钱惟演则觉得寇準趾高气扬、盛气凌人。再加上之前寇準针对刘美发难，让刘美的内兄钱惟演更加怒不可遏。在刘娥的授意下，钱惟演更加有恃无恐，借着寇準倒台，落井下石，试图将其置于死地。

一天，钱惟演又在宋真宗面前极力排挤寇準，他"义愤填膺"地说："寇準自从被陛下罢相，转而变本加厉地结交朝廷内外之人，图谋再度被起用为宰相。他把通晓天文、占卜的人统统招揽过来替自己预测前途，就连掌管禁军的臣僚和陛下亲信的内侍，他都无不着意拉拢。臣恐怕小人们结成朋党，诳惑圣听，与其这样，不如早点下令让寇準离开京城，到外地任职。"

对宋真宗，乃至几乎所有的君主而言，都有一些不能触碰的禁忌，这些禁忌包括臣僚结党营私，以及对可能动摇君主神圣性的天文、数术等知识的窥探，还有属于皇帝禁脔的军队等。钱惟演的攻击可谓狠毒至极，这些罪状几乎每一条都触及皇帝无法容忍的禁忌，一旦皇帝认定寇準有罪，后果不堪设想。

对于皇帝来说，他根本不需要去核实这些指控是否属实，只要他觉得这可能会对自己造成威胁便足够了。果然，宋真宗虽然不相信寇準敢如此胆大妄为，但考虑到自己的江山社稷，他不能冒险，于是他点点头，问钱惟演："将寇準调任地方，有什么合适的理由吗？"钱惟演见宋真宗已经被自己说动，便趁热打铁，继续火上浇油道："臣听闻寇準本来已经写好奏表准备请求去河中府任职，但见目前中书门下尚未任命宰相，同时还听说有人答应他会再让他担任宰相，于是就没有进呈奏表。"听到这番话，宋真宗心中颇为不快："那就让他去河中府如何？"钱惟演见目的达到，怕夜长梦多，赶紧请求宋真宗宣召参知政事李迪来传谕圣旨。

然而就在此时，宋真宗突然问钱惟演说："你觉得李迪怎么样？"李迪之前曾以刘娥出身卑贱为名极力反对她成为皇后，刘娥因此对李迪一直有心结。作为刘娥的心腹，钱惟演自然也对李迪没有好感。①不过李迪为人忠厚老实,在臣僚中口碑很好,钱惟演一时间无法编造出更多不利于李迪的说辞,只好狡猾地回答道:"李迪是位长者,为人没有过错,就是才干不足,恐怕镇不住寇凖。"说完这些,钱惟演便劝宋真宗赶紧任命新宰相,而宋真宗还是觉得宰相人选不容易找。钱惟演见宋真宗还在犹豫,忍不住暴露了自己的野心,他试探着说:"如果宰相一职确实暂时没有合适的人选,陛下可以先任命两三名参知政事,让他们一起处理政务。"没想到宋真宗直接叹了口气说:"参知政事的人选也难啊!"至此,钱惟演知道自己的如意算盘落空了,颇为失落。

　　宋真宗又问钱惟演:"现今谁的品级在李迪之上?"钱惟演以为宋真宗要挑选宰相,赶紧回答道:"曹利用、丁谓和任中正都在李迪之上。"宋真宗闻言沉默不语。钱惟演见宋真宗并没有从这几个人中挑选宰相的打算,又想出一条计策,他试探着说:"冯拯是朝廷老臣,性情纯和,与寇凖不同。"宋真宗还是沉默不语。钱惟演见宋真宗始终不开口表态,摸不清圣意,心中有些忐忑。过了一会儿,宋真宗突然开口说:"张知白怎么样?"钱惟演听了这个名字有些失望,赶紧说:"张知白为人清介,担任参知政事没有问题,宰相的话,恐怕能力不足。"宋真宗点点头表示同意。钱惟演见宋

---

① 《宋史》卷310《李迪传》:"初,上将立章献后,迪屡上疏谏,以章献起于寒微,不可母天下。章献深衔之。"

真宗对宰相人选始终不满意，担心寇準万一真有机会重获相位就麻烦了，赶紧催促道："还是应该早点儿让寇準离开京城到外地去任职。寇準朋党势力很盛，东宫太子宾客王曙又是他的女婿，谁人不畏惧他？现如今朝廷之上，每三人中，就有两个人依附寇準。臣知道一旦说了这些话就会惹祸上身，但臣忠心为国，不惧个人安危，所以才不敢不言。只希望陛下能够体谅臣一片赤胆忠心。"向来熟悉朝廷党争的宋真宗并没有被钱惟演声情并茂的表演感动，只是淡淡地说："卿不必担心。"然后就示意钱惟演退下。

不必担心什么？是不必担心寇準报复自己，还是不必担心寇準结党营私？钱惟演始终搞不明白，但他也不敢直接询问宋真宗，只好满腹狐疑地向宋真宗行礼后退下了。[①]

与钱惟演说完上述这番话没多久，宋真宗当天就定下了新宰相人选：太子宾客李迪。寇準被罢事出仓促，宋真宗一时间来不及考虑新宰相人选。多年的政治经验，使得宋真宗对于选择宰相这件事情还是有些心得的。从现任宰执队伍中看，除了丁谓、李迪外，其他人都是武人出身，不适合出任宰相。但丁谓攻击寇準从而导致后者被罢免，如果此时将丁谓提拔为宰相，明显给人一种丁谓扳倒寇準取而代之的感觉，这会造成其他人产生同样的觊觎之心，这是宋真宗不愿意看到的。相比之下，李迪是非常合适的人选。

---

① 《续资治通鉴长编》卷96，天禧四年七月癸亥条。

随着赵受益封升王、立太子，宋真宗开始有意识地培养太子的势力，为其将来接班做准备。为此，宋真宗特意选拔忠厚长者李迪担任太子宾客来辅佐太子。李迪辅佐太子也确实尽心尽责，宋真宗对他很满意。但宋真宗向李迪表示想提拔他为相时，从不贪恋权势的李迪坚决予以拒绝，这反倒让宋真宗对其更加青睐。此番太子监国一事虽然并未实行，缠绵病榻的宋真宗也实在没有精力在寇準与丁谓之间搞平衡，他希望朝政重新回到之前李沆和王旦那条沉稳的道路上来。此时由老实人李迪出任宰相，既有宋真宗平息朝廷政治斗争的想法，也是提前为太子将来登基铺路。

宋真宗打定了主意，便特意将参知政事李迪、兵部尚书冯拯和翰林学士钱惟演一起叫到了滋福殿。当着众人的面，宣布任命李迪为宰相，李迪依旧坚决予以拒绝，但这次宋真宗没有答应。过了一会儿，太子突然从外面走进来，直接向宋真宗跪拜行礼，口中说道："儿臣承蒙父皇恩典，用儿臣宾客为宰相，儿臣谢主隆恩。"太子的突然出现让李迪一时手足无措。原来宋真宗见李迪死活不肯答应拜相，就想出这个主意。太子行礼完毕起身站在一旁，宋真宗高兴地回头对李迪说："太子都知道这件事情了，还向朕道谢了，爱卿还要再推辞吗？"[1]李迪见事已至此，便只好答应下来。

三天之后，宋真宗正式下旨，任命参知政事李迪为宰相兼太子

---

[1]《续资治通鉴长编》卷96，天禧四年七月癸亥条；《宋史》卷310《李迪传》。

少傅、兵部尚书冯拯为枢密使。按照礼制，新任宰执李迪和冯拯向宋真宗谢恩，宋真宗给的赏赐超过了以往，足见其重视程度。①

扳回一局

李迪成为宰相，降低了寇準复相的可能性。但不知什么原因，宋真宗仍然没有让寇準离开京城。②在丁谓、钱惟演等人看来，李迪拜相让他们稍微舒了一口气，说明宋真宗此时至少暂时没有让寇準复相的想法；但倒了一个寇準，上去了一个与丁谓关系恶劣的李迪，而且寇準仍然待在京城中，这依旧让丁谓等人如鲠在喉。

对于这个结局，刘娥也不满意。虽然寇準没能复相，看似达到了自己的目的，可新宰相李迪一直与寇準交好，可以看作是寇準的同党。更让刘娥耿耿于怀的是，李迪与自己关系不睦，而且李迪兼任太子宾客，他成为宰相，无疑加重了太子的分量，太子作为储君，在宋真宗的授意下行使皇帝权力，无论在制度上和礼法上都比自己更有优势。这种情况一旦出现，身为皇后的刘娥虽然心有不甘，也只能乖乖交出手中的权力，这是刘娥难以接受的。为了改变

---

① 《续资治通鉴长编》卷96，天禧四年七月丙寅条。
② 《续资治通鉴长编》卷96，天禧四年七月壬申条。

局势，刘娥决定主动出击。经过对宰执情况的细致分析，刘娥很快找到了突破口——枢密使。

宋真宗一开始打算任命冯拯为参知政事，但阴差阳错之下改任其为枢密使。[1]而枢密院原有两位枢密使曹利用和丁谓，如此一来，便形成了三名枢密使并立的局面，这是宋朝自开国以来从未有过的情形，于是人言籍籍，甚至流传着宋真宗准备用冯拯取代曹利用和丁谓的说法。曹利用和丁谓于是主动上疏，请求罢免自己的枢密使一职。宋真宗也发觉自己之前措置失当，便召见翰林学士钱惟演，准备重新安排三人的职务。钱惟演与丁谓是同党，便乘机推荐丁谓入相："冯拯之前担任过参知政事，如今拜枢密使，都属于执政，这是合适的。但中书门下不应只用李迪一人，为什么不将曹利用或者丁谓改任为宰相？"宋真宗问："这二人谁更合适？"钱惟演说："丁谓是文臣，进入中书门下更合适。"见宋真宗沉默不语，钱惟演又进言丁谓修建玉清昭应宫有功劳，曹利用为人忠肝义胆，冒着生命危险前往契丹签订澶渊之盟，有功于国家，二人都应该得到嘉奖。宋真宗这才点头说："好。"丁谓于是由枢密使超擢为史馆相，排名反超李迪。由于当时没有任命昭文相，丁谓成为事实上的

---

[1] 《续资治通鉴长编》卷96，天禧四年七月戊辰条："先是，冯拯以兵部尚书判都省，上欲加拯吏部尚书、参知政事，召学士杨亿使草制，亿曰：'此舍人职也。'上曰：'学士所职何官？'亿曰：'若枢密使、同平章事，则制书乃学士所当草也。'上曰：'即以此命拯。'拯既受命枢密。"

首相；枢密使曹利用加同平章事，成为枢相。①

经过上述一番操作，刘娥和丁谓一派占据了上风，压制住了李迪和太子一派，刘娥扳回一局。

突如其来的政变

自从罢相后，寇準心里一直愤愤不平，他觉得自己很冤枉。看到政敌丁谓和曹利用成功获得相位，寇準不禁慌乱起来，担心他们会报复自己。慌乱中的寇準头脑发热，竟然跑到宋真宗面前公开反对丁谓和曹利用，又一口咬定李迪与他一起策划拥立太子监国，甚至公然口出怨言，称自己本来是奉命行事，却成为替罪羊，即便如此，李迪也应和他"同罪"。寇準冲动之下，不但毫无用处地中伤政敌丁谓和曹利用，甚至将和他友好的李迪也拉下水。这样的昏着儿惹得宋真宗勃然大怒，心中原本对他怀有的一丝愧意也被消耗殆尽。②正当宋真宗考虑该如何处理寇準时，一场突如其来的政变彻底葬送了寇準。

就在寇準备受煎熬的同时，还有另一人也如坐针毡，那就是周

---

① 《续资治通鉴长编》卷96，天禧四年七月戊辰条、庚午条。
② 《续资治通鉴长编》卷96，天禧四年七月壬申条。

怀政。寇準图谋太子监国一事失败，刘娥等人迅速查明了一切，内侍周怀政自然遭到刘娥、丁谓等人的忌恨。丁谓授意自己的党羽不断上疏，斥责周怀政身为内侍勾结宰辅，假传圣意，企图扰乱朝纲，要求宋真宗对其加以惩戒。内侍勾结朝臣属于国家大忌，宋太宗朝的王继恩便是前车之鉴，其举动甚至险些动摇宋真宗的皇位继承。宋真宗对此深有体会，因此他对周怀政将自己的想法透露给寇準颇为不满，虽然并未加以严惩，但自此便有意疏远周怀政。刘娥见周怀政企图利用太子来上位，这触及了她的核心利益，便在宋真宗面前屡屡进言，让宋真宗处分周怀政。见宋真宗不为所动，刘娥开始有意识地阻挠周怀政接触宋真宗。

对于周怀政来说，此番图谋拥立太子监国失败，让他付出了沉重的代价。在朝廷上他受到丁谓、钱惟演等人的弹劾，在后宫中他受到刘皇后的猜忌与排斥，而宋真宗对他的信任似乎也不复从前。忧心忡忡的周怀政利令智昏，竟然打算铤而走险，发动政变。周怀政的考虑是：除掉丁谓，让寇準重新担任宰相，控制前朝；逼迫宋真宗退位，拥立太子登基，改朝换代，自己以"从龙功臣"的身份继续拥有权势；废掉刘娥的皇后之位，避免她日后打击报复。

周怀政与弟弟周怀信偷偷召集亲信，准备在七月二十五日发动政变。不料政变前一天晚上，同谋中有人反水，偷偷出宫赶奔丁谓府第揭发周怀政的政变阴谋。丁谓听到消息后极为震惊，赶紧乔装打扮，趁着夜深人静乘坐妇人出门的车子悄悄来到曹利用府第商量对策。天亮上朝时，曹利用当场揭发周怀政图谋政变。经过一番审讯，周怀政供认不讳，宋真宗下令将其处斩。[1]

得知周怀政的政变计划后，刘娥勃然大怒。她认定寇準与周怀政有勾结，便指使丁谓借机彻底打倒寇準。丁谓于是上书宣称寇準参与政变，寇準被贬为知相州（州治在今河南省安阳市）。相州距离京城较近，丁谓等人担心宋真宗日后会想起寇準，便在宋真宗面前屡进谗言，称寇準罪大恶极，不宜待在京城附近，建议将寇準贬至偏远地区。宋真宗表示同意，命丁谓给寇準安排在一个小州。丁谓下殿后在草拟制书的文末写上："奉圣旨，除（寇準）远小处知州。"李迪看到丁谓所写的文字后质疑道："前面的圣旨中并没有'远'字。"丁谓蔑视地看了李迪一眼，趾高气扬地说："你当面接受陛下的命令，却想要擅自更改圣旨，是准备包庇寇準吗？！"李迪斥责丁谓包藏奸心，擅自改动皇帝诏令；丁谓则指责李迪包庇寇準，心怀不轨。二人从此矛盾加剧，势同水火。就这样，在丁谓的操纵下，寇準被贬为知安州。[2]

为了彻底扳倒寇準，丁谓等人上言之前朱能所献天书实属妖妄，要求严惩朱能等人。刘娥的亲信内侍雷允恭也站出来斥责周怀政与朱能合伙伪造天书欺君。宋真宗此时正恼怒于周怀政的叛乱，

---

[1] 《续资治通鉴长编》卷96，天禧四年七月甲戌条。
[2] 《续资治通鉴长编》卷96，天禧四年七月丁丑条、八月辛巳条。

见众人异口同声要求追查朱能，便当即下令派人前去逮捕朱能及其同党，并下令处分相关人等。① 朱能率兵反抗，拒捕失败后自缢身亡。②

朱能叛乱的消息传来，丁谓再次奏请，将寇準贬为道州（今湖南省永州市）司马，贬官制辞云："不务敦修，密朋凶慝，辱予辅舱，玷乃搢绅。"公开斥责寇準勾结乱党，玷污宰辅身份，不配置身士人之列。为了羞辱并丑化寇準，丁谓将寇準不忠不臣这件事情传告全国诸州，御史台在朝堂上公开张榜宣布。③ 丁谓又以清除寇準余党为名，将一大批与自己意见不合的官员贬出京城。经过一番清洗，枢密副使任中正和礼部侍郎王曾担任参知政事，钱惟演升为枢密副使。④

周怀政兼任东宫官，有人上书指出政变涉及太子，太子不能无罪，宋真宗此时正沉浸在对周怀政的失望与震惊中，听到有人说太子可能参与政变，不禁有些半信半疑。值此关键时刻，李迪挺身而出从容上奏："陛下有几个皇子来准备替换太子？"李迪的话点醒了宋真宗，太子因此躲过了一劫。⑤ 不过东宫官也进行了调整，王

---

① 《续资治通鉴长编》卷96，天禧四年七月甲戌条；卷97，天禧五年十月戊申条。
② 《续资治通鉴长编》卷96，天禧四年八月辛巳条。
③ 《续资治通鉴长编》卷96，天禧四年八月壬寅条。
④ 《续资治通鉴长编》卷96，天禧四年八月乙酉条。
⑤ 《宋史》卷310《李迪传》，《续资治通鉴长编》卷96，天禧四年七月甲戌条。

第三章 从后宫到前朝

曙被罢免，丁谓的同党、尚书右丞林特兼任太子宾客。[①]

经过周怀政政变一事，寇準一派被彻底扳倒，丁谓及其同党完全控制了朝廷，而这也是刘娥乐意看到的局面。

混乱的宰辅

利用周怀政、朱能谋逆一案，丁谓不仅成功地让宋真宗将寇準贬黜出朝廷，还顺带排挤了一批与自己关系不睦的朝廷官员。在刘娥的支持下，丁谓在朝廷上独揽大权，中书和枢密院官员几乎都是他的党羽。枢密使曹利用与丁谓一起合作扳倒寇準，二人现在属于同一阵营。新任枢密副使钱惟演眼见丁谓得到刘娥的支持权倾一时，遂刻意依附，让儿子娶了丁谓的女儿，二人结成姻亲。参知政事任中正原本就是丁谓的党羽，另一位参知政事王曾虽然并非丁谓党羽，但资历较浅，迫于形势，不免虚与委蛇。丁谓的野心很大，在攀附刘娥的同时，又安排亲信担任东宫官，监视太子的一举一动，为自己日后留下后路。[②]

扳倒了寇準和周怀政，同党控制了朝堂，刘娥又一次取得了政

---

① 《续资治通鉴长编》卷96，天禧四年九月壬子条。
② 《续资治通鉴长编》卷96，天禧四年九月壬子条。

治斗争的胜利。不过她并不满足,准备向中书门下唯一不肯向自己低头的李迪下手。

宋真宗常年患病,病情时好时坏,不免心情暴躁,有时会乱发脾气。有一次,宋真宗在接见辅臣时,怒气冲冲地说:"昨天夜里,皇后以下都到刘家去了,就剩下朕一个人孤零零待在宫里。"宋真宗的话说得莫名其妙,众人都认为宋真宗因犯病又糊涂了,不敢搭腔。只有李迪应答道:"如果真是这样,陛下为什么不依法处分他们呢?"一时间大殿里鸦雀无声,宋真宗也不吭声了,他沉默了良久,说:"其实根本没有这回事。"自从宋真宗病重,刘娥除了替宋真宗批阅奏章外,每次宋真宗在内殿接见宰辅大臣,她都会躲在屏风后面静静地听着。一方面是担心宋真宗突然发病,胡言乱语;另一方面,她也想知道此时宰辅大臣们真正的心理。刘娥多年来一直对李迪当年反对立自己为后一事耿耿于怀,听到李迪的这番话后,对其恨意更盛。[1]刘娥知道丁谓与李迪不和,丁谓早有排挤李迪之心,便授意丁谓对李迪下手。

有了刘娥撑腰,丁谓完全不把李迪放在眼里。身为宰相,遇到政事二人应该互相协商。但丁谓擅权,视李迪形同虚设,甚至连任命官吏都不告知李迪。李迪愤懑地对同僚说:"迪起布衣,十余年

---

[1] 《涑水记闻》卷6。

位宰相,有以报国,死且不恨,安能附权臣为自安计乎!"①

从天禧四年仲春开始,宋真宗一直抱恙,只能在后殿长春殿处理政务。周怀政政变让宋真宗觉得朝政更加不稳。为了安定人心,宋真宗强撑病体,在皇宫前殿崇政殿亲自处理政务。②他还下令赐京城百姓"酺五日"(即允许京城百姓聚饮五日),并在太子的陪同下,亲自驾临正阳门观酺。宋真宗因为病重很少公开露面,这次他与太子一起公开露面,一方面向世人展示他的身体状况很好,可以牢牢掌控朝政;另一方面,宋真宗有意让太子走向前台。果然,宋真宗与太子的出现,引得"人情欢抃"。③

宋真宗对自己的身体状况心知肚明,他开始考虑如何才能保证太子顺利继位。一天,宋真宗在承明殿召见宰辅大臣们,对他们说:"朕近来无论休息还是饮食都逐渐恢复正常,身体也日益康复。不过朝廷军国大事,还是难免劳心劳神。如今太子已经成年,德行端正,皇后素来贤明,处理事情公允,应该值得托付。朕打算让太子在外朝听政,皇后在后宫处理政务。诸卿可商议一下此事是否可行?"

刘娥多年来在后宫协助宋真宗处理政务,此事众人心知肚明,如今宋真宗公开提出让刘娥协助太子处理朝政,表明宋真宗对刘娥

---

① 《续资治通鉴长编》卷96,天禧四年十一月乙丑条。
② 《续资治通鉴长编》卷96,天禧四年九月丙辰条。
③ 《续资治通鉴长编》卷96,天禧四年九月壬申条、十月壬午条。

的信任和倚重。对于宋真宗的这个安排,像丁谓这样的刘娥同党自然心中欢喜,他们躬身行礼说道:"臣等所奉德音,实在是邦家之大庆。况且太子自从成为储君以来,德行日修,声望日隆。皇后多年为陛下辅翼,尽心竭力,中外之人都遵纪守法,海内之人都瞻仰企及,没有任何人有不同意见。不过太子既然总领朝政,希望陛下令中书门下、枢密院大臣各兼东宫职位,如此我等可以每日侍奉太子周围,以便于辅佐。"看到宰辅们都对此事表示赞同,宋真宗很高兴,让他们退下去考虑一下如何分配兼领东宫官事宜,然后传旨命学士草拟制书。[①]

之前的东宫官,主要是以宰相李迪为首的拥护太子的官员,如今丁谓等人提出让所有的宰执都兼任东宫官,是有意识稀释李迪的力量。鉴于现在的宰执几乎都是丁谓的同党,这个建议实际上是将太子落入丁谓一党的包围之中。

丁谓为了排挤李迪,刻意压低李迪兼任的东宫官,李迪不堪受辱,站起身来拂袖而去。次日,在等待上朝的时候,丁谓向李迪提出,打算提拔林特担任枢密副使。李迪见丁谓无所顾忌地一再提拔亲信,又想起昨天的窘境,怒火中烧,手持笏板击打丁谓。丁谓猝不及防,仓皇躲避。在场朝臣们赶紧过来劝解,二人此时已经是剑

---

① 《续资治通鉴长编》卷96,天禧四年十一月乙丑条;《宋大诏令集》卷7《微恙谕辅臣手诏(天禧四年十二月乙亥)》。

拔弩张，根本不肯和解。

觐见宋真宗时，李迪表示不肯接受兼任东宫官的任命，然后斥责丁谓奸邪弄权，中外之人无不畏惧。李迪气愤地说："之前林特的儿子为官，毫无道理地处罚他人，致使无辜之人身亡。其家人赴京申诉冤情，却被压下不予受理。这应该是丁谓刻意包庇所致，别人都不敢言。"他又说："寇準无罪却被罢免贬斥，朱能一事不应当公之于众，也不应当增置东宫官。另外，钱惟演是丁谓的姻亲。臣愿意与丁谓、钱惟演一并被罢免，望陛下另外选择贤才为辅弼之臣。"李迪越说越激动，又补充说："曹利用、冯拯也相互结成了朋党。"

李迪恼怒于丁谓的打压，不顾一切地想与丁谓拼个鱼死网破，可惜李迪性格老实，没有那么多花言巧语和政治手腕，此番本来只是针对丁谓，可是一怒之下，竟然连曹利用、冯拯等人一并斥责，反而让自己身陷众怒。果然，曹利用见李迪无端地将矛头指向自己，怒火中烧。但他没有急于辩驳，而是以退为进地说："凭借只言片语打动陛下，臣不如李迪；但凭借赤手空拳，不顾身家性命，深入不测之敌，李迪不如臣。"曹利用这番话表面上是承认身为文官的李迪与武人出身的自己相比互有短长，但实则是提醒宋真宗他在澶渊之盟签订过程中的功劳。听完曹利用这番话，宋真宗对李迪愈加不满，觉得李迪就是一介书生，无事生非。

宋真宗回头看着丁谓说："中书门下有处理不当的事情吗？"

丁谓回答说："愿陛下询问臣的同列。"宋真宗于是询问任中正和王曾，二人都说："中书供职外，亦无旷阙事。"过了一会儿，丁谓、李迪等人先后告退，宋真宗单独留下枢密使、枢密副使商议此事该如何处理。对于李迪的突然发难，宋真宗猝不及防，十分恼怒，他开始打算按照李迪的说法将此事交付御史台审理。曹利用、冯拯二人十分狡猾，他们劝慰宋真宗说："大臣下狱，不惟深骇物听，况丁谓本无纷竞之意，而与李迪置对，亦未合事宜。"宋真宗生气地说："是非曲直没有搞清楚，怎么能不分辨！"过了一会儿，考虑到丁谓和李迪都是宰相，二人一同下御史台对质有损朝廷体面，宋真宗稍微平息了一下怒火，说："朕自己会处理此事。"钱惟演担心宋真宗会将这件事情冷处理，便火上浇油地说："臣与丁谓是姻亲，此事众所周知。今日无端受到李迪的斥责，臣实在难以忍受，无法与其共事，请陛下恩准臣辞去枢密副使之职，恢复臣之前的职务。"宋真宗不得已又好言安抚了钱惟演半天。经过这一番折腾，宋真宗感觉疲惫不堪，命令翰林学士刘筠草拟罢免丁谓、李迪相位的制书。[1]

罢相制书还没有颁布，丁谓就通过眼线知道了此事，心里颇为着急。第二天，丁谓请求面见宋真宗，又请求面见太子，希望宋真宗能够收回成命。钱惟演好不容易才巴结上丁谓，还想在丁谓的奥

---

[1] 《续资治通鉴长编》卷96，天禧四年十一月乙丑条。

援下将来有一天能够拜相,自然也不想丁谓下台。钱惟演很狡猾,在摸不清宋真宗是否下定决心罢免丁谓和李迪的情况下,他一面表示希望二人继续担任宰相,但也提出,如果真要将二人罢免,"契丹使节即将来朝,届时宰相空缺,会让契丹使节产生猜疑。冯拯是朝廷旧臣,现在又是执政,可以顺理成章地担任宰相。如果任命其他生手担任宰相,恐怕会生出事端"。宋真宗觉得钱惟演考虑得比较周到,点头表示同意。①

丁谓不甘心被罢相,向刘娥求助。刘娥说服宋真宗,让他认为此事是李迪与寇準结党,出于报复心理攻击丁谓。钱惟演也积极活动,联络同党上书,要求挽留丁谓。丁谓则再次面见宋真宗,寻找一线机会。宋真宗生气地质问他与李迪争执的原因,丁谓故作委屈地说:"并非臣敢在陛下面前争执,失了臣礼,只是当时李迪对臣恶语相向,臣实在忍无可忍。臣不应该与李迪一起被罢免,希望陛下明察,恢复臣的官职。"这些天无论是刘娥还是一些臣僚,都请求挽留丁谓,并宣称李迪别有用心。宋真宗想起当天确实是李迪发难在先,于是对丁谓的火气消减了很多,下令左右给丁谓赐座。丁谓看了一眼左右搬来墩子后,灵机一动,神色严肃地对设座之人说:"陛下有旨,恢复丁谓平章事。"左右之人见丁谓说得理直气壮,也不敢向宋真宗求证真伪,便赶紧将给宰辅坐的机子搬进来。

---

① 《续资治通鉴长编》卷96,天禧四年十一月丙寅条。

丁谓坐在机子上，神色坦然地与宋真宗交谈，宋真宗也没有对此表示任何不快，君臣二人便这样聊了下去。[1]

内侍雷允恭是刘娥的亲信，周怀政倒台后其权势扩张，丁谓刻意与之结交。雷允恭见丁谓大摇大摆地坐在机子上，便谎称中书门下缺人，皇帝有旨暂时让丁谓留下来处理公务。内侍们不敢质疑，又见丁谓刚才确实坐在机子上与宋真宗交谈，便在丁谓与宋真宗对话结束后，恭恭敬敬地送他赴中书门下。丁谓就这样堂而皇之地进入中书门下开始处理政务。

第二天，丁谓一如既往地与众官员一起觐见宋真宗。觐见结束，丁谓单独留下来，谁也不知道他与宋真宗聊了什么。随后丁谓马上赶到学士院，宣称宋真宗下令恢复自己的宰相一职。[2]

靠着这番操作，丁谓有惊无险地逃过一劫，李迪则被罢相赶出京城。

李迪突然对丁谓发难，使宰辅间的矛盾公开化，宋真宗无法安心让他们辅佐太子。刘娥不希望太子代替宋真宗在前朝听政，影响自己的权力，她对宋真宗的安排也不热情。如此一来，宋真宗颇为踌躇，让太子处理政务一事再度搁浅。

---

[1] 《续资治通鉴长编》卷96，天禧四年十一月己巳条。
[2] 《龙川别志》卷上，中华书局，1982年点校本。

弃子王钦若

王钦若被罢相时,被授以太子太保、判杭州之职。经过周怀政之乱,朝廷官员队伍重新洗牌,王钦若想利用宋真宗与刘娥之前对自己的好感,谋求再度入相。八月,朝廷刚刚平定周怀政叛乱,他便迫不及待地提出自己身为东宫官,请求入朝履职。宋真宗多年不见王钦若,不禁有些思念,便批准了他的请求。王钦若想试探一下宋真宗对自己是否还像以前那么宠信,先上书称宋真宗给他的诏令中并没有让他使用驿站马匹,他只能慢慢赶路。宋真宗接到王钦若的奏章,便下令让其乘骑驿马快速入京。[1]看到宋真宗的批复,王钦若十分高兴,觉得自己复相有望,便抓紧时间赶路。

九月,王钦若来到京城。宋真宗让他跟随文武百官赴内殿起居。[2]为了彰显自己心系地方百姓、为国操劳,王钦若奏请朝廷停止江、淮制置使雇用民船,两浙、淮南暂时罢免和籴,改由商旅入中,宋真宗批准了他的请求。[3]

王钦若既然是东宫官,宋真宗便让他参与东宫的一些活动。太子学习所在的资善堂完工上梁,太子与其宫僚一同前往观看,宋真

---

[1] 《续资治通鉴长编》卷96,天禧四年八月甲申条:"太子太保,判杭州王钦若自以备位东宫,请入朝。甲申,召之。钦若寻又言诏无驰驿之文,但依程即路。始令乘传。"
[2] 《续资治通鉴长编》卷96,天禧四年九月壬申条。
[3] 《续资治通鉴长编》卷96,天禧四年九月甲戌条。

宗也下旨让王钦若一同前往。[①]自回京以来，王钦若一有机会就向宋真宗示好，慢慢地，宋真宗也念起以往二人之间亲密无间的关系，有了把王钦若留在身边的想法。就在资善堂修缮完工后不久，宋真宗下诏，以王钦若为资政殿大学士，令其每天赶赴资善堂，担任太子的讲读官。[②]如果说之前王钦若只是顶了太子太保的虚衔，如今却是实实在在地与太子密切接触，成为真正的东宫官。对于王钦若来说，这无疑是非常令其满意的结果，他现在既有宋真宗的宠信，又成为储君的从龙功臣，无论是现在还是将来，前途都一片光明。

宋真宗对于王钦若确实很优待，鉴于他曾经担任过宰相，有些高规格活动也会叫上他。比如宋真宗在宣和门见辅臣，便叫上王钦若，还赐给他们每人一本自己制作的《会灵观铭》石拓本。[③]

王钦若重获宋真宗的宠信，还搭上了太子这条船，一切似乎都顺风顺水，不料却因此得罪了刘娥和丁谓。

由于之前的合作，刘娥原本对王钦若印象不错。此番王钦若打算重返朝堂，刘娥一开始也乐观其成。王钦若考虑到宋真宗年事已高，急于扶植太子，他为了迅速上位，便主动以太子党的形象示人。此时刘娥与太子之间因为权力之争，关系比较微妙，刘娥为了

---

① 《续资治通鉴长编》卷96，天禧四年十月己卯条。
② 《续资治通鉴长编》卷96，天禧四年十月壬辰条。
③ 《续资治通鉴长编》卷96，天禧四年十一月癸丑条。

保住手中的权力,自然要打压太子的势力。如此一来,王钦若在不知不觉间从刘娥的同党变成反对派。

丁谓当年与王钦若狼狈为奸,大力迎合宋真宗东封西祀,后来二人又一起支持刘娥成为皇后,一度合作得非常亲密。由于二人都有政治野心,上位采取的方式类似,这注定二人在权力争夺的道路上最终决裂。丁谓千方百计扳倒寇準和李迪,自然不肯拱手让出相位。作为丁谓的姻亲,钱惟演更乐意支持丁谓。于是丁谓通过钱惟演在刘娥面前中伤王钦若,称王钦若品德卑劣且首鼠两端,一方面讨好宋真宗,同时又暗中支持太子,试图两头讨好。刘娥现在与丁谓合作得比较顺利,而且觉得丁谓更有能力,便准备放弃王钦若。

在刘娥的默许下,丁谓开始有计划、有步骤地对付王钦若。当时宰辅们都兼任"三少",即太子少师、太子少傅、太子少保。王钦若的头衔是太子太保,比宰辅们都高,上朝时他便堂而皇之立于宰辅之上。看到王钦若趾高气扬的样子,丁谓心里颇为不悦,便向宋真宗上奏,认为王钦若并非宰辅却兼领太子太保,品级混乱。宋真宗觉得有道理,便下令改授王钦若为司空。丁谓趁机将王钦若上朝的位序定于学士班中。王钦若知道这是丁谓动的手脚,心中愤恨却又无可奈何。

有一天,宋真宗设宴招待王钦若,席间健忘症发作,忘记了王钦若已经被罢相,好奇地问:"卿为何不去中书门下处理政务?"

王钦若心中窃喜，故意面带愧意地说："臣并不担任宰相，怎么敢去中书门下处理政务。"宋真宗想了想，便让身边的内侍护送王钦若去往中书门下。丁谓见宋真宗的亲信内侍护送王钦若来到中书门下，并口称是宋真宗旨意，心中虽然慌乱但表面上不露痕迹，表现出一副早知道王钦若要来的样子，恭敬地对王钦若说："陛下已经命中书门下准备好饭菜招待您了。"王钦若见丁谓对自己很恭顺，心里更为得意，认为宋真宗对自己很重视，复相指日可待。吃完了饭，又在中书门下待了一会儿，王钦若意气风发地离开了。

王钦若知道今天来中书门下只不过是奉了宋真宗的特旨，要想真正每天都去中书门下处理政务，必须得有一个正大光明的理由。丁谓虽然表面上对自己很恭敬，但只是将自己作为客人来招待，并没有要让自己处理政务的意思。于是王钦若对护送自己到中书门下的内侍说："你回去告诉陛下，感谢陛下的圣恩！但没有白麻制书，臣不敢奉诏到中书门下处理政务。"说完便直接回到自己的府第等待旨意。

宋真宗听了内侍的回禀，也意识到自己疏忽大意了，便诏令学士院降麻。按照宋朝官制，不同级别官员的任命制书用的纸张是不同的。包括宰相在内的地位最为尊贵的官员，任命制书用的是白麻。很显然，宋真宗此举是准备让王钦若复相。丁谓接到宋真宗的诏令后，马上想出了一个偷梁换柱的主意。宋真宗只说让学士院用白麻书写王钦若的任职制书，并没有明确说让王钦若担任宰相，于是就在白麻上写上授予王钦若使相,担任西京留守,同时免掉了他的太子太保头衔。①

王钦若空欢喜一场,心有不甘,屡屡上奏称身患疾病,请求宋真宗批准他到京城就医。丁谓见王钦若急于还朝,又心生一计,秘密派人去河南府欺骗王钦若说:"陛下屡屡提及您,非常想见您。您只要进呈表章然后直接回京,陛下一定不会吃惊。"利令智昏的王钦若竟然信以为真,马上让在京为官的儿子王从益给河南府发去文书,称自己要去京城看病,然后便坐车返回京城。丁谓听说王钦若回到京城,知道他已经落入陷阱,心中大喜。根据宋朝的规定,地方官员没有朝廷的宣召,不能擅离职守,否则便会被治罪。因此丁谓立即上奏宋真宗,斥责王钦若身为地方官,没有朝廷的宣召,擅离职守,毫无人臣的礼节,要求对其严惩。代替宋真宗处理政务的刘娥下令御史中丞薛映审讯王钦若。王钦若此时才发现上了丁谓的当,但百口莫辩,只能惶恐不安地认罪。为了羞辱王钦若,丁谓将王钦若的罪责颁布天下,以儆效尤。②

经此一役,丁谓彻底斗倒了王钦若,使其在宋真宗朝再无翻身入朝的机会。

---

① 《续资治通鉴长编》卷96,天禧四年十二月丁酉条。
② 《续资治通鉴长编》卷97,天禧五年十一月甲申条。

最后的年号

虽然屡遭挫折，宋真宗最终还是决定让太子慢慢熟悉朝廷政务。他下诏令中书门下、枢密院诸司除了需要请旨处理的公事仍旧进呈外，其他常程事务，委派太子与宰臣、枢密使等官员在资善堂商议讨论后施行，然后再上奏。①表面上，太子终于名正言顺地与朝廷宰辅以及诸位大臣见面，开始处理政务了。②但此时宋真宗的身体状况恶化，这使他无力处理政务，朝廷政务的最终决策权实际上还是落入了居于后宫的刘娥手中。

吸取了周怀政政变的教训，宋真宗加强了对内侍的管控，规定内侍所传诏令，如果涉及升官加恩等事，必须先到入内都知司登记，再次请旨核对才能执行。③以往刘娥经常指使内侍以宋真宗的名义，到中书门下、枢密院假传圣意。刘娥与外朝的联系，主要依靠内侍。因此，宋真宗的这项规定在一定程度上也限制了刘娥的权力。

---

① 《续资治通鉴长编》卷96，天禧四年十一月庚午条。
② 《续资治通鉴长编》卷96，天禧四年十一月壬申条："皇太子见宰相、枢密使于资善堂，诸司职掌以次参谒。"
③ 《续资治通鉴长编》卷96，天禧四年十二月乙酉条："诏自今中使传宣赍手诏谕文字赴中书、枢密院，系迁秩加恩事，并先赴入内都知司上籍，覆奏讫，乃给付施行。诏中书、枢密院，自今内臣传旨处分公事，并须覆奏，令中书提点五房堂后官、枢密院承旨而下，自今月十三日后，从宰臣、枢密使赴资善堂祇候。"

宋真宗自知久病难以康复，试图在其生命的最后时刻为太子继位铺路，可惜他的身体已经难以支撑。闰十二月二十七日，宋真宗服药后，不知道是药效过猛还是其身体久病虚弱，严重腹泻，最后竟然取消了在内殿接见臣僚的常见做法。这次腹泻导致宋真宗原本就很虚弱的身体雪上加霜，他甚至以为自己已经到了大限。两天后，他挣扎着驾临承明殿，召见宰辅们。宋真宗告诉他们自己的病情严重，可能大限将至，向他们托孤，让他们尽心辅佐太子。并且向他们出示自己亲笔写好的手书一幅，算作遗诏："朕近来觉得病体沉重，恐难康复。想到太祖、太宗皇帝创业艰难，不敢懈怠，积劳成疾。如今太子虽然天性仁和，但年纪尚轻，还需文武大臣尽心辅佐。自今以后，朝廷重要政务，可以召入内都知一起商议决策后上奏。内廷有皇后辅佐，应该没有什么可以担忧的。"很显然，宋真宗希望宰辅们将来能够尽心辅佐太子，而刘娥在后宫支持太子理政。丁谓等人看到宋真宗已经表露托孤之意，安慰宋真宗说："陛下只是身体偶有不适，很快就会平安无事。况且太子已经亲理政务，海内人心归附。皇后在后宫作为内助，处理政事颇为公平允当，足以宽慰，陛下不必焦虑。希望陛下多多保重龙体，好生将养。"可能是托孤之后心情放松，宋真宗的病情慢慢好起来，过了半个月左右又恢复正常了。①

---

① 《续资治通鉴长编》卷96，天禧四年闰十二月乙亥条。

虽然太子已经在资善堂与宰辅们一起处理政务，但毕竟年纪太小，毫无政治经验。宋真宗如今病情不断反复，命悬一线，根本无力处理朝臣们进呈的奏章，所以实权仍然落在刘娥手中。眼见太子沦为傀儡，刘娥俨然已经成为事实上的最高决策者，朝廷内外一些人心中颇为担忧。因为有些巴结刘娥的人开始鼓吹汉唐故事，怂恿刘娥临朝称制。一旦如此，这些人担心刘娥会对太子不利。在这种人心惶惶的情况下，一直很低调的参知政事王曾突然悄悄找到钱惟演，态度严肃地对他说："太子年幼，没有中宫无法立足于朝廷，但中宫不倚重皇储，则人心同样不会依附。皇后厚待太子，则太子安；太子安，则刘氏才会安。如今太子已经在资善堂议政，天下人心都属望太子，刘皇后如果想要临朝称制，会让百姓心生疑惑，以为女主将再次出现。您没有想到吕后、武则天的事情吗？"[①]钱惟演将王曾的话转述给刘娥，聪明的刘娥一下子明白了其中的关键：太子表面上与自己存在权力争夺，实际上二人是一荣俱荣、一损俱损的关系。有人拥护刘娥，是建立在刘娥合法地位的前提下。如果她敢像吕后、武则天那样萌生改朝换代的想法，那便丧失了其合法地

---

① 王曾对钱惟演说的这番话，结合了《续资治通鉴长编》卷96，天禧四年闰十二月乙亥条，以及《东都事略》卷51《王曾传》。《隆平集校证》卷5《王曾》中记载的王曾对钱惟演所说的话是对《东都事略》相关文字的节选："曾密语后戚钱惟演曰：'今太子决政资善堂，天下固已属望，可异议耶？'惟演悟，不敢异议。"虽然与《续资治通鉴长编》文字不同，但都是强调太子的皇位继承权是正统的，不可动摇。

第三章　从后宫到前朝

位的基础，到时候必然会遭到众人反对。王曾此举非常巧妙，相当于将刘娥与太子捆绑在一起，既保护了太子的安全，缓解了刘娥与太子之间长期的矛盾，同时又向刘娥示好，表示自己是在为其考虑，并非是与其为敌。果然，刘娥对王曾的态度好了很多。

宋真宗似乎慢慢康复了。天禧五年（1021）正月初一，他在延庆殿接见宰辅们。丁谓一再提醒宋真宗注意保重龙体，不要过分操劳。[①]其实宋真宗的身体仍然很虚弱，他强打精神，由内侍搀扶着走到御座前坐好，与宰辅们商量国家政务。[②]就这样忙忙碌碌过了一年。第二年，宋真宗觉得需要改个年号来为自己讨个好兆头，于是在正月初一日，宣布改元乾兴。皇帝为乾，"乾兴"者，意为帝国兴起之吉兆，宋真宗希望通过这个新年号让自己能够彻底康复。在改元制书中，他仍然念念不忘自己构想出来的天下太平的盛世美景："天地储休，宗社垂祐。嘉生屡降，庶政斯和。民俗阜康，边陲清谧。兴言致此，益用愧怀。"[③]可惜他没想到的是，这个新年号并没能保佑他长命百岁，相反，短短一个月后，宋真宗就驾崩了。一个新的时代即将开启。

[①]《续资治通鉴长编》卷97，天禧五年正月丁丑条。
[②]《续资治通鉴长编》卷97，天禧五年正月壬午条："上凭几，中贵人掖以升坐，因言契丹益敦信好，出所献双龙金带示之。"
[③]《宋大诏令集》卷2《改乾兴元年制（正月辛未）》。

第四章 垂帘听政

乾兴元年（1022）二月，生命垂危的宋真宗躺在寝殿东偏房病榻上，最后一次召见宰辅们。整个寝殿气氛肃穆压抑，通过御医，宰辅们知道宋真宗已然油尽灯枯，他们不再避讳，向宋真宗询问身后事的安排。作为首辅，丁谓站出来问道："陛下圣体违和，实乃忧虑过甚所致，是否因为太子年纪尚幼，担心太子无法主持大局？"宋真宗此时已经无法开口说话，听到丁谓的话，他频频点头。丁谓赶紧跪倒在地，慷慨激昂地说道："太子聪明睿智，天命已定，臣等竭力奉之。况且皇后裁制于内，万务平允，四方向化。敢有异议，乃是谋危宗社，臣等罪当万死！"宋真宗欣慰地点了点头合上了眼睛，他觉得自己可以安心地去了。[①]

又熬了数日，宋真宗在延庆殿驾崩，享年五十五岁。赵祯即位，是为宋仁宗。宗真宗在遗诏中尊刘娥为皇太后，淑妃杨氏为皇

[①] 《续资治通鉴长编》卷98，乾兴元年二月甲寅条。

太妃，军国大事都听取皇太后处分。[1]宋朝从此正式进入宋仁宗时代，也开启了刘娥长达十年的临朝称制。

老皇帝往往会有临终托孤的安排，这在中国历史上并不鲜见。比如魏明帝曹叡临终托孤司马懿、曹爽等人，刘备临终前在白帝城托孤诸葛亮，等等。一般情况下，顾命大臣往往以皇帝信任的朝廷元老重臣为主，辅之以宗室或者外戚。他们分别代表着国家股肱和皇室，这两股力量既彼此独立又互相制约，共同保护幼主长大成人。事实上，托孤经常会出现问题。朝廷重臣可能会趁着"主少国疑"擅权甚至篡夺皇位，比如司马懿，宗室或者外戚也同样可能会擅权，这些都会给王朝带来不稳定因素。

宋太祖、宋太宗、宋真宗均壮年登基，根本不需要托孤。而宋真宗驾崩时，即位的宋仁宗只有十三岁，难以独撑政局。既然宋朝之前并无托孤的先例，宋真宗不得不从历史经验和实际情况出发来考虑这个问题。

托孤的重点是朝廷重臣，同时也要有相应的皇室代表与之制衡，宋真宗没有挑选宗室，而是选择了自己的皇后刘娥。在中国历史上，先帝皇后以太后身份辅佐幼主登基也是很常见的现象。不过太后临朝听政有一个重大隐患，就是容易滋长外戚的势力，这一点在宋代之前的朝代中并不鲜见，典型的例子是东汉连续数代的外戚

---

[1]《续资治通鉴长编》卷98，乾兴元年二月戊午条。

专权。刘娥的情况比较特殊,她并无宗族,唯一的兄长还是冒牌的,这样就不会出现外戚势力膨胀的情况。另外,二人多年的夫妻情感,以及刘娥表现出来的政治才干,都让宋真宗相信她可以有效地平衡宰辅的势力。

宋太宗有九个儿子,宋真宗驾崩时,只剩下赵元佐和赵元俨健在。赵元佐在宋太宗时期虽曾一度入主东宫,但随后遭受冷待,精神失常,作为一个实际上的"废太子",在政治上已经不可能有所作为。但赵元俨"少奇颖",非常受宋太宗的喜欢。长大后,"广颡丰颐,严毅不可犯,天下崇惮之"。① 很显然宋仁宗的这位皇叔不仅相貌堂堂,还气度不凡。于是,在新老政权交接的敏感时期,围绕着赵元俨出现了一些流言蜚语。

据说宋真宗临去世前,赵元俨以问候宋真宗疾病为理由强行留在禁中不肯出来。因为赵元俨很有威名,而且他身为宗室,留在大内的理由也很正当,所以执政们都很头疼,不知道该如何处理。他们偶然看到翰林司用金制钵盂盛着热水送往禁中,经过询问,才知道原来是赵元俨要的热水(可能是口渴)。当时的宰相李迪灵机一动,拿起桌案上的墨笔在水中一搅拌,热水瞬间变成黑色。李迪让送水人将已经变样的热水送给赵元俨。赵元俨看到热水都是黑色

---

① 《宋史》卷245《宗室传二·周王元俨》。

的，以为水中有毒，吓得赶紧上马逃离了皇宫。①

这个故事虽然很生动，但存在一些明显的错误。首先，李迪早在天禧四年十一月已经被罢免并赶出京城，此时的宰相是丁谓。②另外，根据《仁宗实录》的记载，宋真宗驾崩前，赵元俨一直居家养病，不仅没有强行留在禁中不出，而且他对宋真宗驾崩一事毫不知情。是刘娥事后派人通知，他才强撑病体，入宫拜见刘娥并为宋真宗守灵。可见所谓的赵元俨强留皇宫的故事完全是他人臆想出来的。这个说法的传播，极有可能是刘娥一派捏造出来的，目的就是设法打击赵元俨，防止出现类似于宋太祖驾崩后，赵光义兄终弟及继位的事件。

还有一种说法是，宋真宗去世前，宰辅大臣们环绕在病榻前询问遗言。宋真宗此时已经衰弱得无法说话，只能以一根手指指着自己的胸口，然后将五指展开，随后再伸出三根手指，向丁谓等宰辅们示意。看宋真宗当时的意思，应该是有所嘱托。宰辅们探望宋真宗时，刘娥就不动声色地躲在帷幕后面密切关注整个过程。宰辅大臣们离开后，刘娥迅速派贴身内侍追上宰辅们，传口谕说，刚才陛下展开五指，又伸出三根手指，只是说三五天病情就会好转，没有其他意思。丁谓等人连忙称是。

---

① 《邵氏闻见录》卷6。
② 《续资治通鉴长编》卷96，天禧四年十一月己巳条："仍诏迪出知郓州，放朝辞，即时赴任。"

很显然，在这个故事中，宋真宗那个伸展手指的动作，极有可能是想托孤八弟赵元俨，而刘娥出于私心，故意对宋真宗的动作加以曲解。由于此事涉及皇家秘密，李焘也不敢将其写在正文中，只能在《续资治通鉴长编》的注释中加以引用，并欲盖弥彰地下按语说："此事或政当此日，然疑不敢著。"①

虽然这个故事很生动也很劲爆，但是发生的可能性也并不大。宋朝建立后，特别是宋太宗为了巩固皇位不惜残害弟弟赵廷美后，宋太宗已经没有了同辈的近亲宗室，他对宋太祖的后人也十分冷淡疏远，只让他们享受相应的待遇，坚决不允许他们参与朝政。整个赵宋王朝，一直对宗室防范甚严。②另外，宋真宗即位时，内侍王继恩勾结大臣们，要拥立其兄长赵元佐为帝。此事肯定对宋真宗造成了极大的刺激，他绝对不会冒险将太子交给同样拥有皇家血统的宗室手中。所以，这个故事极有可能是对刘娥垂帘听政不满之人编造出来的，目的是丑化刘娥为了争夺辅佐太子权力而不择手段。事实上，面对权力欲极强的刘娥，为了免祸，赵元俨在刘娥垂帘听政期间，刻意低调做人，不仅紧闭府门不与外界接触，甚至不惜佯装疯癫，避免与刘娥正面接触。③

---

① 《续资治通鉴长编》卷98，乾兴元年二月甲寅条注释。
② 贾志扬：《天潢贵胄：宋代宗室史》，赵冬梅译，江苏人民出版社，2005。
③ 《宋史》卷245《宗室传二·周王元俨》："仁宗冲年即位，章献皇后临朝，自以属尊望重，恐为太后所忌，深自沉晦。因阖门却绝人事，故谬语阳狂，不复预朝谒。"

以上两个故事，看似一正一反，其实都说明在宋真宗驾崩前后，朝廷上下确实弥漫着焦虑紧张的气氛。由于太子年幼，人们对于皇位传承以及今后的政局变化有着各种各样的猜测。作为与宋仁宗关系最为亲近的两个人，刘娥和赵元俨都被卷进了这一舆论旋涡中。正因如此，刘娥的当务之急是要尽快稳定政局，让宋朝平稳运行下去。

"权"掌朝政

宋真宗驾崩，刘娥悲伤之余不忘立刻派人宣召宰执们一起入宫，料理后事。听到这一噩耗，宰执们当场放声大哭，刘娥陪着众人也流下了眼泪。哭了一阵，刘娥果断地忍住悲伤，严肃地对宰执们说："以后有时间再悲伤，现在先好好聆听陛下的安排。"宰执们急忙收住眼泪，毕恭毕敬地共同聆听宋真宗的遗命：

> 门下。朕嗣守丕基，君临万寓。惧德弗类，侧身靡宁。业业兢兢，俟逾二纪。幸赖天地之祐，祖宗之灵，符瑞荐臻，边鄙不耸，臻乎至治，无让古先。而寒暑外侵，忧劳内积，遘兹疾疢，屡易炎凉。虽博访良医，遍走群望，逮诸禳禬之法，徒竭精格之诚，弗获寖兴，至于大渐。

皇太子某。予之元子，国之储君。仁孝自天，岐嶷成质。爰自正名上嗣，毓德春闱。延企隽髦，尊礼师傅。动遵四术之教，诞扬三善之称。矧穹昊眷怀，寰区系望。付之神器，式协至公。可于柩前即皇帝位。然念方在冲年，适临庶务，保兹皇绪，属于母仪。宜尊皇后为皇太后，淑妃为皇太妃，军国事权兼取皇太后处分。必能祗荷庆灵，奉若成宪。抚重熙之运，副率土之心。更赖佑佐宗工，文武列辟，辅其不逮，惟怀永图。

　　诸军赏给，并取嗣君处分。丧服以日易月，山陵制度，务从俭约。在外群臣止于本处举哀，不得擅离治所。

　　於戏！修短之数，岂物理之能逃。付托之宜，谅舆情之增慰。咨尔中外，体朕至怀，主者施行。[①]

　　宋真宗的遗诏以辅佐幼主的名义，正式将刘娥从后宫推向前台，使其获得了处理国家大事的权力。当然，这种权力只是暂时的，"权兼取皇太后处分"一句明确说明了这一点。中国古代限制女性公开掌权的一种做法是，即便她们拥有政治才干，其权力也只能是在辅佐儿子的情况下才能被公开承认，并被人们接受。一旦儿子长大成人能够独立治理国家，她们的权力便会自动失效，她们也

---

① 《宋大诏令集》卷7《乾兴遗诏》。

将重新退回到后宫中,继续过着隐身生活。对刘娥这样富有政治野心的女人来说,她很难接受将自己千辛万苦获得的至高无上的权力拱手让出。但在这一刻,她需要这份遗诏来为自己赢得掌握权力的合法性。

聆听完了宋真宗的遗命,宰辅们当场草拟制书,准备将宋真宗的遗命变成圣旨颁布天下,使其成为具有合法效力的旨意。根据宋真宗的遗命,刘娥对军国大事的处理权是"权兼取",这体现了其权力的暂时性。丁谓想讨好刘娥,便打算在正式颁布的圣旨中去掉"权"字,参知政事王曾义正词严地驳斥丁谓说:"政出房闼,这已是国家的否运,称'权'还足以留给后人看。况且先帝的遗言犹在耳边,怎么可以更改?"王曾的话有理有据,丁谓也无可辩驳,只能放弃自己的主张。王曾接着又提出自己的看法:"尊礼淑妃太过突然,需他日商议此事,不必载在颁布出去的遗制中。"丁谓因为王曾的反驳心中颇为不快,闻言怒气冲冲地说:"参政欲擅自更改制书吗?"王曾与丁谓辩论,声称自己并非更改遗诏,只不过认为其中有些地方不妥,需要讨论。丁谓一口咬定王曾不尊重宋真宗遗诏,心怀叵测,于是二人争执不休,互不相让。由于宰执中无人站在王曾一边,王曾最终只好不再坚持自己的主张。[①]

[①] 《续资治通鉴长编》卷98,乾兴元年二月戊午条;《湘水燕谈录》卷2,中华书局,1981年点校本;《江邻几杂志》。

刘娥通过内侍禀报，第一时间获悉了王曾与丁谓争执的情况。虽然结果略有遗憾，但刘娥对丁谓表现出来的"忠心"很满意，对王曾则不禁有些不满。为了尽快排除异议，刘娥默许丁谓整顿官员队伍。丁谓则借机疯狂报复政敌。

压制异议

寇準与李迪是刘娥和丁谓共同的敌人，且威胁最大，所以二人成为丁谓第一个打击的目标。丁谓提出将寇準、李迪二人流放，王曾质疑其处罚太重。丁谓抬起头盯着王曾看了半天，然后缓缓地说出一句话："居停主人恐亦未免耳。"原来王曾曾经将自己的房屋借给寇準居住，寇準已经犯罪，与之有牵连之人都要遭贬，王曾如果再执意与丁谓作对，便会被株连。听到丁谓赤裸裸的威胁，王曾果然吓得脸色苍白，不敢再与丁谓争执。[1]丁谓便以宋仁宗的名义将寇準和李迪贬官，并将他们的罪状公之于众。其中寇準的罪状是：与周怀政勾结图谋不轨，甚至因此导致宋真宗亡故；[2]李迪的罪状

---

[1] 《续资治通鉴长编》卷98，乾兴元年二月戊辰条；《孔氏谈苑》卷2，齐鲁书社，2014年点校本；《东都事略》卷49《丁谓传》。
[2] 《续资治通鉴长编》卷98，乾兴元年二月戊辰条："当丑徒干纪之际，属先皇违豫之初，罹此震惊，遂致沉剧。"

是：结党营私，朋比为奸。

寇準和李迪已被贬到荒凉的南方，丁谓还想赶尽杀绝。他秘密下令让前往宣读贬黜制书的内侍在马前故意挂着装有宝剑的锦囊，暗示他接受的旨意中有诛杀之内容。内侍到达时，寇準正在与宾客饮宴，听说前来宣布旨意的内侍带着宝剑，并不慌张，派人对内侍说："朝廷如果要赐死寇準，我想要先看一看朝廷敕书。"内侍眼见寇準并不上当，只好把宣布将其放逐的制书给寇準看。寇準看完制书毫不介意，宴会结束后才踏上贬黜之路。与寇準的镇定自若相比，李迪以为皇帝真的要赐死他，于是准备当场自杀，幸亏其子发现及时救了他一命。在流放途中，负责押送的内侍故意羞辱李迪，希望他忍受不了而自杀。李迪的门客邓余生性勇敢不畏死，他怒斥内侍说："你这个混蛋想要逼死李公来讨好丁谓吗？我不怕死，你敢杀李公，我必然杀你！"邓余寸步不离李迪左右，既防止李迪自杀，又防止他人暗算李迪，李迪因此保住性命。有人问丁谓："如果李迪死在贬谪地，您不担心士人们会如何议论您吗？"丁谓无所谓地笑着说："这有什么可顾虑的。他日不过有好事的书生舞文弄墨议论一番，写道'天下惜之'罢了。"[①]

[①] 《续资治通鉴长编》卷98，乾兴元年二月戊辰条。

丁谓以打击寇準余党为名，还借机迫害了许多人。[1]此时的丁谓在刘娥的支持下，可以说是权倾朝野。随着野心的膨胀，他甚至想要孤立刘娥，自己独揽朝政。

裂痕渐显

根据宋真宗遗诏，群臣上表刘娥，请她早日垂帘听政。按照惯例，刘娥先假意推辞一番，群臣也会相当默契地多次上表恳请，经过几轮推辞与恳请，刘娥"勉为其难"地正式开始垂帘听政。[2]

乾兴元年二月，刘娥降下手书，对于自己今后如何处理军国政事做出说明："自今以后，中书门下、枢密院军国政事进呈皇帝后，并只令依照平常式样进入文书签字用印，哀家在内庭也不妨与皇帝仔细阅读章表然后商议。如果事情有所未便，哀家马上与皇帝宣召中书门下、枢密院详细商议。如果中书门下、枢密院有重要事宜必

---

[1]《续资治通鉴长编》卷98，乾兴元年二月戊辰条："宣徽南院使、镇国军留后曹玮责授左卫大将军、容州观察使、知莱州。……户部侍郎、知青州周起责授太常少卿、知光州，给事中、知杭州王随授秘书少监、知通州，知海州王曙授郢州团练副使，兵部郎中、知光州盛度授和州团练副使。凡前附寇準者，并再加贬黜。"

[2]《宋大诏令集》卷14《真宗丧服臣僚请皇太后处分军国事表不许批答》《第二表不许批答》《第三表许批答》。

须当面奏禀，可同意其请求，哀家与皇帝不必按照规定时间召对，也不必预定奏事时间。"[1]

很显然，刘娥对于军国政务的处理方法充分考虑了她与宋仁宗的现实情况：宋仁宗年纪尚幼，缺乏政治经验；刘娥虽然有宋真宗的授权，但尚未对朝廷事务有进一步了解。在这种情况下，她采取了使用传统的文书运行方式，主要依靠宰辅们来处理政务，自己与宋仁宗基本上处于"垂拱而治"的状态。

宰辅们又奏请刘娥，询问她将来在哪座宫殿听政。刘娥派遣内侍传口谕："皇帝视事，哀家当朝夕陪伴在旁边，何须另外再驾临一殿？"毫无疑问，刘娥想时刻将宋仁宗掌握在自己手中。

众人得了刘娥的懿旨，开始讨论宋仁宗与刘娥一起听政的礼仪。王曾引用东汉故事，请宋仁宗与刘娥五天一次驾临承明殿，届时皇帝在左，太后坐右垂帘听政。丁谓提出不同看法，他想让宋仁宗每月初一、十五接见群臣，如有大事，太后与皇帝召见宰辅们一起讨论决策，一般性行政事务则令内侍雷允恭传奏，皇太后在禁中直接批示处理便可。王曾不敢明确反对丁谓的主张，只能忧心忡忡地说："两宫不在一起，全凭内侍居中传递消息，是萌发祸端的先兆啊！"过了几天，刘娥再度降出手书，垂帘听政一切事宜都完全

---

[1] 《宋大诏令集》卷14《皇太后降军国政事进入文字手书（乾兴元年二月癸亥）》。

依照丁谓的建议。①

刘娥为何会听从丁谓的建议？这其中有刘娥的私心。在正常的情况下，一般性事务占据了绝大多数的朝政内容，如果按照丁谓的建议，刘娥便可以抛开宋仁宗，根据自己的想法独自处理。遇到重大事务，刘娥与宋仁宗同时在场处理，这样既能保证刘娥享有一定的政务处理自主权，还能保证朝政不会脱离她的掌控。丁谓的建议也有私心，那就是减少刘娥与宰辅们直接接触的机会，避免有人对自己不利。另外，丁谓早已暗地里与雷允恭勾结在一起，有任何消息需要传递给两宫，雷允恭都会事先与丁谓商议过后才进呈。甚至学士院草拟制词，雷允恭也是先拿给丁谓审阅，丁谓认为没有问题后才进呈刘娥与宋仁宗。很显然，丁谓与雷允恭垄断了朝政大权。丁谓自以为通过与雷允恭的勾结，就可以掌握刘娥对前朝信息的认知，从而将其蒙蔽。

丁谓与雷允恭狼狈为奸，借宋仁宗和刘娥的名义狐假虎威，自以为大权在握，不禁心生骄纵，对刘娥也有些不放在眼里。机敏的刘娥很快发现了这个情况，她不动声色地找到了解决问题的办法。刘娥声称年幼的宋仁宗贪睡，无法按时上早朝，令内侍传旨中书门下，届时自己独自接受群臣朝见。

刘娥的借口听起来冠冕堂皇，不过宰辅们却不这么认为。毕竟

---

① 《续资治通鉴长编》卷98，乾兴元年二月庚申条、癸亥条。

自古以来在朝堂上公开接受群臣朝见的只有天子，一旦刘娥独自在正殿接受臣僚觐见，就突破了传统的太后临朝格局，向着"女主"的方向发展。上述旨意送达中书门下时，只有宰相冯拯在场。冯拯善于明哲保身，他知道此事关系重大，不能轻易答应，但又不敢直接表示拒绝，于是以丁谓不在，自己不敢擅作决定为由，派人去请丁谓前来商议。丁谓也觉得刘娥的野心太过明显，不敢贸然应允。还有更重要的一点，就是一旦刘娥独自面见臣僚，丁谓原本设想独揽朝政的美梦便会不攻自破，因而他极力反对此事，声称并无先例。他甚至还当着内侍的面，斥责冯拯等人为何不当场拒绝刘娥的要求。内侍回到宫中，将丁谓的态度如实告诉了刘娥，刘娥听后心中十分不快，特别是听说丁谓当着内侍的面毫不留情地斥责冯拯，刘娥更加生气，觉得丁谓飞扬跋扈、目中无人。

丁谓后来又对每月进奉给后宫的月钱数额指手画脚，这惹得刘娥更加不悦，认为他胆大妄为，想要染指自己的势力范围。[①] 于是刘娥与丁谓之间的默契关系出现了裂痕。

---

① 《续资治通鉴长编》卷98，乾兴元年六月庚申条；《续湘山野录》，中华书局，1997年点校本。

山陵崩

刘娥已然对丁谓心生不满，自然留意到了丁谓与雷允恭之间的勾结。为了剪除丁谓的羽翼，刘娥决定找个机会先除掉雷允恭。乾兴元年三月，朝廷忙于修建宋真宗陵墓，很多内侍都被派去监督工程进度。按照惯例，等待陵墓完工，所有参与者都会受到赏赐和提拔。

刘娥以雷允恭需要负责沟通前朝消息为由，将其单独留下来，没有派他去监工。雷允恭自然不肯放弃这个轻轻松松就能立功受赏的机会，苦苦哀求刘娥让他出宫参与修筑宋真宗陵墓。为了打动刘娥，他声泪俱下地说："臣有幸遇到先帝，并不在诸人之后，却独自无法为先帝陵园效力，请问臣犯了何罪？"刘娥假意安抚他道："我并非对你有意见而有意为难你。只是考虑到你年纪轻轻便得到先皇的宠信，没有到外面历练过。如今你官品已经很高，普通的差遣已经不适合你了，如果是比较高级别的差遣，你又不知道朝廷的法令，到时候任意妄为，容易给你带来麻烦。"雷允恭铁了心要去修建陵墓，他一边痛哭流涕地表示自己对先帝的感念之情，一边表示出宫后绝对谨言慎行，不惹麻烦。刘娥见雷允恭一意孤行，便顺水推舟地答应了。不过当时负责监修陵墓的山陵使、副使等官职都已经上任许久，不可能再临时撤换，于是刘娥特意下旨命雷允恭与另一名内侍张景宗担任同管勾山陵一行事。①

官员们知道雷允恭是刘娥身边的红人，都不敢怠慢，事事向其请示。判司天监邢中和对雷允恭说："如今山陵的位置向上百步，从葬法上看有利于子孙后代。"雷允恭好奇地问："既然如此，为何不用那个位置？"邢中和小心翼翼地回答道："恐怕那个位置下面有岩石或者水。"雷允恭觉得有些小题大做，毫不在乎地说："先帝只有今上一个皇子，并无其他子嗣，如果对子孙有利，那就将山陵定在那个位置。"邢中和赶紧劝说："山陵之事事关重大，如果要改变位置，需要认真勘验地形，这会耗费大量时间，恐怕赶不上七个月的完工期限。"雷允恭想了想回答说："那就先将山陵的位置上移，我骑马入宫见太后禀明此事，不会有什么问题。"雷允恭仰仗刘娥的宠信和丁谓的撑腰，素来骄横霸道，众人不敢得罪，马上按照雷允恭的指令开凿新的地穴。

雷允恭回宫向刘娥禀明此事，刘娥吃惊地问："改变山陵位置是大事，你为何如此草率？"雷允恭漫不经心地说道："如果改变山陵位置有利于子孙繁衍，有什么不可以的？"刘娥见雷允恭果然思维简单，也不提醒他，只淡淡地对他说："你快去与山陵使商议此事是否可行。"雷允恭向山陵使丁谓说明了此事。丁谓知道擅自

---

① 《续资治通鉴长编》卷98，乾兴元年六月庚申条。"同管勾山陵一行事"，指共同负责皇帝陵墓的相关事务。

更改皇帝山陵位置实属大不敬，但他听说刘娥对此事并未有任何不满，以为刘娥已经同意了，便不再反对。雷允恭见丁谓不置可否，觉得他太过胆小，就返回宫中面见刘娥说道："山陵使对于更改先帝山陵位置也没有异议。"[1]刘娥没有任何表示。

五月，邢中和担心的事情发生了。改动方位后的山陵地穴在挖掘过程中果然遇到了山石，役兵们好不容易将山石挖出来却发现下面有水涌出。如此一来，山陵工作进展甚是艰难，众人私下议论纷纷，都指责雷允恭擅自更改山陵位置。看到这种情况，负责修筑山陵的步军副都指挥使夏守恩担心不能按时完工，赶紧将这一情况上奏朝廷。丁谓想要包庇雷允恭，在给刘娥和宋仁宗的奏章中避重就轻，没有禀明实情，企图蒙混过关。

过了几天，入内供奉官毛昌达从工地返回宫中，向刘娥详细汇报了山陵进展情况。刘娥听完后很不满，立即派人去询问丁谓，丁谓此时才感觉事情有些严重，已经无法隐瞒。他想推卸责任，就狡猾地请刘娥再派人复查此事。在中国古代，人们普遍相信风水堪舆之术，而帝王山陵不仅仅是已故皇帝的陵墓，它还对王朝兴衰有重要影响，擅自改变山陵的位置是极为敏感的问题。刘娥看到舆论对雷允恭已然不利，便不断派遣内侍前往调查，营造出一种此事非同小可的氛围，给雷允恭施压。刘娥先派遣按行使蓝继宗和副使王承

---

[1] 《续资治通鉴长编》卷98，乾兴元年六月庚申条。

勋实地考察，又派遣内侍押班杨怀玉与蓝继宗等人一同前往，最后派遣入内供奉官罗崇勋与阁门祗候李惟新审讯雷允恭，并将其罪状上报。雷允恭此时才意识到自己遇到了大麻烦，他拿着自己绘制的山陵图想要面见刘娥进行辩解，遭到刘娥拒绝。雷允恭此时才明白，他已经被刘娥彻底抛弃了。

为了表示重视，刘娥又派遣内殿承制马仁俊一同审讯雷允恭。与此同时，刘娥派遣权知开封府吕夷简、侍讲鲁宗道、入内押班岑保正和入内供奉官任守忠一同实地考察地穴，结果众口一词，都认为应该使用之前的地穴。于是刘娥诏令宰辅们一同前往丁谓府第商议。与此同时，刘娥还特意命参知政事王曾再次前往山陵考察，并祭告宋真宗。丁谓此时也不敢擅自决定，请求等王曾回来后，如其与众人议论没有不同，再行施工。刘娥下诏按照最初的方案恢复施工。[①]

对雷允恭的审讯结果让人大吃一惊，雷允恭不仅擅自移动宋真宗地穴位置，还乘机盗取了大量为修建山陵准备的金银珠宝，他甚至胆大妄为，将朝廷准备赏赐给宰辅的御带私下取走了三条。既然雷允恭罪大恶极又证据确凿，刘娥便毫不留情，下令将其直接杖毙并抄家，有七十人因此事受到牵连被流放。[②]

[①] 《续资治通鉴长编》卷98，乾兴元年六月庚申条。
[②] 《续资治通鉴长编》卷98，乾兴元年六月庚申条。

可以说，在处理雷允恭一事上，刘娥充分展露了政治手腕。她抓住雷允恭骄横不法又头脑简单的性格，先是有意纵容其犯罪，然后采取雷霆之势，迅速将其拿下。在整个调查与审讯过程中，内侍、朝官交叉参与其中，彼此互相牵制监督，使得雷允恭根本没有机会翻案。

丁谓的末日

雷允恭被处死，其党羽遭到清算，丁谓因此也紧张起来。虽然此事最终没有牵连他，但丁谓身为山陵使，既没有及时制止雷允恭的错误做法，事后也没有主动上报刘娥，已经属于严重失职。少了雷允恭的助力，丁谓的势力大损。刘娥对丁谓也不再像之前那样信任。一直隐忍不发的王曾终于等来了时机，准备一举扳倒丁谓。

王曾从小勤奋好学，才思敏捷，在发解试、省试和殿试中均为第一名，是宋朝为数不多的"三元及第"之人。[1]

王曾又娶了宰相李沆的女儿，初入官场时底气十足，对于看不惯的事情敢于直言，毫不顾忌。寇準、李迪遭贬时，王曾一度试图施以援手，却遭到丁谓的严厉警告。王曾见丁谓势焰熏天，于是改

---

[1] 《宋史》卷310《王曾传》。

变策略，装出一副很恭顺的样子，让丁谓对自己不起疑心，①暗地里却在寻找机会，准备致命一击。

之前，丁谓勾结雷允恭，阻挠其他官员单独面见刘娥和宋仁宗。雷允恭被诛，丁谓的举止有所收敛。王曾每次工作之余与丁谓聊天时，都故意做出一副欲言又止、充满委屈的样子。丁谓觉得很好奇，问了王曾很多次，王曾都不肯说。有一天，二人聊天，丁谓又问起王曾有何心事，王曾沉默了许久，才故作难以启齿的样子，吞吞吐吐地说："我有一件私人的不幸事情，羞于对他人言说。我从小没了父亲，只与一个上了年纪的老姐姐一起生活。我的一个外甥从小不学无术，参军做了兵卒，屡屡遭到长官的呵斥责罚。老姐姐住在青州乡下，多次向我说起这件事情，她很担心自己的儿子。"说完就哭了起来。丁谓听完王曾的叙说也有些动了恻隐之心，便安慰王曾："你为何不将情况写明，进呈给陛下，请陛下为你外甥免除军籍？"王曾故作愧疚地说："我也想过这样做。不过我现在已经做了执政，属于朝廷高官，不料外甥却如此不成器，讲出来岂不玷污了朝廷尊严？我没有脸面向陛下提出此事。"王曾说完，又流下眼泪。丁谓见王曾如此动情，不禁再三安慰他说："这是人之常情，不要觉得有愧。你只有早点儿向陛下禀明此事，才能让你外甥脱离兵役之苦。"

---

① 《默记》卷上："丁谓当国，权势震主，引王沂公为参知政事，诡事谓甚至。"

自此以后，丁谓每次见到王曾，都要督促他赶紧向宋仁宗上奏言明此事，而王曾都会流着眼泪说："我也知道做一天兵卒就要遭一天罪，不过还是觉得此事太过丢人，不好意思向陛下提出来。"丁谓实在忍不住了，就对王曾说："某日你可以在陛下朝会之后留身，上奏此事。"听到此话，王曾心中窃喜，但他表面上仍然是一副犹犹豫豫的样子。丁谓见王曾如此婆婆妈妈，干脆自己在上朝的时候主动向宋仁宗提出王曾有事情要在朝会后单独上奏。在得到宋仁宗的允许后，丁谓还批评王曾："自己家的事情你还这样犹豫不决吗？我到时候在阁门外等着你，给你壮胆。"王曾装出一副迫不得已的样子，在朝会结束后单独留下来向宋仁宗以及垂帘听政的刘娥上奏。

王曾于是利用单独面见宋仁宗与刘娥这个宝贵的机会，将丁谓所有擅权不法之事尽数讲出，并严肃地向宋仁宗和刘娥指出，丁谓包藏祸心，居心叵测，让雷允恭擅自移动地穴于绝地。他最后慷慨激昂地说道："丁谓阴谋诡谲、工于心计，变乱就在顷刻之间。太后、陛下若不亟行，不只臣身齑粉，社稷亦恐危矣！"王曾这番话无疑给丁谓扣上了阴谋颠覆赵宋政权的大帽子，彻底将丁谓推向万劫不复的深渊。

王曾这次单独面见宋仁宗与刘娥的时间特别长，直到快要吃饭的时候还没有出来。丁谓一直在阁门等着，开始他并没有多想，但随着时间推移，王曾始终不出来，一种不祥的预感涌上丁谓的心头。如果仅仅是向宋仁宗请求让外甥脱离军籍这件小事，王曾绝不会耽搁这么久。想到这里，丁谓不禁十分懊恼，不该听信王曾的谎言，让他有机会单独面见宋仁宗与刘娥。丁谓一边跺脚一边拽自己的耳朵，口中不住地说着："完了，完了！"

王曾的上奏正中刘娥下怀，她让王曾暂且退下，等待自己的命令。王曾离开时碰到丁谓，他不再掩饰对丁谓的憎恨，满脸怒气地向丁谓走去，丁谓顿时感觉大事不妙。[1] 丁谓后来在面见刘娥时还想为自己辩解，不断声称王曾心怀叵测，妄图取代自己的位置。丁谓一直在喋喋不休地辩解，丝毫没有觉察帘子后面的异常。突然，内侍将帘子卷起来，嘲讽地对丁谓说："相公对谁说话呢？太后早已经起驾离开了。"丁谓看到帘子后面空无一人，顿时脸色苍白，手脚冰凉，不知所措。他强忍住内心的不安，手持笏板叩头行礼后

---

[1] 《默记》卷上。关于王曾如何巧妙骗过丁谓取得单独面见刘太后的机会，从而揭发丁谓，诸书记载不同。如《续资治通鉴长编》卷98，乾兴元年六月庚申条记载与此稍异："王曾欲因山陵事并去谓，而未得间。一日，语同列曰：'曾无子，将以弟之子为后，明日朝退，当留白此。'谓不疑曾有异志也。曾独对，具言谓包藏祸心，故令允恭擅移皇堂于绝地，太后始大惊。"《曲洧旧闻》卷1（中华书局，2002年点校本）提供了另外一种说法："王文正为参知政事，嫉丁晋公奸邪，屡欲开陈，以宰执同对，未果。每闲暇与晋公语，色欲言而辄止者数四。晋公诘之，文正曰：'弟某当远官，而老母钟爱，兹事颇乱方寸也。'晋公曰：'公可留身面陈其事，得旨，吾曹亟奉行耳。'明日，宰执退而文正独留，晋公悟，悔之不及。文正具陈谓奸邪，帘帷嘉纳，丁自此黜，士论莫不快之。"其实，无论哪一种说法，都是王曾在取得丁谓信任的基础上，找了一个私人借口面见刘娥，才最终扳倒了丁谓。这些说法的流行，表明当时人们对于这一颇富戏剧性的事件有着浓厚的兴趣。

慢慢起身离开。这一刻,丁谓明白刘娥已经彻底将自己抛弃,他的末日很快就要来临。①

果然,数日后,宰辅们正在资善堂用餐,突然有内侍前来传召宰辅去与刘娥议事,唯独没有召见丁谓。丁谓知道刘娥这是准备与宰执们商议如何给自己定罪,此时他早已没了平日里的飞扬跋扈,低声下气地央求冯拯、钱惟演以及王曾等诸位宰执,希望他们看在一同辅政的面上,在刘娥面前替自己多多美言几句。说到最后,丁谓声泪俱下地说:"今日我全族的身家性命都掌握在诸公手中了。"冯拯等人看到丁谓如今一副失魂落魄的样子,心中也是五味杂陈。钱惟演与丁谓是姻亲,自然不希望丁谓垮台,他见冯拯、王曾等人沉默不语,忍不住说道:"我们一定会尽力而为,你不用太过担心。"钱惟演说完这番话,抬头看到冯拯死死盯着自己,心中不禁有些慌乱,局促不安起来,不敢再吭声了。②

冯拯等人到了承明殿面见刘娥,刘娥果然直接开口说道:"丁谓身为宰相,竟然与雷允恭勾结。"并让手下人出示丁谓曾经请托雷允恭令后苑匠所制造的金酒器给众人看,又出示雷允恭曾经向丁谓寻求官职的证据。刘娥严肃地对几人说:"丁谓之前通过雷允恭奏事,每次都说已经与诸位商议决定,故而陛下每次都准许他的奏

---

① 《续资治通鉴长编》卷98,乾兴元年六月庚申条。
② 《续资治通鉴长编》卷98,乾兴元年六月癸亥条。

议，近日才察觉他其实是信口开河。营造先帝陵寝，应该尽心竭力，他却擅自改动位置，差点耽误了大事。"冯拯等人见状，连忙为自己洗脱嫌疑，施礼上奏道："自先帝驾崩，政事都是丁谓与雷允恭二人商议，称得旨禁中，臣等莫辨虚实。幸亏陛下与太后明察秋毫，洞察其奸邪，此乃社稷之福也。"

刘娥见丁谓确如自己所料勾结雷允恭朋比为奸来蒙蔽自己，妄图一手遮天，觉得丁谓实在胆大包天，盛怒之下要处死丁谓。冯拯虽然长期受到丁谓的压制心中不快，却担心一旦开了宰相被处死的先河，自己日后可能也会落得如此下场，于是进谏道："丁谓固然有罪，但陛下刚刚即位，立即诛杀大臣，会让天下之人感到震惊。况且丁谓哪敢有逆谋之心，只不过是没有及时汇报山陵修造之事罢了。"刘娥见冯拯极力为丁谓辩解，也意识到自己如果执意处死丁谓，恐怕会让冯拯等人有兔死狐悲之感，还会认为自己冷酷无情，不利于以后的统治。想到这些，刘娥迅速调整了情绪，勉为其难地表示可以宽恕丁谓的死罪，但要加以严惩。于是命冯拯等人在大殿里当场商议应该如何处置丁谓。

此时丁谓罢相已然成为定局，只是处置轻重的问题。钱惟演在资善堂被冯拯冷眼警示，此时低头不语，心中暗自盘算如何摆脱与丁谓的干系。王曾素来与丁谓不睦，自然不肯开口替丁谓说好话。最后还是与丁谓关系交好的任中正忍不住开口说道："丁谓接受先帝托孤之命，虽然有罪，请按照律令讨论他的功劳来减免其罪责。"

王曾直接冷冷地对任中正说："丁谓以不忠得罪宗庙，还有什么可以讨论的？"任中正见众人都不肯给丁谓说情，自己势单力孤，只好闭口不言。于是刘娥下令，将丁谓贬为太子少保，分司西京，并将丁谓的罪行告谕天下。①

丁谓倒台了，他的同党也开始遭到清算，任中正第一个落马，被罢免参知政事一职。不仅如此，他的两个弟弟任中行、任中师也都遭到贬官处理。②接着便是丁谓的几个儿子被贬官。③丁谓的同党纷纷受到贬官处分。④相应地，之前遭受丁谓及其同党打压的一些

---

① 《续资治通鉴长编》卷98，乾兴元年六月癸亥条。丁谓罢相的制词中，对他的罪状描述是勾结内侍，擅自移动皇堂位置，私自役使役工为自己服务。《宋宰辅编年录校补》卷4："罔念图猷，密交孽寺。致山园之擅易，曾靡敷陈；形简札以潜通，备彰款昵。私营器用，窃役工徒。"
② 《续资治通鉴长编》卷98，乾兴元年六月丙寅条。
③ 《续资治通鉴长编》卷99，乾兴元年七月戊辰条："降丁谓子太常丞、直集贤院珙为太子中允，落职，监郓州税；珝、玘、瑄各追一官，并勒停随父。"七月己卯条："降工部员外郎，直集贤院、权判盐铁勾院潘汝士知虔州。汝士，谨修子，丁谓女婿也。"
④ 《续资治通鉴长编》卷99，乾兴元年七月庚午条："知河南府薛颜素与丁谓厚善……命知天府赵湘与颜易任。"七月壬申条："玉清昭应宫副使、翰林侍读学士、刑部尚书林特落职归班，礼部郎中、知制诰、史馆修撰祖士衡落职知吉州，降侍御史、知宣州章频为比部员外郎、监饶州酒税，淮南江浙荆湖制置发运使、礼部郎中苏维甫知宣州，权户部判官、工部郎中黄宗旦知袁州，权盐铁判官、工部郎中孙元方知宿州、周嘉正知金州，户部判官、度支员外郎上官佖知晋州，金部员外郎、权磨勘司李直方知淄州，并坐丁谓党也。"七月己卯条："殿中丞、集贤校理、知开封县钱致尧落职，监池州酒税。始，丁谓知江宁，致尧为府从事，及谓入相，擢为馆职，知赤县，倚谓势纳赂。谓败，并黜之。"

官员则获得平反，并恢复官职。[1]不过刘娥并没有给寇準和李迪平反，她仍然对二人耿耿于怀。

很快，一些不利于丁谓的新证据出现了。丁谓当年通过支持宋真宗天书、封禅获得晋升机会，可能在陪同宋真宗一起举行东封西祀的活动中受到了强烈感染，他也变得十分相信占卜、术数甚至一些超自然现象。[2]丁谓与一个叫刘德妙的女道士有来往，此人会巫术，能够降神，曾经出入丁谓家。丁谓倒台后，有人将刘德妙牵连进来，将其逮捕。经过一番审讯，刘德妙供认丁谓曾经对她说："你所作所为不过是民间巫术，不足以让人信服。不如假托道教始祖太上老君来为人预言祸福，那么足以让人对你言听计从。"刘德妙认为丁谓的建议非常好，就在丁谓家里设立太上老君的神像，夜间在院子里举行醮仪。丁谓在雷允恭面前称赞刘德妙能够降神，并

---

[1]《续资治通鉴长编》卷99，乾兴元年七月甲戌条："召前都官员外郎黄震赴阙。震前为淮南、江浙、荆湖制置发运使，与李溥共事，尝发其私。及为溥所诉，免官，中外皆称其枉。后屡更赦宥，以溥丁谓之党，不敢自直。谓既贬，大臣为言，乃召之，复官，知饶州。"

[2]《枫窗小牍》卷上："丁谓……生平最尚机祥，每晨占鸣鹊，夜看灯蕊，虽出门归邸，亦必窃听人语，用卜吉兆。时有无赖于庆，贫寒不振，计且必死冻饿，谋于一落第老儒。老儒曰：'汝欲自振，必易姓名，当大济耳，幸无忘我。'庆拜而听之，老儒遂改于为丁，易名宜禄，使投身于谓。谓大喜，收之门下。皆怪问之，谓不答，第曰：'吾得此人，大拜必矣。'不旬月，而谓果入相，此人遂以宠冠纪纲，虽大僚节使无弗倚藉关说。不逾年，而宜禄家十万矣。老儒亦以引见，竟得教授大郡。至今相传不解所谓。顷偶读沈约《宋书》曰：宰相苍头呼为宜禄。且复姓丁，愈怅所念。莫谓晋公眼不读书也。"

且所降之神是太上老君。雷允恭信以为真,多次去丁谓家中请刘德妙为自己降神祈福。宋真宗驾崩后,雷允恭又将刘德妙引入后宫大内。后来因为翻地的时候无意中挖出来一只龟、一条蛇,丁谓指使刘德妙将龟、蛇纳入大内给刘娥看,谎称出自丁谓家的山洞中。丁谓还教导刘德妙:"如果太后询问,你凭什么知道所降之神是太上老君,你就回答说,丁相公并非凡人,他当然知道此事。"丁谓还撰写了两篇颂文,题作《混元皇帝赐德妙》。混元皇帝是后世帝王对太上老君所加的封号,丁谓伪造太上老君赐给刘德妙文字,就是为了坐实她与太上老君之间的关系。

刘德妙一案被查明后,刘娥更觉得丁谓居心叵测,于是下令将丁谓贬为崖州(今海南省三亚市崖州区)司户参军。他的儿子都被罢免官职,几个弟弟丁诵、丁说、丁谏都被贬官,并抄没家产。在查抄丁谓家的时候,人们发现各地之人送给丁谓的贿赂不计其数。刘娥再度下令将丁谓的罪状公之于众。[①]

丁谓为相期间权倾朝野,很多人为了谋求仕进,都趋炎附势。此番丁谓倒台,人人自危,唯恐受到株连。在这种情况下,有人出于自保或者是保护其他人,甚至不惜毁掉士大夫们向丁谓请托走关系的书信。[②]扳倒了丁谓,刘娥已经达到了目的。为了避免引起朝

---

① 《续资治通鉴长编》卷99,乾兴元年七月辛卯条。
② 《续资治通鉴长编》卷99,乾兴元年七月壬辰条:"时遣侍御史方谨言籍其家,得士大夫书,多干请关通者,悉焚之,不以闻,世称其长者。"

廷动荡，在处理了丁谓的主要党羽后，刘娥主动下诏，称"中外臣僚有曾与丁谓往来者，一切不问"[1]，朝廷逐渐恢复了正常。

调整宰执

丁谓倒台后，冯拯从集贤相晋升为首相昭文相，参知政事王曾被提拔为集贤相，曹利用仍然担任枢密使，另加封武宁军节度使。刘娥又提拔了宋真宗朝的另一位旧人张知白担任枢密副使，同时提拔吕夷简和鲁宗道担任参知政事，构成一个新老结合的中书班子。[2]

吕夷简与鲁宗道此番能够被提拔为参知政事，除了他们在审理雷允恭一案中有功外，还有其他一些原因。

吕夷简出身仕宦之家，伯父吕蒙正曾在宋太宗朝和宋真宗朝担任过宰相，父亲吕蒙亨官至大理寺丞。咸平三年，吕夷简进士及第。

吕夷简为官颇为体恤民情，他曾经上奏朝廷，认为不应该征收农具税，宋真宗便下诏免除农具税收。当时京城大兴土木修建宫观，要从南方砍伐木材。因为路途遥远，相关部门严格要求按期送

---

[1] 《续资治通鉴长编》卷99，乾兴元年七月壬辰条。
[2] 《续资治通鉴长编》卷99，乾兴元年七月辛未条；《宋史》卷9《仁宗纪一》。

达，有役工因此死亡，而官员为了逃避责任，就诬陷他们逃跑，然后将其妻子儿女关押起来。吕夷简上奏宋真宗，请求宽限工期，得到朝廷允许。他又上奏称："寒冬腊月河水结冻，水运木材十分艰辛，必须等到河流畅通才能运输。"宋真宗看完吕夷简的奏章后称赞他："看完爱卿的奏议，知道爱卿有忧国爱民之心。"于是将其提拔为刑部员外郎兼侍御史知杂事。吕夷简后来担任权知开封府，将开封治理得井井有条，因此在朝中获得了很高的声望，宋真宗还特意将其姓名写在屏风上，准备大用。[①]

鲁宗道幼年时父亲过世，生活于外祖父家。鲁宗道"为人刚正，疾恶少容，遇事敢言"，在担任右正言期间，屡屡上奏，规谏宋真宗。时间一久，宋真宗有些厌烦他。鲁宗道知道后，在一次面见宋真宗时，自我弹劾说："陛下用臣，难道只是为了博取纳谏的虚名吗？臣不愿意尸位素餐，请陛下罢免臣。"鲁宗道慷慨激昂，宋真宗无言以对。他知道鲁宗道为人正直，担心他真的因此辞职，让自己落个怠慢直臣的名声，只得好言安抚了半天。后来宋真宗还在宫殿的墙壁上写下"鲁直"两个字，感叹鲁宗道的刚直。[②]

鲁宗道为人不拘小节。他担任太子谕德时，居处临近酒肆，鲁

---

① 《宋史》卷311《吕夷简传》。
② 《宋史》卷286《鲁宗道传》。

宗道经常身着便服去酒肆中饮酒。有一次宋真宗紧急召见鲁宗道,使者到了他家门口,等了很久,鲁宗道才从酒肆中姗姗而来。使者因为耽误了很长时间,好心地和鲁宗道商量:"如果陛下责怪您为何来迟,我应该如何回答?"鲁宗道想都没想就直接对使者说:"你据实禀报便可。"使者好奇地对鲁宗道说:"那样的话您就要受到处分了。"鲁宗道毫不犹豫地说:"饮酒,人之常情;欺君,臣子之大罪也。"使者见鲁宗道执意如此,便不再多言。等使者回复宋真宗时,宋真宗果然询问为何鲁宗道来得如此之晚,使者便将鲁宗道说的话一五一十地告诉了宋真宗。宋真宗觉得很好奇,想知道为何鲁宗道要去酒肆饮酒,就当面询问鲁宗道。鲁宗道向宋真宗谢罪道:"有故人自乡里来,臣家贫无法置办酒器,因此只能去酒家饮酒。"宋真宗认为鲁宗道为人忠实可靠,值得重用。宋真宗后来在与刘娥聊天的时候将这件事情告诉了她,刘娥因此便记住了鲁宗道。这次便将他与吕夷简一并提拔为参知政事。①

吕夷简和鲁宗道进入了朝廷中枢,钱惟演则被排挤了出去。丁谓倒台,善于见风使舵的钱惟演担心受到牵连,赶紧与丁谓撇清关系。他不仅不出手搭救丁谓,反而落井下石,上书极力攻击丁谓,斥责其罪大恶极。刘娥当然知道钱惟演与丁谓的关系,但碍于他与自己是姻亲,并且她还想借助钱惟演,便假作不知。钱惟演原先品

---

① 《续资治通鉴长编》卷99,乾兴元年七月辛未条;《宋史》卷286《鲁宗道传》。

级在王曾之上，现在王曾被提拔为集贤相，刘娥借口钱惟演资格老，便将钱惟演从枢密副使晋升为枢密使。[①]

虽然钱惟演因为刘娥的庇护没有受到丁谓案的牵连被贬斥，但他的为人早已为众人所不齿。冯拯也厌恶钱惟演，就借口刘娥垂帘听政，钱惟演作为外戚应该避嫌，理直气壮地将钱惟演罢免，并将其赶到河阳（今河南省孟州市）任职。钱惟演刚刚担任枢密使两三个月，便被冯拯以朝廷惯例为由赶出京城，心中十分不满，但又无可奈何。他到了河阳后，向刘娥提出请求朝廷支给他一笔钱用来赏赐当地禁军。刘娥因为钱惟演被赶出京城心中不悦，但也不敢违拗自古外戚不得干政的训示，就想补偿他一下，于是马上就批准了钱惟演的要求。没想到侍御史知杂事蔡齐义正词严地上奏表示反对说："赏罚之事，乃由陛下所掌握，并非臣下应该请求的事情。况且天子刚刚即位，钱惟演与太后是姻亲，却私下请求单独赏赐军队来为自己获得士兵的感激，如此一来，必然摇动军心，不能准许。"蔡齐不仅反对钱惟演的做法，还弹劾钱惟演为臣不忠等罪状。蔡齐的反驳大义凛然，刘娥虽然有心包庇钱惟演，却也不想落一个偏袒外戚的名声，就下令停止给钱惟演赏赐钱财。[②]

---

① 《续资治通鉴长编》卷99，乾兴元年七月丙子条。
② 《续资治通鉴长编》卷99，乾兴元年十一月丁卯条。

为了弥补钱惟演，刘娥还是在不触动传统观念和宋朝制度的范围内，巧妙地利用权力进行了运作。当时钱惟演和柴宗庆都以检校太傅任节度使，柴宗庆是宋太宗的女婿，资格老，也比钱惟演更早担任节度使，但刘娥以钱惟演曾经担任枢密使为理由，下诏在朝堂立班时，让钱惟演立于柴宗庆之上，算是稍稍安慰了一下钱惟演。①

埋葬天书

刘娥与宋真宗一起生活了数十年，二人有着深厚的情感。如今宋真宗撒手人寰，刘娥非常悲痛，为了表达哀思，她下令厚葬宋真宗。面对刘娥的厚葬诏令，官员们纷纷上奏，劝谏刘娥不要过于奢靡。参知政事吕夷简上言："太后为先帝丧纪之数、宗庙之仪，不忍裁减，曲尽尊奉，此虽至孝之道，以臣所见，尚未足报先帝恩遇之厚。唯是远奸邪，奖忠直，惜民财，拔擢时彦，使边徼宁靖，人物富安，皇帝德业日茂，太后寿乐无忧，此报先帝之大节也。"②

随着宋真宗一同下葬的，还有他执政时代的标志——天书。宋

---

① 《续资治通鉴长编》卷99，乾兴元年十一月辛未条。
② 《渑水燕谈录》卷1《谠论》。

真宗晚年沉迷于天书降临，大兴土木兴建宫观，致使朝政乌烟瘴气，很多官员都心知肚明却不敢直言。如今宋真宗已然驾崩，宋仁宗继位，如何对待宋真宗留下的这份"遗产"，也是考验宋仁宗朝政治走向的一个重要标志。王曾和吕夷简私下向刘娥提出，天书是上天赐给宋真宗的，应该随宋真宗一起安葬，不宜继续留在人间。刘娥略微思考一下便同意了，然后正式宣谕宰执们说："前后所降天书，皆是先帝尊道奉天，故上天赐给先帝天书作为回应。今先帝陵寝已经建好，天书的刻玉副本已奉安于玉清昭应宫，原先降临的真文于内中供养，则先意可见。考虑到天书属于非同一般的祥瑞，专属于先帝，不可留于人间，当从葬永定陵，以符先旨。"[①]于是天书原本便随葬宋真宗陵墓永定陵，刻在玉石上面的副本放置在玉清昭应宫中供奉，不再流传于世。

应该说，刘娥在宋真宗去世、宋仁宗刚刚登基不久的敏感时刻，能够果断地将宋真宗的天书降临闹剧停止，不失为一种很有远见的做法。宋真宗后期党争此起彼伏，经济衰退，政治环境恶化，都与天书、封禅有着密不可分的关系。如今刘娥将天书与宋真宗一同下葬，实际上是在向天下宣告天书已经成为过去，宋仁宗朝是一个新的开始。

---

① 《续资治通鉴长编》卷99，乾兴元年九月己卯条。

走上正轨

丁谓及其势力被清除后,朝政开始逐渐恢复。宰辅们奏请皇太后、皇帝五日一御承明殿,凡是军国大事以及大臣陈乞恩泽,都需要进呈刘娥和宋仁宗听取旨意;如果是日常事务,则根据从前的做法施行便可;如果遇到额外的旨意,或者没有先例可供参考的事务,则需要请示刘娥和宋仁宗后再决定。[①]很显然,政务被区分为一般性事务和重大事务,刘娥采取抓大放小的原则,一般性事务按照惯例执行,重大事务则需要自己审批。八月,宋仁宗与刘娥依照之前王曾的提议,驾临承明殿垂帘决事,刘娥正式开始主政。

刘娥很清楚群臣之所以支持自己垂帘听政,是因为相信自己会在宋仁宗成人后归政。为了安定人心,刘娥不忘适时地下令内侍宣谕:"等待皇上成人,我就会归还政事。"刘娥的表态无疑是一种姿态,相应地,冯拯等人则回答道:"太后临朝,是先帝嘱托。"这样,在君臣一番礼节性的应对中,无论太后还是宰辅,都得到了自己满意的结果。

---

① 《续资治通鉴长编》卷99,乾兴元年七月甲午条;《宋大诏令集》卷14《宰臣等请皇太后五日一次坐朝不许批答(乾兴元年二月)》《第二表不许批答(七月二十七日)》《第三表许批答(七月二十三日)》《宰臣等上皇帝乞皇太后五日一次坐朝表允批答(乾兴元年七月)》。

接下来是讨论刘娥垂帘听政的一些具体细节。比如称呼问题，丁谓主政的时候，规定刘娥称"予"。丁谓倒台后，中书与礼仪院共同商议决定，刘娥下制书称"予"，在便殿处理政务时称"吾"，以太后名义下诏称"吾"。①

同时，中书与礼仪院也制定了有关刘娥的礼仪。礼仪院奏请避刘娥父亲及祖父的名讳，刘娥下诏只需要避父亲刘通的讳便可，于是改通进司为承进司。②宰辅及礼官奏请以刘娥的生日为长宁节，并完全仿照宋真宗乾元节的旧例施行，但刘娥觉得自己的圣节不能与宋真宗的圣节相提并论，"多所裁损"，于是重新规定太后圣节"前一月，百官就大相国寺建道场。罢日，赐会于锡庆院。禁刑及屠宰七日。前三日，命妇进香合，至日，诣内庭上寿。三京度僧道，比乾元节三分之一，而罢奏紫衣、师号"。

礼仪院又上奏制造太后乘坐的舆辇，名曰"大安辇"。太后出行所需鸣鞭、仪卫，御龙直五十四人，骨朵直八十四人，弓箭直、弩直各五十四人，殿前指挥使左右班各五十六人，禁卫皇城司二百人，宽衣天武二百人，仪卫供御辇官六十二人，宽衣天武百人。这些人所享受的待遇，完全等同于服侍皇帝舆辇的侍卫。③

---

① 《续资治通鉴长编》卷99，乾兴元年八月乙巳条。
② 《续资治通鉴长编》卷99，乾兴元年十月己酉条。
③ 《续资治通鉴长编》卷99，乾兴元年十一月乙亥条。

可以说，从一开始，刘娥就是比照皇帝的标准来制定自己的太后规格，这既是一种礼节上的尊崇，也是其政治野心的彰显。

随着岁末到来，宋仁宗宣布第二年改元，标志着宋朝迎来了宋仁宗与刘娥的共治时代，宋朝历史也由此翻开了新的一页。

第五章 国有二圣

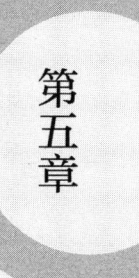

按照中国古代新帝登基改元的习惯做法，新皇帝会在老皇帝去世的次年改元，标志着新一任皇帝统治的开始。时间转眼到了宋仁宗即位的第二年，正月初一日，刘娥下诏改元，将乾兴二年改为天圣元年（1023），标志着宋仁宗朝的正式开始：

> 王者继圣子民，握图御宇，必因岁始，以正天端。肆予冲人，获嗣丕构，兢兢业业，罔敢怠荒。而穹昊眷怀，宗社垂祐。四气调豫，百谷顺蕃。政刑交修，夷夏胥悦。顾惭凉德，享是洪休。属万汇发春，三朝协序，思与民而更始。宜建号以纪元，其改乾兴二年为天圣元年。[①]

这份改元诏书，与其说表达了宋仁宗要兢兢业业、恪尽职守地重新带领宋朝向前，不如说是刘娥想要在新的政治环境下力图有一

[①] 《宋大诏令集》卷2《改天圣元年诏（正月丙寅朔）》。

番作为的表态。年幼的宋仁宗虽然此时尚未对今后的政治之路有多少深刻的理解,但他读着内侍送来的改元诏书不禁痛哭流涕,对左右侍奉之人伤心地说:"朕不忍心骤然更改先帝的年号。"① 宋仁宗"不忍"改元,除了难舍父子之情,还因为他知道,一旦改元,便是昭告天下自己正式接手王朝重担,这无疑是缺乏政治经验的宋仁宗暂时无力承担的。

按照惯例,新皇帝即位要大赦天下,以显示皇恩浩荡,同时也表明自己未来的施政态度。乾兴元年二月二十日,宋仁宗颁布即位大赦诏书,向天下展现了新皇帝未来的施政方向:

> 门下。惟天辅德,所以司牧黔黎;惟后守邦,所以奉承绪业。稽三代传归之典,寔百王善继之规。洪惟先皇帝绍二圣之丕图,膺三灵之眷命。仁临区宇,泽浸昆虫。诞扬清静之风,聿致和平之治。焦劳虔巩,二纪于兹。遽兴凭几之言,遂起遗弓之恨。肆予眇质,俾荷庆基。顾殒越以无容,且哀荒而在疚。适属承祧之始,宜覃在宥之恩。可大赦天下。(云云)恭念凤侍圣颜,备承宝训。凡百机务,尽有成规。谨当奉行,不敢失坠。更赖宗工良佐、中外具僚,咸竭乃诚,以辅不逮。布告遐迩,咸使闻知。②

---

① 《续资治通鉴长编》卷100,天圣元年正月丙寅条。
② 《宋大诏令集》卷1《仁宗即位赦天下制(乾兴元年二月二十日)》。

在大赦制书中，最引人注意的是宋仁宗提出的"凡百机务，尽有成规。谨当奉行，不敢失坠。更赖宗工良佐、中外具僚，咸竭乃诚，以辅不逮"，这表明宋仁宗要遵循宋真宗的统治方针来治国。事实上，从宋太宗即位大赦诏书开始，宋朝的新皇帝在即位时便特别强调要遵循之前皇帝的成规，也就是遵奉"祖宗之法"，这反映了从宋朝建立伊始，皇帝们便有意识地养成重视先例、规矩的思想与做法。[①]与此同时，宋仁宗展现出一副新登基皇帝不熟悉政务的虚心态度，希望文武百官能够辅佐自己治理好国家。而这两条施政方针，贯穿了宋仁宗一朝的统治。

宋仁宗一朝共有九个年号，刘娥卒于明道二年三月，她与宋仁宗一起共政的时间贯穿了整个天圣年间（1023—1032）。虽然此时宋仁宗已经正式即位，成为宋朝至高无上的权力拥有者，但因为他只有十四岁，年纪尚小，刘娥仍牢牢掌控着最高权力，是国家的真

[①] 《续资治通鉴长编》卷17，开宝九年十月乙卯条："先皇帝创业垂二十年，事为之防，曲为之制，纪律已定，物有其常，谨当遵承，不敢逾越，咨尔臣庶，宜体朕心。"《宋大诏令集》卷1《太宗即位赦天下制（开宝九年十月乙卯）》中的文字有所不同："予小子缵绍丕基，恭禀遗训，仰承法度，不敢逾违。"但遵循先帝治国思路的总体思想没有变化。宋真宗即位时的赦天下制书也表达了类似的尊奉祖宗治国理念的态度："恭念先朝庶政，尽有成规。谨守奉行，不敢失坠。"[《宋大诏令集》卷1收《真宗即位赦天下制（至道三年四月）》]参见邓小南：《祖宗之法：北宋前期政治述略》（修订版），生活·读书·新知三联书店，2014。

正决策者。① 可以说，在二人共同理政的这段时间里，朝廷发布的各项政策方针实际上体现的是刘娥的统治思想和理念。事实上，宋仁宗的新年号"天圣"中，潜藏着臣僚意在取悦刘娥而刻意凸显她与宋仁宗二人并立的含义。②

真宗的"遗产"

宋真宗驾崩后，刘娥听从宰辅们的意见，将天书陪葬永定陵，以此向群臣传递出信号：最高统治者已经决定扭转宋真宗神道设教的路线，重新回到正常的政治运行轨道上。但是除了天书之外，宋真宗还留下了很多"遗产"——为了配合天书和封祀，各地建立了数不清的宫观；朝廷设立了诸多节日，每到节日期间都有繁复的礼仪和地方上的贡品。很显然，这些"遗产"并不能像天书一样，同宋真宗一起下葬，入土为安。如何处理它们，同样决定着新朝廷对

---

① 事实上，刘娥去世后，宋仁宗亲政，一些大臣在上奏中也提到刘娥垂帘听政期间，国家最高决策权控制在刘娥手中。如宋绶上言道："帝王御天下，在总揽威柄，而一纪以来，令出帘箔。自陛下躬亲万几，内外延首，渴见圣政。"参见《续资治通鉴长编》卷113，明道二年八月丁巳条。
② 《归田录》卷1："仁宗即位，改元天圣，时章献明肃太后临朝称制，议者谓撰号者取天字，于文为'二人'，以为'二人圣'者，悦太后尔。至九年，改元明道，又以为明字于文'日月并'也，与'二人'旨同。"《续资治通鉴长编》卷113，明道二年十二月甲寅条与此文字相似。

待宋真宗政策的态度，因此也是刘娥要解决的第一个难题。

自从大中祥符年间（1008—1016）天书降临，宋真宗创建了天庆、天祺、天贶、先天降圣等节日。每当这些节日和宋真宗的诞节（生日），大内都要举行斋醮，京城宫观也要举行斋醮，耗费了大量钱财。

宋仁宗登基后，为了表示对刘娥的尊礼，下诏令刘娥的诞节同样要举行斋醮，这进一步增加了花费。宰相冯拯上奏刘娥称，如今国家内外久安，用度上应该有所节制。刘娥目睹了宋真宗东封西祀的整个过程，对其中的钱财耗费心知肚明，但她不想指责宋真宗，便说："节约开支，这也是先帝的意思，可惜先帝驾崩，来不及施行。"她当即以宋仁宗的名义下诏令礼仪院裁定节约花费的方法。礼仪院经过一番研究，最后得出结论：宋仁宗以及刘太后的诞节本命斋醮依然如旧，其他节日命八个宫观轮流举行醮仪。另外，之前一年举行四十九次醮仪，现在请减少为二十次；大醮设二千四百个神位减少为五百，斋官只给汤茗（茶水）。刘娥接受冯拯的建议，对地方上举行节日斋醮的规模、数量等加以删减废罢。[1]

天圣元年五月，刘娥又下诏停止先天降圣节进延寿带、续命缕的做法。[2]次年六月，停止天庆、天祺、天贶、先天降圣节宫观燃

---

[1]《续资治通鉴长编》卷100，天圣元年二月庚申条。
[2]《续资治通鉴长编》卷100，天圣元年五月辛巳条。

灯。①乾元观位于奉符县（今山东省泰安市泰山区），距离州治三百里，知州每次前往朝拜，出行前都要有人特意安排，耗费民财。天圣五年（1027）三月，刘娥下令奉符知县代替知州朝拜，以节省开支。②天圣六年（1028）正月，刘娥下令废罢两川岁贡乾元、长宁节织成佛。③

天圣七年（1029）六月，玉清昭应宫因雷雨发生火灾，损失严重，三千六百多座宫殿只剩下长生崇寿殿幸存。刘娥痛哭流涕地对辅臣说："先帝尽力修成此宫，没想到一晚上被延烧殆尽，只剩下一两座小宫殿幸存。"枢密副使范雍猜测刘娥有意要重新修建玉清昭应宫，便高声回答道："既然还剩下一两座小宫殿，还不如一并烧了干脆。"刘娥对范雍的说法很吃惊，询问缘由。范雍义正词严地说："先朝因为修建玉清昭应宫竭尽天下之力，如今突然化为灰烬，绝非出自人意。如果因为其幸存的部分，又将其重新修葺，那么百姓将不堪承受，这不是回应上天警诫的好方法。"宰相王曾、吕夷简也认同范雍的说法，吕夷简又搬出《尚书·洪范》中上天以灾异警示皇帝的说法来劝谏刘娥。面对宰辅们众口一词的反对，刘娥无法再提修缮事宜，只能沉默不语。

不仅宰辅，一般大臣中也有不少人反对重建玉清昭应宫。太庙

---

① 《续资治通鉴长编》卷102，天圣二年六月壬申条。
② 《续资治通鉴长编》卷105，天圣五年三月癸卯条。
③ 《续资治通鉴长编》卷106，天圣六年正月己酉条。

斋郎苏舜钦甚至还去登闻鼓院上疏,称:"陛下登基,还不到十年,就多次遭遇水旱灾害,虽然征收的赋税都予以减免,但百姓还是深受其苦。如果此时大兴土木,那么费用将不计其数。国家白白耗费了大量财力,百姓辛苦劳作,内耗下劳,何以为国!况且上天已经降灾给玉清昭应宫,如果还要逆天而行,这就是要与天意抗衡。没有自省的意思,逆天不祥,难求平安,想要祈求上天降下丰厚的赏赐,又怎么可能呢!如今为陛下考虑,不如任用贤能之士,赶走奸佞之徒,谨修德行,辛勤治国,宽减征税使百姓家给人足,则可以答谢天意而安民情。"[1]

面对来势汹汹的反对意见,刘娥无法强行违逆众意,便将怒火发泄到造成这次火灾的责任人身上。[2]刘娥觉得火灾是由于玉清昭应宫的守卫者不够认真负责而引发的,于是要将他们全部下御史狱诛杀,以泄心头之恨。台谏官们纷纷上书反对。御史中丞王曙上言:"昔日鲁国桓公、僖公的庙宇发生火灾,孔子以为桓公、僖公亲属已然不在,他们的庙宇应当被毁掉。西汉时,契丹东高庙及高园便殿发生火灾,董仲舒以为高庙不应当居于契丹东部、高园便殿不应当居于陵旁,因此发生了火灾。曹魏时崇华殿发生火灾,高堂隆提出应该以台榭宫室为警戒,停止修葺,魏文帝不听,第二年又发生

---

[1] 《续资治通鉴长编》卷108,天圣七年六月丁未条。
[2] 《续资治通鉴长编》卷108,天圣七年七月乙丑条。

第五章 国有二圣

火灾。当今所建玉清昭应宫,并不符合经义,灾变突然发生,好像有所警示,希望陛下能够取消这块土地,废罢各祈祷之祠,以顺应天变。"右司谏范讽上言称这其实是天灾,不应当"置狱穷治"。监察御史张锡也上言称,如果以此加罪他人,恐怕会加重上天降下灾异。因为上书的官员特别多,宋仁宗和刘娥迫于压力,便免除了玉清昭应宫守卫者的死罪。

台谏担心刘娥还念念不忘重建玉清昭应宫,于是范讽又上书:"山木已尽,人力已竭,虽想复修玉清昭应宫,必不能成功。臣知朝廷也不想这样做,那何必让天下之人心存怀疑!愿明告四方,使家家户户都知道这件事情。"刘娥无奈只好让步,以宋仁宗的名义正式下诏告谕天下,朝廷不再修复玉清昭应宫,并将长生崇寿殿改为万寿观。① 至此,宋真宗耗费大量人力物力修建的玉清昭应宫终于被埋葬在历史的尘埃中。

从宋仁宗朝一开始,刘娥便有意无意地节省开支,减少斋醮活动、降低活动标准和规模等。玉清昭应宫的兴衰,绝佳地体现了仁宗朝对真宗朝政治发展路线影响的转变。

宋真宗留下的,是一个充满党争、倾轧的混乱朝堂,以及一个民生凋敝的社会。处理完宋真宗的"遗产"后,刘娥、宋仁宗母子要面对的,就是这个乱局。

---

① 《续资治通鉴长编》卷108,天圣七年七月己巳条。

权力的平衡

随着丁谓的倒台，刘娥发现过于倚赖某个宰相容易让自己陷入消息闭塞、权力失控的危险境地中，于是她在不改动中枢体制的情况下，加强了对二府人事的控制。刘娥一方面重用一些有能力的官员担任宰相，帮助自己处理政务，同时又提拔亲信来作为耳目，以保证自己对中书门下的控制。同时她还很注意采用多种渠道与官员们沟通，保持信息的通畅。

冯拯成为首相，同时接替了之前丁谓担任的山陵使。按照惯例，山陵修筑完成，大行皇帝安葬后，山陵使会辞职以表示自己已经完成了使命。这时候新皇帝可以根据自己的需要灵活决定是否挽留这位宰相。宋真宗入葬永定陵后，冯拯称病请假不出，宋仁宗派人前往探视，冯拯便援引山陵使旧例，上奏请求罢免自己的宰相之职。此时朝政刚刚稳定，无论是刘娥还是宋仁宗，都不可能让冯拯轻易辞职，于是特意派遣入内副都知周文质手捧宋仁宗的亲笔手诏敦促冯拯病愈后返回中书门下继续处理政务，并将冯拯辞职的奏章还给他，同时下令相关部门不要接受冯拯进呈的辞职奏章。[①]君臣之间经过一番辞职与婉拒的运作，双方都得到了需要的结果：宰相向新皇帝表示效忠，新皇帝挽留了元老重臣，显

---

① 《续资治通鉴长编》卷100，天圣元年正月丁丑条。

示了对老臣的尊重。

冯拯资格老，政治经验丰富，一朝大权在手，刚开始颇有些想仿效丁谓独断朝纲的架势。王曾私下里对冯拯晓以利害，并且明确告诉他，自己不会支持他独断专行。冯拯缺乏丁谓的政治野心，再加上经过多年宦海沉浮好不容易熬成宰相，也担心自己一旦像丁谓那样行事，会激起刘娥乃至同僚的强烈反对，令自己被动。考虑再三，冯拯决定在政事上注重听取宰辅们的意见，宰辅们与刘娥分享权力。①

冯拯外柔内刚，担任首相期间，宰辅们与刘娥之间既保持克制又互相尊重，双方权力呈现一种平衡态势。不料冯拯很快病倒了，而且病情日益严重，集贤相王曾接替他成为主事之人。王曾虽然扳倒了丁谓，但他坚决维护皇权的至高无上，属于宋仁宗的忠诚支持者，而这并不符合刘娥的心意。刘娥并不想提拔王曾担任首相，相反，她决定挑选一个能够为自己所用的宰相，她首先想到了钱惟演。

从政治立场上来看，钱惟演无疑是刘娥眼下最中意的宰相人选。不过钱惟演拜相也存在不小的困难：首先是钱惟演的外戚身份，外戚掌握朝廷大权，历来为人所忌；其次，钱惟演为人善于钻

---

① 《续资治通鉴长编》卷99，乾兴元年八月乙巳条："拯继丁谓为首相，颇欲蹑谓故迹，王曾独晓以祸福，且逆折之，拯不敢肆。自是，事一决于两宫。"

营且反复无常,在臣僚中名声比较差。尽管有这些困难,刘娥还是决定要试一试。

钱惟演一心想做宰相。[1]他得到刘娥有意放出的消息,此时又被从河阳调往亳州任职,在上任途中正好路过京城,于是他打算在进入京城时提出觐见刘娥和宋仁宗,并抓住机会,图谋入相。钱惟演的企图被人识破,监察御史鞠咏愤而上奏道:"钱惟演乃是奸佞小人,他曾经与丁谓结为姻亲,因此受到重用。后来他揣测丁谓奸邪之状已经暴露,惧怕自己受到牵连,因而极力攻击丁谓。如今若是让他担任宰相,必然令天下之人大失所望。"刘娥见朝臣对钱惟演非常反感,也不敢贸然行事,便派遣内侍将鞠咏的奏疏送给钱惟演看,想让他知难而退。但钱惟演此时仍然心存侥幸,在京城中迟迟不肯离去。看到这种情况,鞠咏更为愤慨,他对左正言刘随放言说:"如果朝廷执意让钱惟演为宰相,我一定会当着满朝文武大臣的面在朝堂上把任相的白麻制书撕毁!"鞠咏摆出一副势要与钱惟演拼个你死我活的架势,刘娥虽然心中对鞠咏不满,也只能将鞠咏的话悄悄转告钱惟演。钱惟演眼见形势不利,只好悻悻离去。[2]

虽然这次任命钱惟演为宰相的计划受挫,但是刘娥仍然不死

---

[1] 《归田录》卷2:"钱思公官兼将相,阶、勋、品皆第一。自云:'平生不足者,不得于黄纸书名。'每以为恨也。"《东轩笔录》卷2:"钱僖公惟演自枢密使为使相,而恨不得为真宰,居常叹曰:'使我得于黄纸尽处押一个字,足矣。'亦竟不登此位。"作者按,钱思公与钱僖公均指钱惟演,谥号"思",后改谥"文僖"。

[2] 《续资治通鉴长编》卷101,天圣元年八月甲寅条。

心，一直在为钱惟演寻找机会。天圣九年（1031）正月，钱惟演判陈州（今河南省周口市淮阳区），而他又故伎重施，以养病为理由久留京师不肯赴任，窥伺相位。天章阁待制范讽忍不住上奏称："钱惟演曾经担任过枢密使，因为是皇太后的姻亲被罢免，从而向天下之人表示大公无私，如今固然不可复用。"殿中侍御史郭劝也上书朝廷，请求下令督促钱惟演赶紧赴任。钱惟演看到自己入相无望，只好退而求其次，称自己祖先的坟茔在洛阳①，愿意去洛阳为官，朝廷于是改命钱惟演赴洛阳任职。有一天，范讽入对，刘娥想起悻悻而去的钱惟演，不禁带着怨气对范讽说："钱惟演已经离开京城了。"范讽明白刘娥心中有气，便高声应答道："钱惟演的奴仆都获得官职，他不离去还想干什么？！"

两次拜相失利，刘娥知道钱惟演名声太差，根本无法得到大臣们的认同，就放弃了这一想法。她又想起了王钦若。

王钦若的败局

王钦若当年为了图谋入相，积极支持当时还是太子的宋仁宗，

---

① 《续资治通鉴长编》卷110，天圣九年正月辛未条。钱惟演之父、末代吴越王钱俶死于端拱元年（988），被葬于洛阳。

虽然赢得了宋仁宗的好感，却受到刘娥的猜忌，因此刘娥最终选择了丁谓，并纵容丁谓将王钦若排挤出朝。随着丁谓垮台，刘娥大权在握，并将宋仁宗牢牢掌握在手中，刘娥与宋仁宗在政治上的对立已经不复存在，她对王钦若的猜忌自然也烟消云散，反而思念起王钦若昔日为自己所立的功劳。此时王钦若以刑部尚书知江宁府，刘娥需要找到机会，将王钦若调回京城。天圣元年八月，宋仁宗闲暇时练字，曾经无意中写下"王钦若"三个字。恰巧王钦若有奏疏送至，刘娥灵机一动，将宋仁宗写王钦若名字的纸条密封好放置在汤药盒中，派遣心腹内侍携带这个盒子去江宁府赐给王钦若。刘娥吸取了之前钱惟演的教训，绕过发布制书的正常程序，以宋仁宗的字条作为凭证，口谕宣召王钦若入京。由于刘娥此事进行得十分隐秘，宰辅们都不知道。等到王钦若来到京城，刘娥才突然通知中书门下将知润州王随调任知江宁府以代替王钦若。[1]

虽然王钦若的名声不好，但他为人处事很是圆滑，善于通过心理战术在皇帝面前中伤政敌，比起丁谓明目张胆地迫害政敌的手法要隐蔽得多，更不容易被人发现。另外，刘娥巧妙地利用了宋仁宗对王钦若的印象较好这一点，假借宋仁宗之手将王钦若召回并任命为宰相。虽然很多人讨厌王钦若，但碍于宋仁宗的旨意，只能暂时隐忍不发。九月，王钦若代替病重的冯拯成为首相。

---

[1]《续资治通鉴长编》卷101，天圣元年八月己未条。

王钦若再度拜相，自然对宋仁宗特别是刘娥心怀感激，因此他更加一门心思地考虑如何讨得二宫的欢心。鞠咏当年极力反对钱惟演入相，令刘娥心中怨恨。而鞠咏同样也看不起巴结刘娥的王钦若，屡屡上章弹劾他，让王钦若又愧又恨，总想找机会将鞠咏赶走。率府率安崇俊入朝的时候失仪，按照宋朝法律应该受到惩罚，鞠咏上言称安崇俊从小镇守边关屡立战功，入朝失仪只是小过失，不应该遭到处罚。王钦若发现有机可乘，上奏称鞠咏故意藐视朝仪，是对宋仁宗和太后刘娥大不敬。刘娥抓住这一点，以宋仁宗的名义下令贬黜鞠咏。[1]

王钦若此番虽然得到刘娥的鼎力支持再度拜相，但此时的中书门下已经没有他的同党，这使他无法像在宋真宗朝担任宰相时那样为所欲为，反而由于他之前的坏名声，屡屡遭人挤对。有时候王钦若实在难以忍受，便质疑道："王子明[2]当年担任宰相的时候，不是这样的。"鲁宗道毫不客气地反驳他说："王文正公乃是先朝重德之人，本来就不是其他人可以企及的。你如果执政公平允当，我怎么敢不服？"[3]鲁宗道的话明显是讥讽王钦若为政不公，王钦若有心反驳却又心虚，只能作罢。

---

[1] 《续资治通鉴长编》卷101，天圣元年十月戊子条。
[2] 王子明指王旦，字子明，死后谥号"文正"，所以下文鲁宗道用"王文正公"来指代王旦。
[3] 《续资治通鉴长编》卷101，天圣元年九月丙寅条。

王钦若此番入相虽然有刘娥的支持和宋仁宗的赏识，但他没有想象中那么如鱼得水，反而感到处处受阻。本来王钦若应该好好琢磨一下如何改变这种局面，可惜他喜欢受贿的毛病将他再度推向舆论风暴中心，让他更加为人所不齿。

当年王钦若任西川安抚使的时候，其辖区内的新繁县（今四川省成都市新都区）县尉吴植通过各种手段博得王钦若的好感，并因此得到王钦若的举荐，后来他官升至知邵武军。不久吴植患病，一直没有痊愈，他担心因为自己无法处理公务而被朝廷罢官，就想在朝廷上疏通关系，他很自然地想到了此时已经身为宰相的王钦若。于是吴植通过殿中丞余谔将二十两黄金偷偷交给王钦若，请求王钦若在朝廷罢免自己官职之前将自己先调动到外地。余谔还没来得及找王钦若行贿，吴植因为心中焦虑，担心余谔会私吞他的黄金，又派遣亲信小吏去往王钦若府第询问是否收到黄金。这个小吏到了王钦若府第直接要求见王钦若，自然遭到府门管事之人的拒绝。小吏十分生气，认为王钦若收了黄金不肯办事，不禁心中不满，竟然在王钦若府第门前吵闹起来。

有陌生人在宰相府第门前吵闹，自然引起街道上很多人的好奇围观。小吏一时头脑发热，竟然在言语中流露出对王钦若受贿却不肯办事的斥责。王钦若一开始并不知道这名小吏前来，后来有人向他禀告才知道此事，但事情已经败露。王钦若当机立断，马上派人将小吏押送至开封府。为了洗刷自己的嫌疑，王钦若又奏请宋仁宗将此案交付御史台审讯,并请求派遣内侍监督审讯过程。王钦若是想通过这些方式表明自己与受贿之事无关。吴植一开始也极力为自己辩解,称没有向王钦若行贿,反而诬陷小吏错误地将询问余谔的话传给了王钦若。吴植明显是想舍车保帅,将余谔拖下水,为王钦若洗白。没想到负责审讯此案的侍御史知杂事韩亿根本没有被他的说辞蒙蔽,反而穷追不舍,最终得到实情。不过由于行贿的黄金还在余谔手中,尚未送给王钦若,所以王钦若再次涉险过关,吴植和余谔等人都受到处置,王钦若反而得到宋仁宗下诏安慰。

朝廷多次重申,举荐官员不实,举主要受到处罚。韩亿根据这一点,又上书奏请处置王钦若当年错误举荐吴植之罪,刘娥又以宋仁宗的名义下诏,以举荐时间过久为由对王钦若免于处罚。

虽然宋仁宗和刘娥表面上都认为王钦若与此次行贿无关,但臣僚们都心知肚明,也因此对他更加不屑。不久后的一天,大家等待上早朝,众人聚集在待漏院中,参知政事鲁宗道对王钦若怒目而视。天亮了,大家纷纷上马准备上朝,由于声音嘈杂,有只老鼠受惊不知从哪里窜出来。鲁宗道盯着惊慌的老鼠怒气冲冲地说:"你这不知死活的畜生,还敢出头!"王钦若明知鲁宗道是在讥讽自己,但不敢辩驳,羞愤而去。[①]

---

① 《续资治通鉴长编》卷103,天圣三年七月辛巳条;《宋史》卷283《王钦若传》。

虽然刘娥希望王钦若能够替自己控制住中书门下，可惜王钦若不争气，反而落了贪污受贿的口实，名声扫地。经吴植一案，刘娥对王钦若失望极了，对他不再那么宠信了。宰执们原本就看不起王钦若，现在对他更加不屑，整日冷言热语地嘲讽他。王钦若有心反击，但由于受贿一事心虚而底气不足。更重要的是，刘娥对他逐渐疏远，让他更加惴惴不安。在这种痛苦煎熬中，王钦若的身体很快便垮掉了。天圣三年（1025）十一月，王钦若去世。[1]

曹利用的挑战

王钦若去世使得昭文相一职空悬。十二月初五日，宋仁宗下诏，集贤相王曾晋升为昭文相，枢密副使张知白晋升为集贤相，枢密使曹利用加司空。[2]这本来是意料之中的人事变动，没想到在新任宰辅入朝觐见谢恩的时候，叙班出现了一些小问题。

按照宋朝旧制，叙班以宰相为首，亲王次之，使相又次之，枢密使虽检校三师兼侍中、尚书、中书令，还是位于宰相之下。宋真宗乾兴初，王曾由次相兼任会灵观使，曹利用由枢密使兼领景灵宫

---

[1] 《续资治通鉴长编》卷103，天圣三年十一月戊申条。
[2] 《续资治通鉴长编》卷103，天圣三年十二月癸丑条。

使。当时朝廷以宫观使为重，宋真宗下诏令曹利用叙班在王曾之上，当时大家谈论起此事都觉得并不合适。如今王曾晋升为昭文相、玉清昭应宫使，与同僚们一起准备觐见称谢，曹利用还想按照乾兴年间的做法叙班在王曾之上，但王曾此时已经是首相，负责安排朝仪的阁门官吏既不敢得罪王曾，又不敢得罪曹利用，左右为难，一时不知所措。

宋仁宗和刘娥端坐承明殿等了半天，仍然不见王曾等人前来谢恩，觉得很奇怪，于是派遣押班江德明去催促阁门排好百官班次入见，王曾见状高声对阁门小吏说："只管向陛下与太后上奏，说宰相王曾等告谢。"

百官排班已定，曹利用心中愤愤不平，宋仁宗也通过内侍禀告得知事情经过，便让潜邸旧臣张士逊好言安抚曹利用。为了避免之后出现类似的叙班纠纷，十二日，宋仁宗下诏，令宰相、枢密使叙班如旧例，宰相位于枢密使之上。但曹利用仍然狂妄自大，叙班时仍然位于次相张知白之上。[①]

曹利用的强横让刘娥很是不满，为了打压他的气焰，数日后，刘娥特意下令提拔淮南节度使、检校太师、同平章事张旻充任枢密使。不久，刘娥让张旻改名张耆。[②]

[①] 《续资治通鉴长编》卷103，天圣三年十二月庚申条。
[②] 《续资治通鉴长编》卷103，天圣三年十二月乙丑条。

张耆就是当年奉宋真宗之命挑选刘娥入府之人。后来宋真宗迫于宋太宗之命，将刘娥送到张耆府中暂居，张耆对刘娥悉心照顾，刘娥对他十分感激。宋真宗登基后曾大力提拔张耆，没有大功劳的张耆便一路官运亨通，先后担任过宣徽使、枢密副使、使相等高级官职。如今张耆能正式入朝担任枢密使，既是刘娥对他当年照顾之情的报答，也是利用其宋真宗潜邸旧臣的身份来压制曹利用。曹利用听闻朝廷下诏召张耆入京担任枢密使，怀疑他是来取代自己的，不禁对之前叙班时的鲁莽行为产生些许悔意，嚣张的气焰稍稍有所收敛。

刘娥以雷霆之势诛杀雷允恭、罢免丁谓，以太后之尊挟宋仁宗处理政务，"威震天下"，此后的宰相冯拯、王钦若都刻意避免与之发生权力冲突。曹利用属于老资格的前朝旧臣，又因为签订澶渊之盟为国家立下过大功，无论刘娥还是宋仁宗都对他很尊重。在朝堂上讨论政事时，刘娥并不直接称呼曹利用的名字，而是称他的官职"侍中"以示尊重。曹利用以勋旧自居，对看不惯的事情直言反对，毫不顾忌别人。刘娥利用内侍作为耳目，经常对内侍加以封赏。但曹利用瞧不起内侍，每次遇到刘娥降下赏赐内侍的手诏，他几乎都不同意。刘娥慑于曹利用的威严，不得不让步。长此以往，渴望升迁的内侍都对曹利用心怀不满。

曹利用武人出身，生性粗犷，不重视细节，加上他高傲自大，有时候难免失仪。比如隔着帘子向刘太后奏事时，他会有意无意地用手指轻轻敲击腰带扣。内侍们因为曹利用的刁难，对其恨之入骨。看到这种情形便故意挑唆。他们悄悄地用手指提示刘娥看曹利用的小动作，并愤愤不平地说："先帝在时，曹利用何敢如此放肆！"[1]刘娥不动声色地点点头，心里却极为不满，认为曹利用轻视自己是一介女流。

内侍们知道刘娥垂帘听政，最敏感的事便是权力。刘娥虽然掌握着宋朝的最高权力，但其发布的命令只能通过宋仁宗才具有天然合法性，否则便属于内降——仅代表她太后的身份。按照宋朝的制度，即使皇帝的诏令，也要经过正常的程序才能对外施行，否则便不合法。而不经过正常程序颁布的内降，更容易遭到臣僚们的反对。

刘娥为了培养亲信，经常从宫中传出内降——给某人升迁官职或者予以恩典。面对这种内降，曹利用一般都是直接予以拒绝。不过一旦懿旨反复送达，曹利用便会做出让步。内侍们发现了这个规律，在向刘娥求恩典并且内降遭到曹利用多次拒绝后，就继续请求刘娥降懿旨，刘娥说："侍中已经不同意此事了，为何还要执意降懿旨？"此时内侍便故意吞吞吐吐地说："承蒙太后恩典降懿旨，虽然屡屡在枢密院遭到驳回，但侍中家里的妇人和其亲信私下里已经允诺了臣的请求，所以臣一定可以得到这份恩典。"刘娥开始并

---

[1] 《东都事略》卷50《曹利用传》。

不相信，便降下懿旨。曹利用觉得刘娥执意为某人连续降懿旨，也就不再反驳，勉强通过。刘娥见曹利用确实如内侍所言行事，心中大为震怒，她认为曹利用在故意打压自己权威的同时卖官鬻爵，大肆揽权。①

随着刘娥对曹利用的印象日益恶劣，内侍们终于抓住他的一个把柄，彻底将其打垮。曹利用的侄子曹汭担任赵州兵马监押，宠幸一婢女，这个婢女与曹汭的妻子争宠，搞得家里鸡飞狗跳，曹汭不胜其烦，于是将婢女逐出府邸，嫁给一普通百姓为妻。百姓的居处在曹汭办公的护戎公署北面，围墙因故坍塌没有修整好，曹汭便经常出入其家，继续与婢女私通。婢女的丈夫知道妻子与其前主人通奸，心中愤恨，但慑于曹汭的权势不敢发作。有一天，丈夫醉酒回家，与妻子发生争执。曹汭听到二人争吵，担心婢女吃亏，匆忙间身着浅黄色袄子闯入其家，婢女的丈夫一时不忿，见到曹汭便借着酒劲故意倒地山呼万岁。仓促之际，曹汭不知所措，竟然忘了躲避。

在帝制时代，对于涉及皇权案件的惩处都极为严重。很快，当地百姓赵德崇便上京向朝廷告发，称曹汭图谋不轨。奏疏进呈，内侍罗崇勋正好在一旁侍立。之前他曾经因故获罪，刘娥让曹利用予以训诫。曹利用故意将罗崇勋的冠帻去掉，加以羞辱，并痛骂他很长时间。因为此事，罗崇勋又羞又恼，对曹利用恨之入骨。他

---

① 《归田录》卷1。

觉得如今之事是打击曹利用的好机会，便自告奋勇地要求前往当地审查此事。于是朝廷下令龙图阁待制王博文、监察御史崔暨与罗崇勋一同到真定府（今河北省石家庄市正定县）审讯曹汭；同时罢免曹利用枢密使，以节度使、司空、侍中判邓州。由于此时朝廷还没有考虑如何给曹利用定罪，所以发布的罢免制书中只是以曹利用屡请辞去枢密使为借口。

曹利用要求面见宋仁宗和刘娥进行辩解，但遭到拒绝。而之前曹汭为了躲避追捕，慌乱之中曾到曹利用家避难，这无疑又让罗崇勋抓住了把柄。此时罗崇勋等人不惜采用严刑峻法穷追不舍，最终将案件坐实：曹汭喝醉了酒身着黄色衣服，令军民王旻、王元亨等八人呼万岁。为了将此案扯上曹利用，他们编造了曹汭的供词，称此举是曹利用的教导。

有了这份证词，内侍们故意向外散布曹利用有谋逆之心。由于曹利用是枢密使，人们听到这个消息都感到很吃惊，议论纷纷，消息很快便传入了宋仁宗和刘娥耳中。当时曹利用虽然被罢免枢密使去地方任职，但他还没有动身。一天，宰辅们朝见奏事完毕，刘娥特意留下他们询问曹利用谋逆之事。由于此事过于敏感，众人都不清楚刘娥的心思，不敢贸然回答。而且曹利用长期以来飞扬跋扈，同僚们对他印象不佳，一时更无人肯替他说好话。过了一会儿，枢密副使、给事中夏竦从人群中站出来说道："曹利用大逆不道，只请太后询问张士逊。他们二人在枢密院一起共事十年，张士逊又凭借曹利用的举荐而获晋升。"夏竦这番话非常毒辣，不仅对曹利用一案表明态度，甚至还要将张士逊拉下水，可谓一箭双雕。众人都看向张士逊，张士逊一言不发，只是泪流满面。

第二天，朝廷准备贬曹利用为左监门卫将军、知随州。宋仁宗询问宰辅们的处理意见，大家都顾左右而言他。张士逊挺身而出进言道："此事应该只是不肖之子所为，曹利用身为朝廷大臣，应该不知道。"刘娥听完张士逊的话勃然大怒，准备一并贬黜张士逊。王曾见事态紧张，也站出来为曹利用求情，刘娥不解地问王曾："卿曾经上言称曹利用强横肆意妄为，如今为何替他求情？"王曾解释道："曹利用恃恩素骄，臣每每以理折服他。但如今给他加上如此大恶之罪行，就不是臣所认同的。"很显然，王曾一方面肯定曹利用为人飞扬跋扈，但同时暗示他并不认同曹利用有谋逆之心。刘娥见王曾也不认同曹利用谋逆，觉得此事不宜做得太过分，态度稍微有所缓和。①

处罚结果很快出来了。曹汭被处死，曹利用被贬为左千牛卫上将军、知随州，并令供奉官陈崇吉、御史台驱使官赵崇谅乘驿车随同前往赴任——说是随同前往，实则带有监押性质。张士逊受到牵连被罢相②，守刑部尚书、知江宁府。大理寺也对此案其他当事人进

---

① 《续资治通鉴长编》卷107，天圣七年正月癸卯条。
② 张知白死后，时任枢密使的张士逊在曹利用的举荐下，被刘娥任命为礼部尚书、平章事。见《续资治通鉴长编》卷106，天圣六年三月壬子条。

行了处罚，举报者赵德崇被赏田五顷、钱二千。①

随着曹利用倒台，曹利用做的一些不法之事陆续被曝光，数罪并罚，曹利用再被贬为崇信节度副使，安置房州（湖北省十堰市房县）。朝廷仍命内侍杨怀敏护送，另外挑选官员担任知房州负责监押、巡检。之前曹利用知随州虽然属于贬官，至少形式上是正常的官员调动，此时却是真正将其作为犯官来对待了。

与此同时，朝廷又下令降曹利用四个儿子各两级，没收赏赐的府第并抄没家产。曹利用的弟弟左侍禁、阁门祗候曹利涉之前担任赵州都监，强买邸店，役使军士修建府第。曹利涉此时身在京师，朝廷也下诏将其送往开封府衙审讯，按照法令，曹利涉应当削夺三官、停职，宋仁宗下诏将其直接除名编管，惩罚更为严厉。不久，赵州人又上言曹利涉曾经偷盗官物，于是宋仁宗再次下令杖责二十。曹利用的舅舅、已经致仕的太子中舍韩君素居住在棣州，倚仗曹利用的权势，放高利贷侵害百姓，又私自在家中酿酒，违反国家法令，特予除名，发配沂州编管。殿直田务成为曹利用家事主管，曾经因事受贿的崇仪副使田承说又以书信送抵田务成，妄言钱惟演有奏章营救曹利用。朝廷最后判决田务成受贿，降两级、停职，仍然编管，田承说也被罚铜七斤。②

---

① 《续资治通鉴长编》卷107，天圣七年正月丙辰条。
② 《续资治通鉴长编》卷107，天圣七年二月癸酉条。

随着曹利用倒台，他平日亲近厚待之人都受到了牵连。[1]之前那些趋炎附势之徒，甚至是受过曹利用恩惠之人见风使舵，转而争相诋毁曹利用来撇清关系，只有小官司马池冒着风险独自公开称曹利用是冤枉的。但是朝廷对其说法不闻不问。[2]总体而言，朝廷上下与曹利用有关系之人人人自危，一时间气氛肃杀。

由于曹利用多年担任枢密使，掌管军事，他曾经推荐的许多武将此时都领兵守卫边疆。宋仁宗和刘娥担心这些人与曹利用勾结，想要将他们全部罢免。殿中侍御史鞠咏认为这些人不一定完全与曹利用有亲密关系，而且涉及人数众多，一旦贸然罢免，恐怕会在军队中产生不良后果。他请求对这些人员不予惩治，以安抚他们。宋仁宗与刘娥听从了鞠咏的建议。

还有一种说法是，当时相关部门想将结交曹利用之人一网打尽，有阴险之徒便乘机提出四十余名文武官员的名字，要求对这些人深入调查。宋仁宗察觉此事后颁出手诏："文武臣僚内有之前曾与曹利用交涉往还、曾被荐举及曾经亲昵之人，不得节外追究。其

---

[1] 《续资治通鉴长编》卷107，天圣七年二月甲戌条："以户部副使、度支员外郎王毆为司封员外郎、知湖州，群牧判官、太常丞韩琚同判濠州，太子中允、集贤校理李丕谅落职，同判和州。毆，利用同里人，相厚善；琚，利用所荐；丕谅，士衡子，即其妻兄，故皆绌之。通判许州、阳翟秘书丞程戡，利用女婿也，亦坐降，通判蕲州。又以西上阁门使曹琮为河阳都监，淮南江浙荆湖制置发运使、六宅使、康州刺史刘承颜知处州，知瀛州、礼宾使魏正为杭州都监，皆利用所亲厚者。琮，玮之弟也。"

[2] 《续资治通鉴长编》卷107，天圣七年正月丙辰条。

中虽有涉及曹汭之事的人员，恐怕有所误会，也不得过分审讯。"①

无论是鞫咏的上言还是宋仁宗的主动降诏，都说明当时因为曹利用一案造成形势紧张，有人妄图扩大打击范围，将更多人牵涉进来，达到公报私仇的目的。好在宋仁宗、刘娥及部分臣僚头脑清醒，没有将案件进一步扩大化，朝廷才没有发生重大的政治动荡。

内侍大多痛恨曹利用，必欲置之死地而后快。内侍杨怀敏负责护送曹利用，一路对其百般折磨。行至襄阳渡口时，杨怀敏指着江水对曹利用说："侍中，好一江水。"暗示曹利用投江自尽，但曹利用不为所动。走到襄阳驿时，杨怀敏又不肯前行，并以恶言恶语逼迫曹利用。曹利用为人生性刚硬，终于不堪受辱，自缢身死。杨怀敏于是上书奏称曹利用突然暴毙。②

对于曹利用的倒台，并非没有人预见到。馆阁校勘彭乘曾经参与宫中举行的钓鱼宴。按照旧制，天子没有钓上鱼来，侍臣即便先钓到鱼也不敢举竿。等待宋仁宗钓上鱼，左右侍从以红丝网将鱼接上来，陪同钓鱼的大臣们一起向宋仁宗祝贺。天子已经钓上鱼了，大臣们便放松了许多。一会儿，有人也钓到鱼，正打算举竿，左右侍从之人赶紧制止他说："侍中还没有钓到鱼，学士不可以举竿。"彭乘当时觉得很奇怪。不久，宰辅中有人钓到鱼，左右之人用白丝

---

① 《续资治通鉴长编》卷107，天圣七年二月甲戌条。
② 《续资治通鉴长编》卷107，天圣七年闰二月辛卯条；《归田录》卷1。

网将鱼接过来。等到曹利用钓到鱼，左右之人又用红丝网来接鱼，看到侍奉之人用给天子使用的红丝网来为自己服务，曹利用竟然视若无睹，坦然接受。等待宴会结束，彭乘出宫后对人说："曹公权位如此之高，不因功高震主以避嫌，反而心安理得地享受僭越之礼，这如何能够保持长久呢！"果然没多久，曹利用便倒台了。①

曹利用虽然恃宠而骄，但绝无不臣之心。他的悲剧下场，本质上还是因为得罪了内侍而遭到他们罗织罪名诬陷罢官，最终家破人亡。正因如此，他的贬死之事除了给人们带来极大的震撼外，还让人们对其产生了深深的同情。②于是人们编造出曾经担任过镇定走马承受的内侍押班任守信——他是当年将曹汭一案上报刘娥，导致曹利用之案的人员之一——后来被曹利用鬼魂索命而亡的故事。③

---

① 《续资治通鉴长编》卷107，天圣七年正月丙辰条；《涑水记闻》卷3。
② 《续资治通鉴长编》卷107，天圣七年闰二月辛卯条："始，契丹深入寇，朝廷方厌兵，第盟不就，顾于聘赂无所爱，而利用以小官奉使，敢任大事，力靳其数，于国有劳。既富贵，负恃以为己功，性又悍梗少通，力裁侥幸，而其亲旧亦有因缘以进者，故及于祸。然其在朝廷，忠荩有守，始终不为屈柔，死非其罪，天下冤之。"
③ 《续资治通鉴长编》卷107，天圣七年正月癸卯条注："内侍押班任守信为定州路铃辖，一日，习射于圃中，其左右惟见守信独语云：'侍中何故至此！'退立数步，踣于地。从者翼归正寝，风涎大作，已不救矣。先是，守信天圣中为镇定走马承受，时知定州曹玮与大珰曹利用有隙，会侄汭狷狂，山呼至赵州，奏入月余未行。玮密讽守信以边事入奏，白于章献刘后，遂贬利用，而非命死于道。后守信赴官定州，经由赵之高邑县，道旁一坟庄，询之谁氏，曰：'故曹侍中坟。'守信自此觉神色惨沮，至定，不旬日而疾作。其年，玮亦薨谢。"

从丁谓到曹利用，刘娥用一连串雷霆手段不断地清洗朝廷官僚队伍，敢于反对她的大臣越来越少。但刘娥仍然不满足，再度对宰相一职动手。

后相斗法

在贬黜曹利用时，刘娥还在寻找更合适的人来接替王钦若出任首相，以维持自己与文官之间的平衡，但始终没有合适的人选。无奈之下，只能将王曾从集贤相晋升为首相昭文相。[1]

王曾为人沉着冷静。天圣四年（1026）六月，京城突发大水。一天，宫中有旨传令众官免上朝，群臣纷纷离去。王曾喊住传旨的内侍，让他入宫禀告刘娥和宋仁宗说："天象变化甚为怪异，都是臣等辅佐无状，岂可退居私室，恬然自处。"王曾请求入见，开陈备御洪灾的方法。宰执中有先行归家者，不禁对他油然称道并深感自愧不如。

当时连日大雨，传言汴河河口决堤，洪水将奔涌而至，京城之人都惶惶不可终日，打算向东逃亡。宋仁宗也很担心，就询问王曾此事是否属实，王曾斩钉截铁地回答宋仁宗说："臣并没有收到汴

---

[1] 《续资治通鉴长编》卷103，天圣三年十二月癸丑条。

河决口的上奏,这恐怕只是民间的以讹传讹,不值得担心。"后来的事实证明果然如王曾所言。①

王曾忠心耿耿地维护皇权,打压外戚的势力。刘娥曾经打算擢升姻亲马季良为侍从官,因王曾反对而作罢。刘娥无奈,只好等到王曾居家养病时告谕中书,令其发布马季良为侍从官的除授命令,执政慑于刘娥的威严,不敢违拗。此事反倒提高了王曾的威望,朝野"益重曾之守正云"。②

刘娥想要享受更高的礼仪待遇,王曾强烈反对,仅同意刘娥使用太后的礼制规格。天圣二年九月,礼官商定皇太后于崇政殿接受尊号册,宋仁宗认为这样不够尊重,下诏改在文德殿受册,天安殿发册。但刘娥并不满足,想要在天安殿受册。天安殿是宋朝举行重要典礼的宫殿,宋真宗曾在天安殿举行大朝会以及册封五岳帝号、册封皇太子等仪式。刘娥想在天安殿受册,无疑是想让自己的待遇等同于先帝。但王曾上言表示反对,刘娥不得已而让步。③

天圣四年十二月,宋仁宗对宰辅们说:"朕打算元日率领文武百官先祝贺皇太后寿辰,然后驾临天安殿接受百官朝贺,可令太常礼院草拟具体的礼仪。"刘娥心中高兴,口头上仍然表示谦让:"怎么可以因为我的缘故将元会的礼节推后呢?"王曾本来就反对刘娥

---

① 《续资治通鉴长编》卷104,天圣四年六月庚子条。
② 《续资治通鉴长编》卷106,天圣六年六月丁亥条。
③ 《续资治通鉴长编》卷102,天圣二年九月甲辰条。

逾越礼制，便顺水推舟，对宋仁宗说："陛下以孝奉母仪，太后以谦全国体，请陛下遵从太后的命令。"但这次一向性格柔弱的宋仁宗坚持己见，不肯让步。王曾的这些做法让渴望更大权威的刘娥心生不悦，想要将其换掉。①

天圣七年二月，参知政事鲁宗道病逝。当年曹利用恃权骄横，连刘娥都对其忌惮三分，鲁宗道却毫不畏惧，屡屡在宋仁宗面前批评曹利用，众人无不对他既佩服又敬畏，朝廷权贵也都很忌惮他，因为他姓鲁，便称其为"鱼头参政"，意指他的骨头硬如鱼头。鲁宗道担任了七年执政，在朝中很有威望。在他病重期间，宋仁宗亲自到其府邸探视，并赏赐三千两白银。鲁宗道去世后，刘娥亲临祭奠，追赠其为兵部尚书。②

鲁宗道的去世，让宰执中又损失了一位生性正直、反对刘娥专权的重要人物。同年六月，玉清昭应宫发生火灾，王曾因为身兼玉清昭应宫使，上表待罪，刘娥以此为借口，将其罢相出守地方。③

天圣六年二月，张知白病逝。张知白为人惜名器，毫无私心，经常以月满则亏来提醒自己。他虽然身为宰辅，位极人臣，却生活

---

① 《续资治通鉴长编》卷104，天圣四年十二月丁亥条。宋人以"岁初增年"，即每年的第一天计算年龄的增长，故于正月初一为刘娥祝寿，而非刘娥真正的生日长宁节正月初八。
② 《续资治通鉴长编》卷107，天圣七年二月庚申条。
③ 《续资治通鉴长编》卷106，天圣六年二月壬午条。

简朴如同贫寒之士。①

张知白去世后，宰相中只剩下王曾，刘娥让宰辅们推荐接替人选。王曾推荐参知政事吕夷简，枢密使曹利用则推荐枢密副使张士逊。刘娥提出张士逊品位在吕夷简之上，打算任用他为宰相。王曾提出反对意见，认为挑选宰相应该根据才能，而不是根据其品位。王曾的话理直气壮，刘娥无法反驳，只好表示要用吕夷简为宰相。得知这一消息的吕夷简迅速做出了反应，在奏事的时候诚恳地上言，称张士逊是宋仁宗资历最老的潜邸旧臣，而且品德纯正，请先进用。吕夷简知进退，刘娥很高兴，对其印象颇佳。②

天圣七年二月，曹利用倒台，张士逊受牵连被罢相，王曾再度向刘娥推荐吕夷简。为了说服刘娥，王曾巧妙地将吕夷简拜相上升到文武关系这种关乎国家政策的高度上来，他说道："太后不肯任吕夷简为宰相，以臣揣度，是不想让吕夷简朝班时位居枢密使张耆之上罢了。张耆不过是一介武夫，岂能如此妨碍贤才仕进！"

宋朝建立之初便已经开始了崇文抑武的国策，经过三朝发展，这一观念已经成为"祖宗之法"深入人心，谁也不敢贸然与之背道而驰。听到王曾的一番话，刘娥只能表明态度："吾并无此意。马上就任命吕夷简为相。"于是张士逊被罢相的同日，宋仁宗便下诏

---

① 《续资治通鉴长编》卷106，天圣六年二月壬午条。
② 《续资治通鉴长编》卷106，天圣六年三月辛亥条。

任命吕夷简为相。①

数月后，王曾被罢相，吕夷简又顺利晋升成为首相。②吕夷简看到刘娥的强硬手腕，意识到自己如果正面与之对抗，可能会落得和王曾一样的下场，于是就采用相对怀柔的手段，一边主动向刘娥示好，一边警惕地维持原则。

宋太祖朝，都知、押班都是由内侍的供奉官担任的，内侍官地位不高，只能裹头巾、穿褐衫。吕夷简任相后，假意不懂旧例，奏请升内侍班次。刘娥因为是女性身份，不方便直接与臣僚接触，日常更多地借助内侍进行沟通，要使内侍更积极地为自己服务，便要不时地给予赏赐提拔。由于唐朝宦官专权的教训让人印象深刻，宋朝建立初，皇帝便有意识地限制内侍的权力，轻易不提高他们的品级。吕夷简如今主动提出提升内侍品级，无疑很符合刘娥的心意，她迅速批准了吕夷简的上奏。九月，宋仁宗下诏阁门："自今入内都知押班，如昭宣使以上，即与客省使等为一班；皇城使副以下，并在皇城使之前，别为一行。"③

宋人称吕夷简此举是"不考故事"，批评吕夷简不熟悉旧例。其实，吕夷简不一定是不懂旧例。当时内侍凭借刘娥的权势气焰嚣张，权倾一时的曹利用因为得罪他们遭到构陷并被贬斥至死。圆滑

---

① 《续资治通鉴长编》卷107，天圣七年二月丙寅条。
② 《续资治通鉴长编》卷108，天圣七年八月己丑条。
③ 《续资治通鉴长编》卷108，天圣七年九月丙寅条。

的吕夷简很可能是假装不知旧例来讨好刘娥和内侍。吕夷简此举果然赢得了刘娥的欢心，也让内侍对他很满意。此后吕夷简一直平稳任相，直至刘娥过世。

吕夷简讨好刘娥不假，但并非毫不作为，一旦出现可能威胁到皇室安危、朝廷稳定的情况，吕夷简便会毫不犹豫地站出来。明道元年（1032）八月二十三日晚，皇宫大内突然起火，火势凶猛，焚烧了崇德殿、长春殿、滋福殿、会庆殿、崇徽殿、天和殿、承明殿和延庆殿八座宫殿，损失严重。宋仁宗和刘娥不得不到花园里避火。百官早晨上朝，宫门不开。辅臣请求皇帝出面奏对，宋仁宗驾临拱宸门，百官在楼下向皇帝行礼。当时大臣见到宋仁宗出现，赶紧跪倒在地，口称万岁，唯独吕夷简站立不跪，也不行礼，神情严肃。宋仁宗很奇怪吕夷简的表现，便传旨询问其缘故，吕夷简恭敬但不失庄重地回答道："宫廷有变，群臣愿一望清光。"听了吕夷简的话，宋仁宗心中不禁感叹吕夷简心思缜密，赶紧下令左右之人将自己面前的珠帘掀起来，露出真身。吕夷简看到珠帘后面端坐的确实是宋仁宗本人，这才恭恭敬敬地行礼参拜。[1]

很显然，面对皇宫大内突发火灾，丰富的政治经验以及对历史上宫廷斗争的熟稔，让身为宰相的吕夷简首先想到的是皇帝的安危，他此时的做法，与当年吕端拥立宋真宗时的做法毫无二致。

---

[1] 《续资治通鉴长编》卷111，明道元年八月壬戌条、乙丑条。

可以说，刘娥自垂帘听政以来，在维护赵宋江山的前提下，为了将国家大权掌控在自己手中，与以宰相为首的文官集团既有合作又有斗争。刘娥对二府官员始终保持高度警惕，有意打压其势力发展。刘娥在垂帘听政之初的某一天，哭着对宰辅们说："国家遭逢大难，如果不是靠着诸位宰执同心协力，何以至此？如今山陵之事已经完结，大家都得到恩赏，只有宰执们的亲戚没有享受到恩泽。卿等可将内外亲族的姓名交上来，当尽数推恩。"宰执们不知道刘娥的真实目的，便将内外亲戚的姓名进呈。刘娥拿到名单，将其画成图表，粘在寝殿的墙壁上。每次准备提拔官员，一定要先看看图表，只要是宰执的亲戚就不提拔。[①]经过一轮轮清洗，不断地换相，刘娥最终成功地以太后之尊压制住了宰相的权威，取得了暂时的胜利。但文官集团并未完全屈服，王曾、鲁宗道等人从维护传统礼法角度出发，捍卫着皇权的神圣性，使得刘娥始终无法突破底线。

内侍与外戚

为了在与文臣之间的博弈中获得优势，刘娥开始寻找其他可为己用的势力，于是她把目光放在了内侍和外戚身上。

---

① 《默记》卷上。

虽然贵为皇太后，掌握着宋朝当时真正的最高统治权，但刘娥很难找到真正效忠她的人。宋仁宗虽然年幼，但在传统帝制观念的影响下，大臣们都会毫不犹豫地忠于宋仁宗。刘娥不得已走上了历史上太后临朝的老路——重用内侍。于是罗崇勋、江德明等一班亲信狐假虎威，气焰嚣张，"势倾中外"。[1]

　　天圣元年五月，有人上言，称内侍奉使江、淮，多乘坐官船搭载私人物品以营利，沿途经过的州县都不敢检查。朝廷于是下诏，自今内臣出外，只给驿马，并且不得超过三匹。[2]

　　事实上，内侍外出不仅随意乘骑驿马，甚至还公然向枢密院索马，枢密院不敢不予。天圣七年三月，群牧判官庞籍上奏称："按照旧制，不以国马假借给臣下，是为了重视武备。近日，枢密院将两匹带甲之马借给内侍杨怀敏，群牧司覆奏，最终只赐给一匹马。但杨怀敏三天后又来借马，一连多日都是如此。枢密掌管军事，在这件事情上却如此反复！"[3]但刘娥对庞籍揭露的问题充耳不闻。

　　相比于文武百官，刘娥更信任内侍，双方一旦发生矛盾，刘娥总是站在内侍一方。刘娥下令修建景德寺，特意让翰林学士兼侍读学士蔡齐撰写《修景德寺记》。为了讨好刘娥，内侍罗崇勋不断催

---

[1]《宋史》卷242《后妃传上·章献明肃刘皇后》。
[2]《续资治通鉴长编》卷100，天圣元年五月戊子条。
[3]《续资治通鉴长编》卷107，天圣七年三月癸未条。

促蔡齐赶紧写完进呈，并赤裸裸地诱惑道："您只要早日完成此记文，让皇太后满意，参知政事唾手可得。"蔡齐认为受到了侮辱，便有意放慢写作进度。罗崇勋觉得蔡齐妄自尊大，便向刘娥构陷蔡齐。刘娥于是下令让蔡齐出京任职。参知政事鲁宗道认为蔡齐无端被贬出京城，极力反对，希望能留住蔡齐。但刘娥坚持不肯，鲁宗道只能作罢。①

罗崇勋曾向陈留县知县王冲索取官田，遭到王冲的拒绝。罗崇勋怀恨在心，指使皇城卒诬陷王冲为朝廷采办物品时赚取利润。刘娥下令罗崇勋审查此事，王冲被发配为雷州编管。②

内侍皇甫继明等人兼领估马司职务。他们自称买卖马匹有盈余，要求朝廷给他们升官。按照制度，买卖马匹属于群牧司管辖，群牧司经过查证，发现皇甫继明等人撒谎。因为皇甫继明是刘娥身边的红人，群牧司不敢得罪，于是自制置使以下，都打算附会皇甫继明的说法，只有群牧判官司马池坚决表示不同意。群牧司的小吏担心司马池会惹祸上身，便好意提醒他"中贵人不可忤逆"，司马池仍坚持原则不肯让步。皇甫继明等人听说后勃然大怒，对司马池怀恨在心，寻机报复。后来司马池被任命为开封府推官，敕书送到阁门，皇甫继明等人故意从中作梗，导致司马池最后只能以屯田员

---

① 《续资治通鉴长编》卷106，天圣六年七月丙辰条。
② 《续资治通鉴长编》卷110，天圣九年五月己巳条。

外郎出知耀州。①

太常博士范讽因为身患疾病监舒州灵仙观，看起来仕途上无法更进一步。恰巧内侍张怀德奉命前往灵仙观斋祠，范讽极力巴结张怀德。张怀德还朝后向刘娥推荐范讽，于是范讽被提拔到京城为官。②

左司谏、龙图阁待制孔道辅曾经向刘娥进言，斥责曹利用和内侍罗崇勋窃弄威权，提醒刘娥应该早日将这二人赶出朝廷，刘娥当时点头表示同意。后来曹利用被贬黜致死，罗崇勋仍然继续作威作福，而孔道辅却被找了个借口赶出朝廷。③

刘娥与刘美虽然不再是夫妻，但二人的感情一直不错。刘美有两子刘从德、刘从广。刘娥对这两个名义上的侄子特别宠溺。刘美去世后，刘娥经常去刘美府第看望其子女。左司谏刘随上奏疏劝止，认为刘娥此举有宠幸外戚之嫌，刘娥采纳了他的建议，不再前往刘美府第，④但私下里则照样纵容刘美家人。

刘从德并无功劳，却因为刘娥的宠信不断升官。刘从德知卫州时，当地通判戴融为人善谄佞，他率领上千卫州人，妄言刘从德

---

① 《续资治通鉴长编》卷107，天圣七年三月癸未条。
② 《续资治通鉴长编》卷108，天圣七年五月甲戌条。
③ 《续资治通鉴长编》卷108，天圣七年十二月辛亥条。
④ 《续资治通鉴长编》卷106，天圣六年三月戊申条。

治理卫州有突出政绩，请求朝廷下令刻碑褒奖。朝廷通过调查发现戴融所言不实，不许立碑，但碍于刘从德是刘娥的侄子，还是降诏褒奖。县吏李熙辅特别善于巴结刘从德，刘从德便向朝廷推荐李熙辅，刘娥看到刘从德的荐表非常高兴，说："孩子能荐士，知道如何从政了。"当天便下令擢升李熙辅为京官。当时很多人为了升官，都刻意巴结刘从德。甚至一些高级官员，也私下走刘从德的门路。

刘从德年纪轻轻便做到团练使，后来中年病故，刘娥非常伤心，破例追赠他为保宁节度使，封荣国公，谥号"康怀"。为了表达哀思，她还下令录用刘从德内外姻戚、门人甚至僮隶近八十人。刘从德的姐夫龙图阁直学士马季良、舅父钱惟演的儿子集贤校理钱暖，以及岳父王蒙正都凭借刘从德的遗奏恩典，各自升迁两级。戴融因为曾经在卫州辅佐过刘从德，被升为度支判官。马季良上章辞免所迁官职，刘娥便升迁其子将作监主簿、馆阁读书马直方为大理评事，以资奖励。[①]

侍御史曹修古，以及殿中侍御史郭劝、杨偕，还有推直官段少连见刘娥大肆提拔刘从德姻亲甚至仆从，都觉得此事不妥，不断上表反对。刘娥不仅不肯接受，反而勃然大怒，将他们的奏章直接下

---

① 《续资治通鉴长编》卷109，天圣八年六月乙巳条；《宋史》卷463《外戚传上·刘从德》。

发给中书门下，让中书门下对这些人进行处分。大臣们经过一番商议后，奏请贬黜曹修古知衢州，其余人依次贬黜。刘娥却以为这种处分太轻，对其再度贬官。①

刘从广从小出入禁中，陪伴宋仁宗左右，刘娥"爱之如家人子"。②刘从广后来娶了赵元俨的女儿。

刘娥不仅宠溺刘美的子女，刘美的亲戚同样受到她特殊的关照。茶商马季良娶了刘美的女儿，他进入官场后，仕途一路畅通。马季良的学问不高，升任馆职时需要进行考试，刘娥担心马季良无法过关，便派遣内侍赏赐马季良饮食，还传口谕让马季良赶紧完成考试。主考官不敢得罪刘娥，干脆分头替马季良答题。刘娥后来打破制度规定，让马季良以太常丞、提举在京诸司库务擢升龙图阁待制。③

正是在刘娥的放纵下，不仅刘美的子女，他的姻亲甚至婢女，都公然纳贿，干涉朝政。④京西转运使、工部郎中王彬属下的小吏马崇正是刘娥姻亲，凭借刘娥的关系，骄横不法。刘娥对此早有耳闻，但假意不知。王彬揭发马崇正贪污受贿，并将其投入监狱进行

---

① 《续资治通鉴长编》卷110，天圣九年十一月丁酉条。
② 《宋史》卷463《外戚传上·刘从广》。
③ 《皇宋通鉴长编纪事本末》卷34《仁宗皇帝·外戚骄横》。
④ 《皇宋通鉴长编纪事本末》卷34《仁宗皇帝·外戚骄横》："（天圣八年）九月，刘美家婢出入禁中，大招权利，枢密直学士、刑部侍郎赵稹厚给之。己巳，擢稹为枢密副使。"

审讯。刘娥得知消息后，下令将王彬调任河北转运使。①

程琳担任权知开封府期间遇到一起案件。王蒙正的儿子王齐雄将一老兵殴打致死，事后老兵的妻子和儿子畏惧王蒙正的权势，称老兵患病身亡，请求不要验尸。程琳观察到老兵的妻子和儿子神色不定、言辞闪烁，怀疑其中有诈，下令有司验尸，最终查明老兵是被殴打致死。刘娥得知此案，特意趁着程琳奏对时"提醒"他道："齐雄并非杀人者，是他的奴仆殴打人致死。"程琳明白刘娥有意给王齐雄开脱，但他义正词严地回答道："奴仆无权私自处理此事，况且让奴仆作奸犯科与自己犯法同罪。"听了程琳的这番话，刘娥沉默不语，只好按律处理此案。②

在刘娥的纵容下，其一些姻亲口无遮拦，甚至差点儿闹出外交事件。韩亿出使契丹，刘娥的姻亲为副使。此人平庸却自高自大，为了显示身份不一般，或是为了凸显刘娥的地位，他私下竟然对契丹使臣说："太后言两朝欢好，传示子孙。"对于此事，韩亿一无所知。一天，契丹方面忽然安排了一场宴会，派遣大臣来作陪，在酒席之上，契丹大臣趁机询问韩亿："既然贵国太后有'两朝欢好，传示子孙'之语，为何贵使没有将此话说与我方？"韩亿仓促之际沉着应对道："太后每次派遣使臣，使臣都会在帘前领受太后这番

---

① 《续资治通鉴长编》卷109，天圣八年四月甲午条。
② 《续资治通鉴长编》卷110，天圣九年九月己巳条。

话，太后告诫使臣出使要慎重。"听了韩亿的解释，契丹大臣十分满意，欣慰地说："这真是两朝生灵之福啊！"[1] 韩亿回京复命，将此事上奏刘娥，但刘娥并未处分那位副使。

在争夺权力的道路上，刘娥任用内侍、纵容族人，这无疑给她的身后评带来了污点。[2] 然而，刘娥在争夺权力、打压竞争对手和挑战者的同时，仍用一系列手段有效地治理了国家，后人称其执政十余年间，"天下晏然"[3]。虽然打压宰执，但刘娥施政公允，"号令严明，恩威加天下"[4]，也获得了臣僚的认可。正因如此，刘娥才能在与官僚集团博弈的同时，牢牢把握住权力。

休养生息

> 宋兴，而吴、蜀、江南、荆湖、南粤皆号富强，相继

---

[1] 《江邻几杂志》卷上。
[2] 《续资治通鉴长编》卷115，景祐元年八月壬申条："虽或能整齐禁中，而垂帘之后，外戚用事，亦何所不至，齐之力争，不为失也。"卷119，景祐三年十二月丁卯条："庄献太后临朝，宦官炽横，太后每遣内侍至学士院，得象必正色严待之，或不交一言，议者以此称焉。"卷123，宝元二年五月己亥条："只自庄献明肃太后垂帘之日，遂有奔竞之辈，货赂公行，假托皇亲，因缘女谒，或于内中下表，或只口为奏求。是致侥幸日滋，赏罚倒置，法律不能惩有罪，爵禄无以劝立功。"
[3] 《宋史》卷311《吕夷简传》。
[4] 《续资治通鉴长编》卷112，明道二年五月癸酉条。

降附，太祖、太宗因其蓄藏，守以恭俭简易。方是时，天下生齿尚寡，而养兵未甚蕃，任官未甚冗，佛老之徒未甚炽，外无夷狄金缯之遗，百姓亦各安其生，不为巧伪放侈，故上下给足，府库羡溢。承平既久，户口岁增，兵籍益广，吏员益众，佛老、夷狄耗蠹中国，县官之费数倍昔时，百姓亦稍纵侈，而上下始困于财矣。①

宋真宗晚年，国家财政匮乏，社会矛盾加剧。宋仁宗登基后，大臣们纷纷上奏，要求朝廷正视社会上存在的各种问题并加以解决。比如，权三司使李咨曾经向刘娥和宋仁宗进言，要求裁减与军事边防无关之人，以减轻百姓的负担。盐铁判官俞献卿详细分析了当前百姓生活困苦的原因：官吏人数增多，财政开支增加，赋税沉重，奢侈之风盛行，官府的和籴、和买政策不公等。刘娥于是下令御史中丞刘筠、提举诸司库务薛贻廓与三司共同商议裁减冗费。②

与此同时，刘娥以身作则，减少不必要的开支。天圣二年九月，中书门下上言："真宗谥号册、皇太后、皇帝尊号册宝，按照惯例都采用黄金，只有真宗天禧年间曾经采用涂金。"宋仁宗说："真宗、皇太后的册宝都用黄金，朕用涂金便可。"刘娥告谕宰臣

---

① 《续资治通鉴长编》卷 100，天圣元年正月癸未条。
② 《续资治通鉴长编》卷 100，天圣元年正月癸未条。

道："皇帝即位，初膺册命，当用纯金，其余用涂金便可。"①天圣五年七月，宋仁宗下诏三司，将来南郊祭祀，乘舆、服御等物当整饬者，务从简约。②

此外，刘娥还采取以下各种方式节约财政支出：减少部分官员的俸禄③；严格核算建筑费用，宫中修建房屋先由三司预算出实际使用的材料，然后由官府供应材料（先前则是由内侍省负责，刘娥认为"广有支费"）④；省并部门，减少行政开支，比如"罢在京竹木场入中"⑤、废除与太常礼院职责重合的礼仪院⑥。

宋初，朝廷规定川峡、广南茶叶可以民间自行买卖，但禁止出境，其余地区的茶叶全部实行专卖，违反者予以惩处。后来随着宋朝与契丹、西夏连年开战，边境驻扎了大批军队，需要大量的粮草物资，给当地百姓造成沉重的负担。在这种情况下，朝廷为了缓解

---

① 《续资治通鉴长编》卷102，天圣二年九月庚寅条。
② 《续资治通鉴长编》卷105，天圣五年七月丙寅条。
③ 《续资治通鉴长编》卷100，天圣元年三月辛卯条："诏京朝官未历任而因祠祭行事给俸者，其见钱并折支三之二。"
④ 《续资治通鉴长编》卷100，天圣元年三月甲申条："诏自今传宣营造屋宇，并先下三司计度实用功料，然后给以官物。时上与皇太后宣谕辅臣曰：'比来诸处营造，内侍直省宣谕，不由三司，而广有支费。且闻伐材采木，山谷渐深，辇致劳苦，宜检约之。'乃降是诏。"
⑤ 《续资治通鉴长编》卷100，天圣元年三月辛巳条。
⑥ 《续资治通鉴长编》卷100，天圣元年四月辛丑条注："礼仪院占公人二十二人，岁费钱千七百余贯，非泛行礼支给在外，日逐行遣祗应不多。详定仪制，久来属太常寺及礼院管勾，今请停罢所有承受宣敕、行遣公案诸般文字，并付本院。"

运送物资的压力，招募商人将粮草等运送到边境地区，然后根据路途远近，以及对运输物资的估价，给予他们可兑换茶叶的茶券来补偿，此种方法被称为"入中法"。由于一开始朝廷为了招徕更多商人入中粮草物资，便高估其价格，于是吸引了很多商人争先恐后前往。本来这种方法可以较好地解决边境驻军的物资供应问题，但后来出现弊病，入中物资的估价越来越高，远远超过了实际价格。这一方面造成了茶叶的贬值，国家损失了大量茶叶收入，另一方面致使边境物资出现不足。

宋真宗景德年间（1004—1007），丁谓担任三司使，曾经考量过入中得失，认为边境获得物资只有五十万，而东南地区三百六十余万茶利全部归了商人。朝廷虽然看到了入中法存在的弊端，但因为没有更好的方法解决边境驻军的粮草供应问题，所以在整个宋真宗朝，入中法虽饱受争议却始终无法被取缔。刘娥摄政后，马上着手解决此问题。朝廷任命一批官员讨论如何进行改革，推行淮南十三山场"贴射茶法"——商人入中粮草物资后，官府不再给予茶券，而是给予现钱，商人可以用钱在产茶的十三山场与种茶的园户交易，购买茶叶，并且购买茶叶时还需向官府上交一定的利息——从而增加官府收入，也避免了入中粮草物资价格被高估的现象。[①]

---

① 《续资治通鉴长编》卷100，天圣元年正月丁亥条。参见孙洪升：《北宋贴射茶法析论》，《农业考古》1999年第2期。

陕西转运司上言民间买官糟造醋，利润颇丰，故"置务榷之"，即将醋作为官方垄断的商品，并请求在其他地方推广榷醋。王曾认为，国家榷酒是"出于前代之不得已"而为之，现今欲行榷醋，实在有些过分，表示反对。刘娥认为王曾说得有道理，下令废罢陕西等地新设置的榷醋机构。①

在宋朝，茶、盐等专卖都属于国家重要的财政收入来源。食盐专卖有一个非常大的弊端，就是官方为了增加收入，不仅蓄意提高食盐价格，而且经常往食盐中掺杂沙土等物，以次充好，百姓以昂贵的价格购买食盐却吃不到好盐，苦不堪言。

选人王景曾上书反映此事，称："池盐获利，自唐代以来，几乎占了天下赋税收入的一半。太宗时，池盐专卖，法令严格，百姓不敢私自煮盐，官盐销售量猛增。真宗务求缓和刑罚，减少聚敛，于是私盐日益增多，官府食盐专卖收入逐渐亏损。"对此情况，王景提出采用商人销售食盐的方法，但大臣们都不同意王景的建议。后来刘娥下定决心，要大力推行通商，于是她对大臣们说："我听闻外间多苦于食盐质量粗劣，是不是真有这回事？"大臣们不敢隐瞒，只能如实回答道："只有御膳以及宫中的盐质量较好，外间之人都食用掺杂了土的盐。"刘娥听完后摇摇头说："不是这样的，御膳所用的食盐也有很多土，难以下咽。听说有人提出食盐通商，

---

① 《续资治通鉴长编》卷104，天圣四年七月乙丑条。

你们觉得如何？"大臣们认为一旦通商，那么官府的盐课收入肯定会有损耗，从而影响国库收入。刘娥态度坚决地说："为了让百姓能够吃上干净的食盐，即便国家放弃数千万钱也可以，收入损耗没有那么严重！"大臣们看到太后态度强硬要变革盐法，虽然心中不满，却也不敢再反对。于是刘娥下诏盛度、王随商议更改食盐专卖制度。天圣八年（1030）十月十六日，宋仁宗下诏："池盐之利，民食所资，申命近臣，详立宽制，特弛烦禁，以惠黎元。其罢三京、二十八州军榷法，听商贾入钱若金银京师榷货务，受盐两池。"蒲州、解县（今山西省运城市盐湖区解州镇）百姓听到朝廷免除当地食盐专卖，感激之情难以言表，都举办感圣恩斋庆祝。[1]

天圣六年七月，江、淮、两浙发生洪水灾害，刘娥命内侍蔡齐卿等探视受灾州军，安抚百姓、士兵受灾家庭，对于无力安葬之人，官府出资进行掩埋。为了防止朝廷派出的使者在地方作威作福，刘娥特意下令官员所到之处不得举行宴会，不得到处游玩，不得令当地官吏送迎，以免给地方造成负担。[2]

---

[1] 《续资治通鉴长编》卷109，天圣八年十月丙申条。
[2] 《续资治通鉴长编》卷106，天圣六年七月丙辰条。

政清人和

刘娥虽然恋权,放纵亲信,但她本人并不是个昏聩无能之人。她很清楚地知道,想要治理国家,必须用能吏,因此刘娥非常重视任用贤才,也为此采取了一系列措施。

刘娥垂帘听政期间,任用了一大批能臣干吏,使得当时社会呈现出一派积极向上的面貌。比如时任盐铁判官的萧贯,是不畏地方凶恶之吏;[1]在河南任地方官的李及,无论对待上级还是颇有权势的内侍首领,都一视同仁,毫不趋炎附势。[2]二人都因此获得了提拔。

知泾州陈贯督办盗贼,严格管束达官贵人的不肖子弟,亲自检查核对官府的财务账簿、赋租出入等,从不假手他人。陈贯曾经对同僚和下属们说:"如果能将官府的财物当作自己的财物来对待,又怎么会偷奸耍滑呢?"陈贯后来晋升为利州路转运使,遇到荒年粮食歉收,他将自己的职田粟拿出来赈济受灾百姓,又督促富民按照人口多少预留粟米,将多余的粮食都拿出来济民,救活了好几万人。朝廷得知陈贯的功绩,特意降诏书褒奖。[3]

天禧末年,张纶担任发运副使,当时盐课亏空了十年,张纶奏请免除通州、泰州、楚州盐户多年的欠款,由官府给他们提供制盐

---

[1] 《续资治通鉴长编》卷106,天圣六年四月乙酉条。
[2] 《续资治通鉴长编》卷106,天圣六年五月丁巳条。
[3] 《续资治通鉴长编》卷106,天圣六年八月己巳条。

的器具，交盐的时候再给他们优厚的价格，盐户的积极性一下子提高了，因此每年的官盐收入增加了数十万。张纶又在杭州、秀州、海州置盐场，每年盐税收入达到三百五十万。张纶在江、淮任职超过六年，为百姓做了许多兴利除害之事。张纶天性善良，喜欢施舍，他看到很多漕卒因为挨饿受冻死于道路之上，不禁叹息道："这是相关部门的过错，没有好好体现陛下的仁政。"于是他拿出自己的俸禄购买了几千件夹袄，送给那些衣不蔽体的漕卒。[①]

天圣六年七月，江、淮及两浙发生洪水灾害，知扬州杜衍积极赈灾，救济百姓很有功劳，州人都感念他的恩德。刘娥派遣的赈灾使者还京复命，见到刘娥还没有来得及说话，刘娥就问他杜衍是否安好，使者赶紧将杜衍在扬州的治理情况上奏，刘娥感叹地说："我很早就知道他了！"[②]

可以说，正是靠了这些能臣干吏，宋仁宗朝初期的经济迅速得到了恢复和发展。

好的政府离不开好的官员，而好的官员离不开严格的管理。宋真宗后期，官吏渎职腐败等问题已经比较严重。刘娥掌权后，为扭

[①] 《续资治通鉴长编》卷106，天圣六年八月甲戌条；《宋史》卷426《循吏传·张纶》。
[②] 《续资治通鉴长编》卷106，天圣六年七月丙辰条；《宋史》卷310《杜衍传》；《东都事略》卷56《杜衍传》。

转这种局面，多次以宋仁宗的名义下诏对官吏的考核严格管理。

天圣元年四月，刘娥对审官院下令，管理都城库务的各监当官必须从曾经担任过京官的人中挑选；担任过监当官的以荫补任官的官员子弟，如果曾经损失过官物，不得选差。又诏自诸行郎中至京官，以出身、历任功过详细记载在书簿上，然后进呈大内。[1]可见，这与搜集宰辅亲族名单的行为类似，刘娥要通过此举来详细了解官员们的情况，以便加以考察。

天圣四年二月，刘娥下令，对于犯贪污罪被处以流刑的官吏，如果按察官没有及时发现举报，也要受到惩处。[2]

天圣六年正月，上封者言："三司判官、开封府推判官，近年来屡屡更换，现在有许多权贵陈乞这一职务，请自今起选拔有才干而曾任过使者之人担任这一职务，等到两年以上，才可以任命为外任监司。京朝官知县两任为通判，又两任为知州，三班使臣一任监当入监押、巡检，资任太过迅速，请各增加一任。如果有明显遭受过弹劾或者多次被荐举者，令审官、三班院以其名字进呈。又进士及第，本以辞艺选拔，而近年以来多乞求赏赐子孙科名。又阁门祗候，太宗朝时人员数量很少，真宗朝设置提点刑狱副使，因诏近臣举历官有功劳者授之，其后又增加举荐者至七人，以增加其晋升的

---

[1]《续资治通鉴长编》卷100，天圣元年四月乙未条。
[2]《续资治通鉴长编》卷104，天圣四年二月甲寅条。

难度。如今权贵之家，根据恩例，滥晋者很多，请一切罢黜。诸路走马承受，岁满当除阁门祗候，只可迁一官。"刘娥完全接受了这个建议，并将其作为制度加以颁行。①

刘娥任用官员，都会经过周密的考虑，绝不会仅凭一面之词。权知开封府陈尧咨自负其能，认为执政妨碍自己获得朝廷的重用，于是他在面见刘娥时大肆诽谤执政。刘娥很重视陈尧咨的话，特意询问宰相王曾等人，王曾态度坚定地回答道："臣等职责在辅佐天子，不敢不心存公正，然而进谗言之人无所不用其极，也不可不察。"刘娥对王曾的解释仍然半信半疑，王曾见状只好接着解释道："是非曲直，在于听断的审慎，请臣用药物来比喻。医方称药有相合相克者，甘草被称作'国老'，因其性能与众药相合，故汤剂中不论寒温多用甘草；而斑猫有毒，如果与众药一同使用，必致杀人。这就是验证。"刘娥恍然大悟，过了没有几天，朝廷颁布命令，将陈尧咨的职务由文官换为武官。陈尧咨被调到地方任职，心中愈发愤愤不平，上书坚决请辞。刘娥破例召见陈尧咨，好言安抚，陈尧咨不得已接受了任命。②

宋初，为了防止臣僚壅蔽，朝廷有意建立起一套"防弊之政"，

---

① 《续资治通鉴长编》卷106，天圣六年正月庚申条。
② 《续资治通鉴长编》卷105，天圣五年八月丙戌条。

包括扩大言路、"异论相搅"等。刘娥垂帘听政之初，丁谓勾结内侍雷允恭，有意阻断她与其他宰辅之间的直接沟通。丁谓倒台后，基于前车之鉴，刘娥有意识地扩大了言路。刘娥在承明殿垂帘听政时，允许三司、开封府、御史台官员及属官一员共同奏事。[①]通过接见不同部门的官员，刘娥可以掌握不同的信息来源，便于她对政务做出更准确的判断。

宋朝建立之初，沿袭前代设置左右谏议大夫、司谏、正言等官，但大多不专门负责言路，言路官员的设置形同虚设。宋真宗曾诏令两省设置谏官，御史台设置侍御史以下各六名官员，后来人员数额不足也没有补充。宋仁宗即位后，有人上疏请求重新设置数名谏官、御史。刘娥和宋仁宗下令自翰林学士至三司副使、知杂御史，各自推荐官职在太常博士以上的能够担任谏官、御史的官员一名。[②]刘娥、宋仁宗还下令，百官转对[③]时，对时政缺失要畅所欲言，外地官员则采取实封奏章的形式提出意见。[④]

---

① 《续资治通鉴长编》卷100，天圣元年五月甲戌条。
② 《续资治通鉴长编》卷100，天圣元年四月丁巳条。
③ 转对，指朝臣定期向皇帝陈献个人对国事的意见。——编者注
④ 《东都事略》卷5《仁宗纪一》；《续资治通鉴长编》卷107，天圣七年三月癸未条注："国家设制策之科，将博询于鲠议，有能规朕躬之过失，陈宰相之阙遗，纠中外之奸回，斥左右之朋比，述未明之机事，贡无隐之密谋，以至台省之官，阿私而罔上，郡国之吏，专恣以滥刑；或通受货财，潜行请托；或恃凭权势，敢事贪残；并许极言，朕当亲览。其令百官遇起居日转对，在外臣僚，亦许具实封以闻。"

刘娥出于维护统治的需要，重视言路和言官，提高了台谏官的地位和重要性，培养了一批敢于言事的台谏官，他们在宋仁宗亲政后继续发挥着积极的作用。可以说，刘娥垂帘听政期间，是宋朝台谏势力兴起的一个重要阶段。

科举考试是宋朝选拔官吏的主要途径。宋太宗朝开始，通过科举考试录取的人数逐年增多。刘娥垂帘听政期间，为了获得更多的人才，将科举录取标准再度放宽，录取人数创下新高。

当时有人上奏，称经学"不究经旨"，请求朝廷在考生每三年一次的科举考试中，加试一道策论。结果在考试期间，大多数人在回答问题时错误百出。刘娥认为，经学科考生不擅长撰写策论，特意下令根据其所长来录取。天圣二年三月，宋仁宗诏礼部，参加诸科考试的举子策问不佳者，不得黜落。[1]天圣四年五月，宋仁宗又诏礼部贡举，进士参加过三次科举、五次诸科者，一并免除发解试。[2]

已有官爵者依旧能参加科举考试，被称为"锁厅试"。按照旧制，锁厅应举的士人，要先经过铨选官员的考试，然后才能取得发解试资格。礼部试时，文章文字有纰缪者会被取缔资格，考试不及

---

[1] 《续资治通鉴长编》卷102，天圣二年三月戊子条。
[2] 《续资治通鉴长编》卷104，天圣四年五月己卯条。

格者还需要罚铜，并且永远不能参加科举考试。刘娥考虑到这项规定太过严苛，为了吸引更多士人参加科举考试，经过与臣僚们讨论，最后下诏增加西川、广南东西路诸州军数量不等的进士解额。又下诏命官锁厅应举，从今以后不用再先行考试，落第者免于责罚，仍然可以再次应举。①

制举，是中国古代为选拔"非常之才"不定期举行的考试，通常由皇帝主持。宋真宗朝曾经一度举行过制举，后停罢。刘娥听从官员们的建议，下令恢复制举，还对应不同情况设置了不同的科目。贤良方正、能直言极谏科，博通坟典、明于教化科，才识兼茂、明于体用科，详明吏理、可使从政科，识洞韬略、运筹决胜科和军谋宏远、材任边寄科六科，对应京朝官被举荐及应选者；书判拔萃科，为选人参加文字书写准备；高蹈丘园科、沉沦草泽科、茂材异等科，为被推荐的百姓以及上书获得奖励之人准备；武举科为方略智勇之士准备。②从此以后，宋人入仕途径除了荫补、定期举行的科举考试外，还多了制举一途。

刘娥积极推动科举改革，扩大录取人数，培养了大批人才，使得科举考试成为宋朝最重要的入仕通道，也奠定了科举考试在宋朝的重要地位。

---

① 《续资治通鉴长编》卷104，天圣四年闰五月辛未条。
② 《续资治通鉴长编》卷107，天圣七年闰二月壬子条。

母子情深

刘娥一直很重视对宋仁宗的培养。宋仁宗登基后，刘娥告谕宰辅们说："皇帝听断闲暇，应该诏名儒讲习经史，来辅助其德行。"于是在崇政殿西庑设置帷幄，每日命近臣陪侍讲读。[1]天圣二年三月，刘娥告谕宰辅们说："近日应选择儒臣侍从皇上讲读，这对皇上极有裨益。"宰臣们推荐工部郎中马宗元，认为此人熟悉经术且德行高尚，可以担任经筵官。刘娥很快下令加封马宗元直龙图阁。[2]宋绶担任侍讲，刘娥命其挑选前代文字"可资孝养、补政治者"让宋仁宗阅读，宋绶推荐了许多相关书籍。[3]

侍讲孙奭知识渊博且德高望重，历经宋太宗、宋真宗、宋仁宗三朝，一直担任侍讲、侍读等职，颇受宋仁宗和刘娥的尊重。孙奭年岁已高，视力较差，每当天气阴晦光线暗淡时，宋仁宗便下令将御坐挪到阁外。孙奭讲至前世乱君亡国，必定反复规谏，宋仁宗每每都神情严肃地认真听讲。孙奭曾经画《无逸图》进呈，《无逸图》即将《尚书》中的《无逸》篇中周公告诫成王要勤政爱民的故事以图画形式表现出来，以警示宋仁宗。宋仁宗将此图张挂在讲读阁内。宋仁宗与刘娥见孙奭，必然以礼相待。后来孙奭多次以年老体

---

[1] 《宋史》卷242《后妃传上·章献明肃刘皇后》。
[2] 《续资治通鉴长编》卷102，天圣二年三月辛丑条。
[3] 《续资治通鉴长编》卷104，天圣四年闰五月甲子条。

衰为由请求致仕,宋仁宗特意在承明殿召见孙奭,好言宽慰,希望他能够继续留下来担任讲读官。孙奭很感动,但他提出自己年龄已经超过七十,符合制度规定的官员致仕年龄,同时他自己的身体状况确实无法继续支撑。孙奭一边说着一边流泪,因为他其实不想离开宋仁宗。宋仁宗也大为感动流泪,君臣二人相对感慨,感叹这些年来的师生时光。为了表示对孙奭的尊敬,宋仁宗下诏让孙奭与冯元讲《老子》三章,然后每人各赐帛两百匹,并下诏为孙奭举行送别宴。[1]孙奭辞行之日,刘娥与宋仁宗特意在太清楼举行宴会,召集近臣参加,为其送行。刘娥还拿出禁中的珍贵酒器向孙奭劝酒,以示厚待。[2]

多年的细心呵护与严格培养,让宋仁宗对刘娥有很深的感情。宋真宗去世后,宋仁宗更将刘娥视作唯一的亲人来孝顺。

天圣五年正月初一日,宋仁宗不顾宰相王曾的反对,率领文武百官在会庆殿为刘娥祝贺寿辰。黎明,全部身着常服的文武百官,以及契丹使者列班于殿庭之下,内侍请刘娥从会庆殿后面的帷幄中出来,随着鸣鞭,刘娥居中端坐。内侍又去殿后皇帝所在的帷幄中,请宋仁宗服靴、袍,在帘内向刘娥再拜称贺,刘娥回

---

[1] 《续资治通鉴长编》卷110,天圣九年七月癸酉条;《宋史》卷431《儒林传一·孙奭》。

[2] 《续资治通鉴长编》卷110,天圣九年闰十月戊辰条。

答:"履端之祉,与皇帝同之。"宋仁宗捧着酒杯跪着进呈给刘娥,同时口称:"谨上千万岁寿。"然后再拜。刘娥接过酒杯,同时回答:"恭举皇帝之觞。"此时教坊乐奏停,宋仁宗返回自己所在的帷幄。宣事舍人引导着文武百官向刘娥再拜。太尉从会庆殿西阶走近刘娥帘前贺寿、拜舞,然后走下台阶返回自己的班次位置,百官再次向刘娥礼拜。侍中代替刘娥宣旨道:"履新之吉,与公等同之。"太尉又从会庆殿东阶走近帘前,捧着酒杯跪进于帘外,内侍接过酒杯转呈给刘娥。太尉向北叩拜,奏称:"谨上千万岁寿。"太尉从台阶走下来,回到自己原先的位置,典仪官此时高声喊"再拜",在场诸臣再拜。宣徽使代替刘娥宣旨:"谨举公等之觞。"典仪官然后接着喊:"再拜。"官员们分班站好,阁门宣事舍人引导太尉以下登上殿庭,在帘子外面以及东西厢坐好。酒过三巡,侍中上奏:"礼毕。"宋仁宗才换上衮冕,驾临天安殿接受朝贺。①

宋朝之前并没有皇太后寿诞的礼制,为了表示对刘娥的尊崇,宋仁宗特意下令太常礼院负责讨论相关礼制。②后来,宋仁宗又不断地下诏,将刘娥的生日即正月初八定为长宁节,并按照宋真宗的圣节即乾元节的标准来对待。如规定长宁节时天下建置道场、赐宴

---

① 《续资治通鉴长编》卷 105,天圣五年正月壬寅条。
② 《续资治通鉴长编》卷 109,天圣八年十二月乙未条。

的标准，以及收藏宋太宗御书的寺观所能剃度、传度的僧道人数和乾元节一样。①

天圣九年四月，宋仁宗下诏太常寺："太后御殿乐升坐降坐曰《圣安之曲》，公卿入门及酒行曰《礼安之曲》，上寿曰《福安之曲》。初，举酒曰《玉芝之曲》，作《厚德无疆之舞》；再举酒曰《寿星之曲》，作《四海会同之舞》；三举酒曰《奇木连理之曲》……至是上之，仍改《厚德无疆》曰《德合无疆》。"②乐章制作完毕，太常寺以宋真宗景德年间曾经亲自检阅大乐为由，请宋仁宗和刘娥临观。于是宋仁宗和刘娥驾临承明殿，检阅大乐，赏赐乐工。③六月，翰林学士宋绶、西上閤门使曹琮和夏元亨奉上《新编皇太后仪制》五卷，宋仁宗下诏定名为《内东门仪制》。④

随着宋仁宗的不断推崇，刘娥在礼制上获得了越来越高的待遇，已经远远高于宋仁宗登基时所享有的规制。特别是《内东门仪制》的编订和命名，更是将皇太后垂帘听政正式制度化。如果说《新编皇太后仪制》名字上凸显"皇太后"和"新编"这样明显的限定词，那么《内东门仪制》则更像是一部很普通常见的宋朝官方

---

① 《续资治通鉴长编》卷109，天圣八年九月壬子条；卷110，天圣九年十月壬寅条。
② 《续资治通鉴长编》卷110，天圣九年四月丁酉条。
③ 《续资治通鉴长编》卷110，天圣九年四月乙巳条。
④ 《续资治通鉴长编》卷110，天圣九年六月庚辰条。

礼书，表明刘娥垂帘听政的地位从礼制上得到了保证。

女主再临

刘娥内心深处对于权力有着极强的欲望，宋仁宗的恭顺和孝道进一步推动了她在礼制上面的不断"僭越"，她不断地突破身为皇太后应该享受的礼仪，甚至身着衮冕亲自拜谒太庙，在礼制上越来越接近最高权力统治者——皇帝。

随着刘娥对于最高权力表现出越来越明显的野心，一些投机分子开始揣测刘娥的心理，他们认为刘娥会仿效唐朝的武则天来改朝换代，于是迫不及待地试探刘娥的底线。低级官员方仲弓上书朝廷，奏请依照武则天的旧例，为刘娥立刘氏七庙。依据礼制，只有皇帝才可以立七庙，所以方仲弓此举的目的不言自明。刘娥询问宰辅们如何看待这件事情，众人都不吭声，只有鲁宗道站出来说："此事不可。"事后，鲁宗道对同僚们说："如果建立刘氏七庙，将嗣君置于何地！"[1]

大臣们的试探越来越赤裸裸，终于达到了高潮。三司使程琳进

---

[1]《宋史》卷242《后妃传上·章献明肃刘皇后》；《续资治通鉴长编》卷107，天圣七年二月庚申条。

献了《武后临朝图》，这几乎是明目张胆地鼓动刘娥效仿武则天。最后关头，刘娥抵制住了诱惑，她将《武后临朝图》扔到地上，气愤地说："吾不做此负祖宗事！"程琳也因此事为士大夫所不齿。[1]至此，刘娥始终将自己的身份定格为一个权力欲极强的皇太后，没有跨出称帝的最后一步。

即使刘娥没有成为武则天的心思，但长达十余年的垂帘听政和宋仁宗对刘娥礼制的不断升级，还是让刘娥与臣僚之间的矛盾逐渐激化，最终爆发。

还政之争

太后临朝称制毕竟属于非常态。为了打消群臣的顾虑，减少阻力，天圣二年二月，刘娥亲笔手书赐给辅臣，表示自己会在宋仁宗成年后还政：

> 皇穹降祸，先帝上升。日月靡留，祥祭云毕。百身莫赎，五内已摧。言及于兹，号殒无诉。所幸三边彻警，五谷丰登。此皆上灵垂休，及宗庙储祉，贤能尽力，中外协

---

[1]《宋史》卷242《后妃传上·章献明肃刘皇后》。

心所致也。载念天下至广，万务至繁。吾以受先圣顾托之深，皇帝春秋之富，助成治道，用乂苍黔，期见抱孙之欢，永遂含饴之乐，如马邓流芳册书，此吾之志也。更赖三事庶尹、百工群司，勉悉乃心，同底于道。①

刘娥在诏书中，明确地将自己比作东汉的贤后马皇后、邓皇后，表明了自己的心意。但宋仁宗年纪渐长，刘娥始终牢牢掌握着最高权力，这让支持宋仁宗亲政的官员们感到焦虑和失望，于是他们开始呼吁刘娥还政。

在刘娥看来，正是靠着自己，年幼的宋仁宗才得以应付复杂的朝政，稳居帝位。天圣七年九月，李迪由知青州调任知河南府，入京朝见时，刘娥得意扬扬地对李迪说："卿昔日不想让我参与国家政事，实在是有些过分。今日我将天子保护到这个地步，卿以为如何？"李迪回答道："臣受先帝厚恩，今日见天子圣明，实在不知道太后如此圣德。"刘娥见倔强的李迪向自己服软，不禁心花怒放，很快将李迪调回朝廷。②

刘娥认为自己对赵宋皇室劳苦功高，对任何在她看来试图挑衅其权威的做法，都会毫不犹豫地坚决予以回击。天圣二年七月，刑

---

① 《宋大诏令集》卷14《真宗大祥后皇太后赐宰臣等手书（天圣二年二月癸酉）》。
② 《续资治通鉴长编》卷108，天圣七年九月壬午条。

部郎中、判户部勾院李若谷受命出使契丹，庆贺圣宗皇后生辰。在离开京城前夕，李若谷没有理会刘娥，先去长春殿向宋仁宗奏事，刘娥心中不悦，便改命其他人代替李若谷出使契丹。①

当时刘娥每五日一次驾临承明殿，垂帘听决政事，宋仁宗始终未能单独面对群臣。左司谏刘随提出宋仁宗已经长大且熟悉政务，可以独自处理军国常务之事，令刘娥十分不悦。刘随见得罪了刘娥，便请求外调，刘娥马上予以批准。②翰林学士兼侍读学士宋绶提出，唐朝先天年间（712—713），唐睿宗刚刚禅位给唐玄宗，作为太上皇，唐睿宗也每五日上朝一次决断军国大事。因此可效仿唐朝故事，令群臣在前殿向宋仁宗奏对，如非军国大事及官员除拜，都直接向宋仁宗请旨。宋绶的奏议，忤逆了刘娥的意思，他很快被赶出了朝廷。③

天圣七年冬至，宋仁宗率领百官在会庆殿为刘娥庆寿，然后驾临天安殿。秘阁校理范仲淹认为一国之尊的皇帝公然当着文武官员的面向太后行君臣叩拜大礼实在不妥，于是上奏称："天子有侍奉双亲之道，没有作为臣子的礼节；有南面之位，没有向北礼拜的仪制。如果在皇宫大内侍奉至亲，可以行家人礼。如今却与文武百官一同北向行礼，亏君体，损主上威严，不可以作为后世的表率。"

---

① 《续资治通鉴长编》卷102，天圣二年七月丁未条。
② 《续资治通鉴长编》卷106，天圣六年七月乙巳条。
③ 《续资治通鉴长编》卷110，天圣九年十月己卯条。

范仲淹的奏疏进呈后，宋仁宗没有理会。晏殊当初推荐范仲淹为馆职，听说这件事情后大惊失色，他赶紧召见范仲淹，质问道："听说你曾经上奏疏，讨论朝廷礼仪之事，是否真有此事？"范仲淹回答说："确实如此。"晏殊心中又惊又恼，气急败坏地训斥道："你根本不是忧国忧民之人！大家都会因此指责你既不忠又不正直，只不过想要出言狂放以博取名声罢了。如果你还是这样轻率不羁，必将会连累推荐你的人！你不要强词夺理，我不敢冒犯掌权大臣的威严。"

很显然，晏殊担心范仲淹的奏疏会得罪刘娥，也连累自己遭到惩处。范仲淹没有想到晏殊的情绪如此激动，义正词严地高声反驳道："仲淹误蒙公荐举，每每担心自己的德行配不上您的推荐，让知己蒙羞。没想到今天反而因为忠直得罪您。"范仲淹的回答大义凛然，晏殊不知该如何回答。范仲淹退走，又写信给晏殊，再次表明自己的态度，坚持自己的看法。[①]晏殊此时也意识到自己失态了，向范仲淹表示歉意。范仲淹仍不气馁，继续上奏疏，并进一步大胆提出请刘娥还政于宋仁宗。他的这份奏疏同样石沉大海，没有任何反馈。看到朝廷对自己的奏议不理不睬，范仲淹觉得愤懑，于是请求外调，很快他便接到命令担任河中府通判。[②]

[①] 《范文正公文集》卷8《上资政晏侍郎书》，北京图书馆出版社，2005年影印本。
[②] 《续资治通鉴长编》卷108，天圣七年十一月癸亥条。

相比于晏殊的胆小怕事，年轻的范仲淹身上有一股新的政治风气，那就是勇于担当。这种新风气的出现，正是北宋以来朝廷刻意培养文官力量的结果。在中国古代，一直有官员勇于坚持自己主见的传统，君主信任则全力施展才华，得不到君主信任，则退居地方，毫不恋权。宋代很多官员特别是台谏官秉承这种理念，他们勇于上书言事，毫不避讳和顾忌，对于规箴皇帝言行、监督宰辅大臣等都具有积极意义。这是北宋建立之初君主所构想的通过官员之间互相监督来达到治理目的的理念。而范仲淹这批年轻官员的出现，正是这一理念多年来实施的结果。

明道元年八月，皇宫大内发生火灾，延烧多座宫殿。[1]殿中丞滕宗谅进言："国家以火德王天下，火失其性，正是由于政失其本。"因此奏请刘娥还政于宋仁宗。秘书丞刘越同样上书奏请刘娥还政。刘娥对二人的奏议均不予理睬。[2]此时的刘娥本就疾病缠身，对还政之事也更加敏感。后来，大理评事刘涣上疏，也要求太后还政。刘娥的怒火终于爆发，要求对其严惩不贷。只是不久之后刘娥驾崩，刘涣躲过一劫。[3]

宋仁宗主动将母子孝道的表达从后宫私人化场所转移到前朝公开场合，并将刘娥的礼仪标准与宋真宗相提并论，进一步助推了刘

---

[1] 《续资治通鉴长编》卷111，明道元年八月壬戌条。
[2] 《续资治通鉴长编》卷111，明道元年八月丁卯条。
[3] 《续资治通鉴长编》卷113，明道二年十一月戊寅条。

娥的权力欲望，使她渴望在身份上能够正大光明地享受皇帝的待遇。明道元年十二月，刘娥拜谒太庙，一开始打算身着帝王的服制，参知政事晏殊提出应该穿着《周官》中所说的王后的服制，这让刘娥非常不快。宰辅们看到刘娥咄咄逼人的气势，都首鼠两端，不置可否。参知政事薛奎独自争辩道："太后一定要身着君主的服制来见祖宗，该如何行礼？"虽然最终刘娥没有采纳薛奎的意见，但在礼仪上还是稍微有所收敛。[①]

此时刘娥的心中也充满了矛盾。她已拥有至高无上的权力，但碍于皇太后的身份，在世人眼中，她所拥有的权力全部来自她所庇护的宋仁宗，这使得刘娥无法将这种权力转化为一种正式的身份。这种情形非常类似于当年的武则天。武则天在唐高宗时已经获得了与唐高宗并称"二圣"的称号，可以说与皇帝比肩而立。唐高宗去世后，武则天又以太后的身份垂帘听政，拥有实权，她要想真正从制度上拥有合法的权力身份，只能称帝登基。所以此时的刘娥也来到这样的权力临界点，是前进还是退缩，刘娥举棋不定。而朝廷中的大小官僚们，也敏感地嗅到了刘娥此时紧张而急迫的心思。

刘娥曾经问鲁宗道如何看待唐朝的武则天，鲁宗道义正词严地回答道："武后是唐朝的罪人，差点儿威胁到江山社稷。"刘娥听后沉默不语。宋仁宗与刘娥一同前往慈孝寺，打算让刘娥所乘的大安

[①] 《续资治通鉴长编》卷111，明道元年十二月辛丑条。

辇走在自己的舆辇前，鲁宗道表示不可，他说："妇人有三从，在家从父，嫁从夫，夫殁从子。"刘娥不得已，只能下令让自己的辇跟在宋仁宗的辇后面。①

宋朝官员们如此执着于让刘娥还政，除了他们无法接受女主临朝的现实，防止第二个武则天的出现外，还有一个很大的原因是争夺对朝政的控制权。众所周知，君权与相权之争在中国古代由来已久。宋朝建立后，确立了君主独裁统治，皇权极度膨胀，相权一度受到压制。不过宋朝君主为了避免五代武人势力坐大的恶果，刻意培养文官的力量。经过三代君主的不懈努力，文官力量大大增强，文官集团的主体意识觉醒，他们在政治上要求更多的权力，这不可避免地与君主独裁发生了矛盾。如今官员们强烈反对刘娥继续垂帘听政，要求她将权力交给宋仁宗。但宋仁宗此时年纪尚小，缺乏政治经验，一旦刘娥放手，宋仁宗在政治上只能完全依靠文官集团，从而造成文官集团力量的壮大，而这是宋真宗当年为宋仁宗设立辅政格局时所不愿意看到的，这也是刘娥不希望看到的。作为皇权的同一体，刘娥自然要努力维护皇权的神圣性和独尊性，这便不可避免地与主张相权的臣僚们发生冲突。另一方面，受儒家思想影响的文官也不愿意刘娥长期掌握权力，进而出现外戚干政甚至女主称制的情况。太后和文官，双方在权力争夺的道路上始终存在矛盾。事

---

① 《续资治通鉴长编》卷107，天圣七年二月庚申条。

实上，宋朝后来出现多次太后垂帘听政的情况，但大都时间很短，而且太后和外戚无法形成有效的势力，都是权臣在控制朝政，文官集团实力大大地膨胀。

生母风波

在刘娥有生之年，宋仁宗并不知道自己的生母是李氏。明道元年二月二十六日（1032年4月8日），李氏病危，晋位宸妃，不久便去世了。李氏去世后，宫中开始并未准备治丧，刘娥打算将其草草安葬。宰相吕夷简早朝奏事，在帘前进言："臣听闻有宫嫔去世。"刘娥一下子警惕起来，神情严肃地问吕夷简："宰相也要染指宫中之事吗？"说完，刘娥拉着宋仁宗起身离开。吕夷简并不慌张，神态自若地站在原地。果然，过了一会儿，刘娥单独回来了，她轻描淡写地对吕夷简说："不过死了一名宫人，相公如此关心，有何用意？"吕夷简语气坚定地回答道："臣有幸担任宰相，无论内外之事，都理所当然要参与。"刘娥对吕夷简的强硬语气有些吃惊，忍不住劈头质问道："卿为何要离间我们母子！"吕夷简从容不迫地回答道："太后如果不为刘氏考虑，臣不敢言；如果还考虑刘氏一族，则丧礼应该隆重。太后他日不打算保全刘氏一族吗？"刘娥明白，宋仁宗总有一天会知道自己的生母其实是李氏，到时候会如何看待今日之事？聪颖的刘娥明白吕夷简也是为她考虑，迅速冷静下来，对吕夷简说："死去的宫人是李宸妃，该如何处理？"吕夷简于是请求用一品礼的规格为李氏治丧，殡于洪福院。

刘娥为了不引起他人的注意，不肯为李氏举行高规格的葬礼，相关部门也借口称岁月不利迎合刘娥。吕夷简毫不客气地驳斥了这种说法，请刘娥为李氏发哀成服，准备仪仗安葬。刘娥又降诏，打算凿开皇宫城墙出丧。吕夷简听到这个消息后紧急要求面见刘娥，刘娥故意避而不见，只派遣心腹内侍罗崇勋去见吕夷简。吕夷简称凿开皇宫城墙不合礼制，按照礼制，丧事队伍应该自西华门出。罗崇勋将吕夷简的意见带回宫中告诉刘娥，刘娥觉得吕夷简得寸进尺，便又派罗崇勋去见吕夷简并带去自己的口谕："想不到卿竟然如此！"吕夷简毫不畏惧，面不改色地让罗崇勋带话给刘娥："臣身为宰相，朝廷大事，理当廷争。太后不许，臣终不退！"刘娥更加恼火，再让罗崇勋转告吕夷简自己坚决不同意他提出的意见。而吕夷简同样坚持己见，二人都不肯让步，事情陷入僵局。

看到刘娥始终固执己见，吕夷简义正词严地对罗崇勋说："宸妃诞育圣躬，当以皇后之服入殓，用水银实棺，而治丧不按照礼制举行，他日必有人因此而获罪，到时候不要说我吕夷简没有提醒。"罗崇勋认为吕夷简所说事关重大，不敢耽搁，策马狂奔回宫，将利害关系细细讲给刘娥听。刘娥考虑到日后刘氏一族的祸福安危，只能勉强点头同意。于是李氏的丧礼按照高规格礼制举行。宋仁宗辍视朝三日。三月初一日,三宫发哀,成服苑中;初四日,赠李氏三代;十四日,李氏下葬,辍朝。李氏灵柩置于嘉庆院,葬于洪福院之西北隅。①

刘娥去世后,宋仁宗果然从叔父赵元俨口中得知生母是李氏,悲伤痛苦,形容憔悴,一连数日未上朝。宋仁宗下哀痛之诏以责备自己未能尽子养母之孝。为了表达对生母的追思,又下诏尊李宸妃为皇太后,谥号"庄懿"(后改为"章懿")。②

就在此时,有传言说李氏死于非命。为了弄清楚李宸妃的死因,宋仁宗在前往洪福院祭告时,利用更换梓宫的机会,亲自查看其尸身(李宸妃的尸身浸在水银之中,所以没有腐烂)。当他流着眼泪看到李妃面色如生,身着冠服如同皇太后时,宋仁宗不禁叹息道:"人言其可信哉!"并在刘娥神位前焚香祈祷,哭诉道:"如今能证明大娘娘是清白的!"此后宋仁宗依然厚待刘娥族人。③

---

① 《续资治通鉴长编》卷111,明道元年二月丁卯条。
② 《宋史》卷242,《后妃传一·李宸妃》。
③ 李焘指出,宋仁宗亲自查看李妃梓宫,据《邵氏闻见录》,所记非实。而据《龙川别志》,宋仁宗派遣舅舅李用和去看李妃遗容。不论是宋仁宗亲自前往还是派遣李用和代替自己去查看李妃遗容,都说明当时确实有李妃死于非命的传言。参见《续资治通鉴长编》卷112,明道二年四月甲辰条:"诏改葬于永定陵,大行皇太后山陵五使并兼追尊皇太后园陵使。或言太后死非正命,丧不成礼,上亦疑焉。因易梓宫,上遣李用和视之,则容貌如生,服饰严具。用和入告,上叹曰:'人言其可信哉!'乃于大行神御前焚香,泣曰:'自今大娘娘平生分明矣!'"

附：狸猫换太子的传说

事实虽然如此，但此事发生于本来就神秘的后宫大内，已经给后人平添了许多想象的空间。从北宋时起，宋人笔记小说中便已经开始大量记载宋仁宗认母一事。[①]到了元代，由于已经没有了任何禁忌，人们开始根据这一段著名的公案，演绎出各种文学作品。[②]其中著名的有元代无名氏的杂剧《李美人御苑拾弹丸，金水桥陈琳抱妆盒》。该剧内容是李美人得金丸而被宋真宗临幸生子，遭到刘后忌恨。刘后命宫女寇承御将太子溺死于金水桥河中，寇承御不忍，与内监陈琳商议，将太子送往八大王处收养。十年后太子以八大王世子身份入宫，刘后见而生疑，命陈琳拷打寇承御。寇承御为保护太子与陈琳，拒不说出实情并触阶而死。宋仁宗即位后经陈琳禀知实情，奉李美人为纯胜皇太后。该剧以陈琳、寇承御、八大王等人的救孤义举为核心情节，叙演救孤过程中与刘后发生的激烈冲突，实为忠奸斗争故事系统

---

① 如邵伯温《邵氏闻见录》、苏辙《龙川别志》、司马光《涑水记闻》、魏泰《东轩笔录》、王铚《默记》等。
② 以下对"狸猫换太子"文学作品的介绍，参见王林飞：《狸猫换太子故事的演变及文化意蕴》，《天中学刊》2015年第1期。

的渊源。[①]再到后来，经过人们演绎，成了大家耳熟能详的"狸猫换太子"的故事，情节也更加离奇曲折。

清嘉庆年间（1796—1820）的李雨堂所作小说《万花楼演义》是"狸猫换太子"故事的关键转折点，该书开始正式出现狸猫换太子的情节。清代小说《龙图耳录》第一回即为《设阴谋临生换太子》，文中讲述了刘妃与内监郭槐合谋，以剥皮狸猫调换李宸妃刚出生的儿子。第十五回至第十九回写包拯审理李妃冤案，刘后畏惧，惊恐而亡，李妃还朝。至此狸猫换太子的故事初步定型。

而石玉昆的《三侠五义》（又名《忠烈侠义传》），袭取《龙图耳录》，文字略有不同，狸猫换太子故事基本定型并且广泛流播。[②]

[①] 此外，元末汪元亨作《仁宗认母》杂剧，剧本亡佚，参见《录鬼簿续编》，上海古籍出版社，1978年影印本。到了明朝，有传奇《金丸记》（又名《妆盒记》《金弹记》）。明成化年间（1465—1487）说唱词传《新刊全相说唱足本仁宗认母传》，写包公在桑林镇遇李妃诉冤，包公审理此案，最终真相大白。包公成为故事的重要人物。明代小说《百家公案》第七十四回《断斩王御史之赃》和第七十五回《判仁宗认李国母》内容与成化本《仁宗认母传》相同，该内容情节还见于《龙图公案》（又名《包公案》）卷七《桑林镇》。清人石子斐作传奇《正昭阳》，述包公前往陈州粜米，宋真宗御驾亲征，平滇蛮之乱。刘后借机以己女易李妃之子。历经曲折，包公回朝审理此案。仁宗迎李妃入朝，刘后服毒自尽。仁宗迎母大宴群臣，正位昭阳。

[②] 除此之外，关于"狸猫换太子"还有大量相关文学作品。说唱文学有子弟书《盘盒》、《救主》及《拷御》。宝卷有《李宸妃冷宫受苦宝卷》、《落帽风宝卷》、《阴审郭淮宝卷》、《狸猫宝卷》及《龙图宝卷》(《嘉祐皇迎母还朝》)等。鼓词类作品较多，有《清车王府藏曲本》、说唱鼓词类《三侠五义》和《包公案》，又有石韵书钞本《三侠五义》前套、后套和《包公案》；另有《包公案鼓词》四卷，卷三、卷四暂缺，卷四存三回：《包公陈州放粮，御街打銮驾》、《包公奉召回朝，天齐庙宿遇国母》和《午门外巧扮花灯，审郭槐假扮阴曹》。（下转第315页）

《三侠五义》中讲述狸猫换太子的情节是：宋真宗年长无子，某日，钦天监上奏说夜观天象，见天狗星犯阙，恐于皇储不利。而此时宋真宗的两个妃子刘妃和李妃相继有了身孕。宋真宗将她们一起召见，各赐信物，并明言谁生下太子就立谁为皇后。生性阴险的刘妃在太监郭槐的帮助下，把先临产的李妃所生之子换成剥了皮的狸猫，并诬陷其生下妖孽，李妃因此被打入冷宫。太监总管陈琳与宫女寇珠以食盒将太子救出宫，并送至八贤王府养育。随后刘妃也生下一子，因此被立为皇后。刘后所生之子后来夭折，宋真宗便将八贤王之子（实际上是李妃之子）立为太子。刘后后来发现太子长相酷似宋真宗，心中有所怀疑，便拷打寇珠，寇珠撞柱而亡。刘后转而诬陷李妃，宋真宗下令将李妃赐死，幸有小太监余忠与李妃互换身份，余忠替死。之后，囚禁李妃的冷宫起火，李妃乘机逃出，流落民间。后来遇包拯巡游，李妃向包拯诉说冤情。包拯审明此案，接李妃回宫，母子终得团圆，"狸猫换太子"一案的真相得以大白于天下。[①]

（上接第 314 页）鼓词有《龙图公案》、《狸猫换太子初集》和《拷打寇承玉》。京剧有《断后》、《打龙袍》和《狸猫换太子》等，《断后》一名《天齐庙》，又名《赵州桥》。湘剧、汉剧有《天齐庙》，河北梆子亦有此剧目。《打龙袍》，一名《遇后龙袍》，除京剧外，滇剧、徽剧、川剧及豫剧均有此剧目。川剧、湘剧有《盘妆盒》和《捧盒》，弋腔有《金丸记》，梨园戏有《陈州赈》，汉剧有《拷寇》，秦腔有《抱妆盒》，淮调有《铡郭槐》，豫剧、绍剧亦有此剧目。狸猫换太子在民间成为长盛不衰的经典曲目题材。留存于中国台湾的石派说书有《救主、陈琳赞》与《救主》、《盘盒》、《拷御》、《相国寺》、《天齐庙断后》、《三审郭槐》及《李后还宫》。日本双红堂文库藏石韵书有七种，与狸猫换太子故事有关的有四种：《全本救主盘盒打御》、《全本天齐庙断后》、《全本南清宫庆寿》及《全本三审郭槐》。

① 李小荣：《〈狸猫换太子〉的来历》，《河北学刊》2002 年第 2 期。

可以说，在民间流传的"狸猫换太子"故事中，刘娥已经彻底变成了反面人物，并遭到应有的惩罚。但在真实的历史中，刘娥得以善终，而李氏却始终未能在生前与宋仁宗母子相认。

后刘娥时代

尾声

明道二年三月，刘娥病危。宋仁宗心急如焚，采取各种措施试图挽救刘娥的生命。例如，宋仁宗下令大赦天下，甚至包括一般赦免所不包括者；[1]又招募天下名医，由官府护送急速奔赴京师；等待出家的京畿、西京和南京的僧道也被允许出家；乾兴以来被贬至死者复其官，像寇準、曹利用、周怀政等因为刘娥而遭贬黜身亡之人追复旧官，贬谪者皆内徙，丁谓特许致仕。[2]很显然，宋仁宗希望通过感召和气来为刘娥祈福。

可惜宋仁宗的辛苦努力仍然无法挽回刘娥的生命。明道二年三月二十九日（1033年4月30日），摄政长达十一年之久（1022—1033）的刘娥撒手人寰，谥号"庄献明肃"（后改为"章献明肃"）。作为宋朝历史上第一位垂帘听政的皇太后，在遗诏中，她言简意赅

---

[1] 参见《宋大诏令集》卷14《皇太后寝疾赦天下普度僧尼制（明道二年三月二十五日）》："朕仰禀懿海，恭侍睟颜。日至寝门，亲尝药剂，遍询于良苦攻治。……非大施旷荡之恩，何以召和平之气？……允期精意之获申，所冀维祺之来顾。可大赦天下。"
[2] 《续资治通鉴长编》卷112，明道二年三月庚寅条。

地回顾了自己辅佐宋真宗、保佑宋仁宗的一生,并自我评价道:

> 吾受遗先朝,保助今圣。绵历十载,忧勤一心。以南面之母仪,承天下之荣养。皇帝深于孝爱,济以睿明,吾得以罄竭所怀,翊怀庶务。凉暄所薄,腠理失和,皇帝药必亲尝,衣不解带。而吾大期之迫,积疾无瘳。以耆暮之年,见升平之运。获从先帝,宁魄九原。质于常情,夫复何恨。皇太妃与吾同事先帝,并佑圣躬,宜尊为皇太后。皇帝听断朝政,一依祖宗旧规,如有军国大事,与皇太后内中裁制。内外诸军将士,并与特支。在京文武臣僚,并外处管事臣僚,并与支赐。皇帝宜念宗庙社稷之重,毋过哀伤,更赖股肱近臣,共为宽释。[1]

从宋太宗开始,新皇帝即位初期都会强调要遵循老皇帝的各项规章制度,但从来没有老皇帝在遗诏中提出新皇帝要遵循"祖宗之法"。而刘娥在遗诏中明确提到宋仁宗听政如祖宗旧规,将已经成型并为人所认可的遵循"祖宗之法"的宋朝政治理念正式奠定下来。

---

[1] 《宋大诏令集》卷14《皇太后遗诰(明道二年三月乙未)》。

被改动的遗诏

宋仁宗在皇仪殿的东楹接见宰辅,一边恸哭一边对他们说:"太后患病口不能言,依然屡屡拉扯自己的衣服,好像有所属意,不知道是什么意思?"薛奎回答道:"太后意在身上穿的衮冕!一旦穿着衮冕下葬,何以见先帝?"宋仁宗明白过来,便将刘娥以皇后的服制入殓,又命吕夷简为山陵使。

在遗诏中,刘娥提出要宋仁宗尊杨太妃为皇太后,军国大事与杨太后裁处。故而宣布刘娥遗诏后,阁门官吏催促百官在内东门向杨太后道贺。御史中丞蔡齐神色严肃地要求御史台官吏先不要安排朝贺班次,他自己去面见执政,说:"陛下年富力强,熟知天下情况,如今才刚刚开始亲政,岂能再次请皇太后干预朝政?"执政竟无法辩驳。[1]

四月初一,朝廷正式颁布刘娥遗诏,但是删去其中有关"皇帝与太后裁处军国大事"的语句。[2] 无论是薛奎对刘娥临终前动作的解读,还是对遗诏的删改,都表明了一点:宰辅臣僚们利用刘娥去世这一有利时机,成功地将政务权力重新抢夺过来,并且不希望再次出现新的太后垂帘听政现象,宋朝的政治权力格局,即将回归"正轨"。

---

[1] 《续资治通鉴长编》卷 112,明道二年三月乙未条。
[2] 《续资治通鉴长编》卷 112,明道二年四月丙申条。

重新洗牌

宋仁宗在称帝十一年后终于亲政了。在维护皇权至上的人看来，这标志着宋仁宗终于摆脱了皇太后的束缚，名正言顺地行使皇帝权力。但事实上，对于此时的宋仁宗来说，他仍然欠缺政治经验，只不过是从之前依靠刘娥变成依靠宰辅臣僚来处理政务。既然掌权的人从刘娥换成了宰辅，朝廷中的官员结构自然要重新洗牌，之前依附刘娥之人纷纷遭到贬黜，而当初反对刘娥之人重新获得重用。

刘娥刚刚去世，政治敏感之人已经嗅到了政局变天的味道。流放岭南的林献可主动向朝廷申诉，称自己是因为要求刘娥还政于宋仁宗激怒了太后，从而遭到流放。四月十五日，宋仁宗下令将他召回，并特意封其为三班奉职。[①]此时距离刘娥去世还不到一个月，这明显是一个信号——人事变动马上要开始了。

紧接着，朝廷召知应天府、龙图阁学士、刑部侍郎宋绶以及通判陈州、太常博士、秘阁校理范仲淹返回朝廷，准备重新安排他们的职位。这二人都因为在天圣年间上疏朝廷，要求刘娥放权而遭到贬官处分。[②]范仲淹当初听闻刘娥遗诏中有以太妃为皇太后参决军

[①]《续资治通鉴长编》卷112，明道二年四月庚戌条。
[②]《续资治通鉴长编》卷112，明道二年四月癸丑条。

国事之言辞，曾上书道："太后，是母号，自古以来从未听说因为抚养皇帝而被立为太后的。如今太后驾崩，又立一太后，天下人会怀疑陛下不可一日无母后相助！"

当初刘娥病重，侍御史孙祖德觉得她可能会一病不起，便想向宋仁宗示好，于是奏请刘娥还政。没想到过了一段时间，刘娥的身体竟然康复。看到自己的如意算盘不但即将落空，反而还可能因此遭到刘娥的打击报复，孙祖德心中惶恐不安。幸运的是，刘娥很快病发去世，孙祖德躲过一劫。此前曾经上书要求刘娥还政之人大多获得升迁，孙祖德也被提拔为兵部员外郎、起居舍人、知谏院。① 孙祖德升了官，自然明白此时政治风向为何，于是他开始卖力地攻击刘娥当年的亲信。他将矛头对准了张耆，弹劾张耆于私第建高楼，因为从楼上可俯瞰社稷祠坛而对社稷不利，请求宋仁宗下令将此楼拆毁。对于这种风水说法，皇帝自然是宁可信其有，所以宋仁宗很干脆地下诏同意孙祖德的提议。②

大臣方仲弓曾经奏请仿效唐朝武则天先例立刘氏七庙，刘娥当时虽然没有听从他的建议，但仍然赏赐方仲弓担任吉州知州。宋仁宗亲政，方仲弓被贬为汀州别驾。支持方仲弓上奏的内侍罗崇勋也被贬谪。③ 刘娥摄政时，为了更好地控制宋仁宗，特意设置了上御

---

① 《续资治通鉴长编》卷112，明道二年四月己未条。
② 《续资治通鉴长编》卷113，明道二年十月乙未条。
③ 《续资治通鉴长编》卷112，明道二年四月己未条。

药，以亲信内侍充当上御药供奉，名义上是照顾宋仁宗的起居以及身体健康，实则有监督宋仁宗之意。宋仁宗亲政后，自然不甘心再受他人牵制，所以马上便将这一机构停废，相关人员也被调离。[1]此后，刘娥信任的内侍江德明等人不断遭到贬黜。[2]

被刘娥倚重的内侍遭到打压，外戚也不能幸免。刘娥的姻亲龙图阁直学士、工部郎中马季良先被降为濠州防御使，赶出朝廷。[3]后来御史中丞范讽上言马季良侥幸得官，马季良再被贬为左屯卫将军，滁州安置。之后开封府又弹劾马季良伪造证明，帮助富民刘守谦免除户役。宋仁宗这次网开一面，没有再次处分马季良，只是让他将田地归还原主人。[4]

调整二府

宋仁宗亲政，自然要任用自己亲信之人为宰辅。四月二十四

---

[1] 《续资治通鉴长编》卷112，明道二年四月癸丑条。
[2] 《续资治通鉴长编》卷113，明道二年十月乙巳条："左藏库使、普州团练使、入内副都知、并代路钤辖江德明落副都知，领果州防御使，为潞州钤辖。西京作坊使、内侍押班朱允中落押班，为六宅使、天雄军钤辖。初，德明、允中在庄献时颇用事，至是，言者以为犹不检慎，故落职而外迁之。"
[3] 《续资治通鉴长编》卷112，明道二年四月己未条。
[4] 《续资治通鉴长编》卷113，明道二年九月甲申条。

日，宰相吕夷简、枢密使张耆等旧宰辅全部被罢免。[①]其实宋仁宗一开始并没有打算罢免吕夷简，而吕夷简本来也打算辅佐宋仁宗。宋仁宗亲政之初，吕夷简还特意进呈八事：正朝纲、塞邪径、禁贿赂、辨佞壬、绝女谒、疏近习、罢力役与节冗费，很热切地期盼宋仁宗亲政能够给朝野带来新的气象。宋仁宗也将吕夷简视作心腹，与他一起谋划，准备更换二府人员。当时他们认为张耆、夏竦等人都是刘娥任用之人，准备全部罢免。没想到宋仁宗回到后宫，在与郭皇后聊天时将此事告诉了她，郭皇后不屑地说："二府中唯独吕夷简不依附太后吗？只不过是他为人多机巧，善于应变罢了。"宋仁宗觉得郭皇后说得有道理。等到宣制的时候，毫无心理准备的吕夷简听到制书中有自己的名字时大为震惊，不知发生了什么变故。吕夷简一向与内侍副都知阎文应交好，便让阎文应替自己打听，他才知道是郭皇后从中作梗。吕夷简由此对郭皇后恨之入骨。

紧接着，朝廷公布了新的宰执安排：张士逊、李迪担任宰相，翰林侍读学士、户部侍郎王随任参知政事，枢密直学士、礼部侍郎、权三司使事李咨为枢密副使，步军副都指挥使、福州观察使王德用为检校太保、签书枢密院事。

王德用能够得到宋仁宗的信任，也与他不与刘娥合作有关。刘

[①]《续资治通鉴长编》卷112，明道二年四月己未条。

娥临朝听政时，有人走关系拿到刘娥的命令补军吏，王德用不肯接受命令，他说："补吏，是军政，敢挟此以干军政，不可答应。"刘娥坚决要给此人补军吏，王德用始终不肯执行命令，刘娥最终无奈放弃。兴国寺东发生火灾，大火逼近张耆的住宅，张耆让王德用派兵保护自己的住宅，王德用不肯。刘娥驾崩，有关部门要求卫士设置警卫，王德用反驳称"没有为太后驾崩设置警卫的先例"，故不奉命。宋仁宗在刘娥所居阁子中，发现王德用之前所奏补军吏之事，觉得此人敢于拒不执行刘娥的命令很有胆识，认为他可堪大用，擢任枢密院。王德用致谢道："臣身为武人，仰赖陛下威灵，待在军队中已经很满足了。况且臣没有文化，不足以担当重任。"面对王德用的谦让，宋仁宗反而觉得此人忠实可靠，于是派遣使者请他进入枢密院办公。[1]

寇準当年试图拥立还是太子的宋仁宗监国，因故没能实现，后来又受到周怀政、朱能等人牵连被贬谪而死。刘娥一直因此事记恨寇準，始终不肯为其平反。直到刘娥病危，宋仁宗祈福大赦天下时，才发布赦书，恢复寇準为太子太傅，而此时距寇準去世已经十一年了。明道二年十一月，宋仁宗赠寇準中书令，恢复其莱国公爵位。周怀政也因为曾经参与拥立宋仁宗监国得到平反，被

---

[1] 《续资治通鉴长编》卷112，明道二年四月己未条。

追赠官职。[1]

重整朝政

在统治后期，刘娥逐渐放松了对亲信与外戚的管束，他们中的很多人曾经通过内降旨意获得好处。明道二年四月，宋仁宗下诏，内外毋得进献以祈求恩泽以及通过亲戚上奏。一旦发现此类事情并查证属实，内降者除官，辅臣审取处分。同时又下令"罢创修寺观，毋进乾元节香合及山仪"。[2]宋仁宗的诏令一颁，人心大悦。

殿中侍御史庞籍上奏："陛下日理万机，用人应该分辨邪正，严防朋党，不能使臣僚升迁受恩于人主却感激权臣。陛下提拔近臣时，希望能够听取公众的议论，不要让政令出于执政。"[3]其实，庞籍所言无疑是为了强化宋仁宗的君主独裁权力，以避免皇权落入权臣手中，而这毫无疑问正是宋仁宗此时最为感兴趣的事情。

刘娥去世后，很多人在上奏时多贬斥垂帘时事，这种现象甚至有愈演愈烈之势。右司谏范仲淹看到这种情况，向宋仁宗进言道："太后受先帝遗诏，保佑圣躬十余年，应该掩饰其小过错以全

---

[1]《续资治通鉴长编》卷113，明道二年十一月甲戌条。
[2]《续资治通鉴长编》卷112，明道二年四月壬子条。
[3]《续资治通鉴长编》卷112，明道二年五月辛未条。

大德。"宋仁宗恍然大悟：毕竟刘娥摄政是根据宋真宗的遗诏，臣僚言辞激烈地批评刘娥摄政期间的所作所为，自然容易引发人们宋真宗当年遗诏的不满，使宋真宗圣德有亏。另外，刘娥和宋仁宗的关系其实属于一荣俱荣一损俱损，对刘娥过激的批评，也会引发外界对宋仁宗的不满。于是宋仁宗降诏，称："大行皇太后保佑冲人，十有二年，恩勤备至。而言者罔识大体，务诋评一时之事，非所以慰朕孝思也。其垂帘日诏命，中外毋辄以言。"[1]至此，宋仁宗通过正式诏书，给刘娥摄政以肯定的基调。此后，大臣们便不再揪住此事不放了。

宋仁宗对于太后刘娥这位养母感情很深。太后灵驾发引，宋仁宗亲自执绋边走边哭，走出皇仪殿门，在礼官一再请求下才停下脚步。宋仁宗又派人代表自己在正阳门外祭奠刘娥，然后前往洪福院。宋仁宗还头戴素纱幞头、身着淡黄衫，随从官员身着常服、腰系黑带奉引太后梓宫，遣奠廷中，众人都改穿衰服。行告别礼时，宋仁宗跟随梓宫号哭不已，左右一再劝慰，宋仁宗流着眼泪说道："劬劳之恩，终身何所报乎！"步行送梓宫至洪福院西南隅，直至仪仗转弯他才回来。[2]

---

[1]《续资治通鉴长编》卷112，明道二年五月癸酉条。
[2]《续资治通鉴长编》卷113，明道二年九月壬午条。

钱惟演的结局

刘娥去世后,之前很多依附她而获利之人开始惶恐不安,唯恐受到牵连。在这些人当中,钱惟演首当其冲,于是他主动向宋仁宗示好。

明道二年五月,钱惟演进言:"母以子贵,庙以亲升,盖古今之通义也。庄懿皇太后辅佐先帝,诞育圣躬,德冠掖庭,功流宗社。陛下感深罔极,追荐尊名。既复寝园,将崇庙室。谨按唐武宗韦太后以追尊升祔穆宗之室,皇朝孝明、孝章皇后并祔太祖之室,懿德、明德、元德并祔太宗之室。今真宗一室止祔庄穆皇后,典礼未称,请俟园陵毕,以庄献、庄懿皇太后并祔真宗之室。"于是宋仁宗下诏,令太常礼院详细讨论并上奏。①

很显然,钱惟演洞悉了宋仁宗因为对生母李妃的愧疚而难以自释的心理。既然逝者已矣,皇上只有给她死后的哀荣才能获得一丝心理安慰,所以他积极上疏,提出让庄懿太后(李妃)一同配享太庙,这无疑正合宋仁宗的心意。钱惟演多年来一直通过婚姻来建立政治联系,之前与刘娥的兄长刘美为亲,宰相丁谓权势如天时又主动与丁谓结成姻亲。如今宋仁宗亲政,钱惟演故伎重施,让其子钱暖娶了郭皇后的妹妹,借机拉近与宋仁宗的关系。但他还不放心,

---

① 《续资治通鉴长编》卷112,明道二年五月丁卯条。

又打算与庄懿太后的族人结亲。

钱惟演的小动作自然逃不过他人的眼睛。御史中丞范讽上奏弹劾钱惟演不应当擅议宗庙之事,又言钱惟演在刘娥当权时,与后家联姻,权宠太盛,请行降黜。宋仁宗对钱惟演并没有太多不好的印象,而且此番钱惟演主动提议让庄懿太后配享宋真宗庙宇,让宋仁宗心里很高兴,所以他对范讽弹劾钱惟演之事并不想深究,便对宰辅们说:"先后未葬,朕不忍遽责惟演。"

宋仁宗找了一个很冠冕堂皇的理由:钱惟演既然是刘娥的姻亲,此时处分他,明显会伤害刘娥的声望。但宋仁宗低估了此时台谏官的态度。范讽见宋仁宗不肯接受自己的建议,就直接在衣袖中揣着任官的告身面见宋仁宗,开门见山地说:"陛下不听臣言,臣今奉使山陵,而钱惟演镇守河南,今日臣弹劾钱惟演,臣日夜担忧,害怕钱惟演派遣刺客加害臣,臣愿将告身上交,不敢再做御史中丞。"范讽步步紧逼,年轻的宋仁宗慌了手脚,只好答应处分钱惟演。范讽见达到目的,才心满意足地离去。于是崇信节度使、同平章事、判河南府钱惟演落平章事,接着,其子钱暧落集贤校理,与惟演随行,他的其他儿子们也都被打发到外州当官。[1]

---

[1] 《续资治通鉴长编》卷113,明道二年八月丙寅条、丁卯条。

祖宗之法与垂帘听政

如同刘娥主政时清除宋真宗天书和封祀的遗产一样，宋仁宗刚刚亲政，臣僚便开始着手清除刘娥摄政的痕迹。明道二年五月，殿中侍御史庞籍奏请让负责礼仪的阁门将刘娥垂帘仪制全部予以焚毁，以消除刘娥摄政的印记。[①]也是在此月，宋仁宗命令宰臣张士逊撰写《籍田记》及《恭谢太庙记》，以翰林学士冯元为编修官，直史馆宋祁为检讨官。不久，宋祁上言称刘娥谒庙之事不可以为后世所效法，宋仁宗于是下令停止撰写《籍田记》。[②]八月，国子监说书贾昌朝上言："礼，母之讳不出于宫。今庄献明肃太后易月制除，犹讳父名，非所以尊宗庙也。"于是宋仁宗下诏，此后不必避太后父亲的名讳。[③]宋绶也上言："自陛下躬亲万几，内外延首，渴见圣政，宜惩违革弊，以新百姓之耳目。而赏罚号令，未能有过于垂帘之日，岂非三事大臣不能推心悉力，以辅导陛下之意邪？……愿陛下思祖宗训诫，念王业艰难，整齐纪纲，正在今日。"[④]

可以说，自从刘娥去世，宋仁宗亲政以来，大臣们纷纷上书，强烈要求消除刘娥摄政时留下的种种印记，警惕权相专政，希望宋

---

① 《续资治通鉴长编》卷112，明道二年五月辛未条。
② 《续资治通鉴长编》卷112，明道二年五月丙子条。
③ 《续资治通鉴长编》卷113，明道二年八月甲辰条。
④ 《续资治通鉴长编》卷113，明道二年八月丁巳条。

仁宗重振君权。而在这种情况下，施政遵循"祖宗之法"成为宋仁宗展现皇权不可侵犯的首选方案。

李迪担任宰相时，曾经任命张沔为侍御史，韩渎为殿中侍御史，本来此事并无人指责。如今有人上书弹劾二人，义正词严地宣称台谏官必须由皇帝下旨任命，这是祖宗之法。吕夷简复相后，在宋仁宗面前讨论此事时，宋仁宗说："祖宗法不可坏也。宰相自用台官，则宰相过失无敢言者矣。"李迪等人听了宋仁宗的指责都惶恐不安，不敢自辩，于是张沔、韩渎二人被外放到地方为官。同时，宋仁宗下诏，自今以后，台谏官有缺，除非是御史中丞、侍御史知杂事保荐，否则不得除授。[1]

很显然，宋仁宗亲政后，"祖宗之法"已经成为宋朝政治一个不可忽视的重要内容，不论皇帝还是大臣，都不能轻视与怠慢。

废后：刘娥最后的影子

天圣二年七月，宋仁宗十五岁时，刘娥做主为他选定赠中书令郭崇的孙女为皇后，理由是郭氏出自"衣冠令族，汾晋名家"[2]。其

---

[1] 《续资治通鉴长编》卷113，明道二年十一月丁未条。
[2] 《宋大诏令集》卷18《皇太后降立郭皇后手书（天圣二年七月庚子）》。

实宋仁宗并不满意这桩婚事,他之前属意后宫美人张氏为皇后,但遭到刘娥的反对,宋仁宗不敢违背刘娥的意愿,只能娶郭氏为皇后。张美人后来过世,宋仁宗对其一直念念不忘,明道二年十一月,追册美人张氏为皇后。① 宋仁宗"雅意所属故也",仍命内园使岑守素将张氏故茔依皇后礼制改为陵阙,但没有立庙,还下诏赠其父供备库使张守瑛为邓州观察使。②

郭皇后并不合宋仁宗的心意,所以婚后宋仁宗对其颇为疏远。郭皇后凭借太后刘娥的权势,极为骄横。而刘娥为了巩固郭皇后的地位,刻意阻碍其他女子与宋仁宗接触,郭皇后表面上享受独宠,但实则暗藏危机。果然,刘娥刚刚去世,宋仁宗没有了约束,想要在感情方面释放自己,便开始宠幸其他后宫女子,于是宫人尚氏、杨氏骤然有宠。本来后宫无人能够与郭皇后争衡,如今宋仁宗转向其他后宫女子,内心的骤然失落让郭皇后难以忍受,特别是看到尚氏、杨氏新宠,她更加愤恨不已,屡屡与其争吵。而尚氏、杨氏看到郭皇后失去了刘娥这座靠山,宋仁宗又不喜欢她,便有恃无恐,毫不畏惧。一时间,后宫女子为了争宠明争暗斗,火药味十足。

有一天,宋仁宗与郭皇后、尚氏等人坐在一起,尚氏与郭皇后

---

① 《宋大诏令集》卷20《故美人张氏特追册为皇后制(明道二年)》:"呜呼! 位至椒涂,名留肜管。实邦之媛,想内范以空存;在河之洲,饰徽章而曷极。冀斯盛则,有慰芳魂。宜追册为皇后,仍令所司择日备礼册命,主者施行。"
② 《续资治通鉴长编》卷113,明道二年十一月乙丑条。

言语间又发生冲突。尚氏仗着宋仁宗的宠幸，对郭皇后出口不逊。郭皇后觉得自己失了面子，勃然大怒，站起身去扇尚氏耳光。尚氏很狡猾，主动向宋仁宗求救，宋仁宗果然抢身过来拦住郭皇后，结果郭皇后的手直接打在宋仁宗的脖颈上。这下宋仁宗勃然大怒，觉得自己已经起身阻拦，郭皇后仍然不肯停手，是轻视自己，又想起郭皇后之前仗着有刘娥撑腰在自己面前耀武扬威，心中更是愤恨，便有了废后的想法。

内侍副都知阎文应建议宋仁宗召见执政大臣来商量如何处理此事，并将郭皇后掌掴的痕迹给大臣们看。宰相吕夷简因为之前郭皇后的挑唆令自己被罢相，一直对其心怀怨怼，所以并不反对废黜郭皇后。台谏官范讽逢迎吕夷简，认为郭皇后已立九年无子当废，吕夷简也赞同。郭皇后可能被废的消息传到宫外，人言籍籍。右司谏范仲淹上奏极陈不可废黜皇后："陛下应该早早平息这种议论，不可以让外人听到这种消息。"可惜宋仁宗此时已经铁了心要废黜郭皇后。又过了一段时间，宋仁宗最终决定废后。吕夷简事先已敕令相关部门不接受台谏关于反对此事的章疏。[①]

宋仁宗下诏，称郭皇后因为无子愿意入道，特封为净妃、玉京冲妙仙师，赐名"清悟"，别居长宁宫。[②] 台谏上章疏论及此事，但

[①] 《续资治通鉴长编》卷113，明道二年十二月甲寅条。
[②] 《宋大诏令集》卷20《皇后郭氏封净妃玉京冲妙仙师诏（明道二年十二月乙卯）》。

由于吕夷简的命令，奏疏无法投递。范仲淹当即与权御史中丞孔道辅、知谏院孙祖德，侍御史蒋堂、郭劝、杨偕、马绛，以及殿中侍御史段少连、左正言宋郊、右正言刘涣一起到垂拱殿殿门前，高声上奏不应废后，希望宋仁宗接见他们讨论此事。负责守护殿门之人将殿门紧闭，不肯为他们通禀，孔道辅抚摸着门上的铜环大声高喊："皇后被废，奈何不听台谏入言！"台谏们一直在殿外吵嚷，宋仁宗不胜其烦，便下诏令宰相召台谏，告诉他们郭皇后被废的原因。孔道辅等人前往中书门下，对吕夷简说："人臣之于皇帝、皇后，犹如子事父母。父母不和，固宜谏止，奈何顺父出母！"众人哗然，争着陈述自己的说法。吕夷简不动声色地说："废后自有先例。"孔道辅、范仲淹又说："公不过引汉光武劝上耳，是乃光武失德，何足法也！自余废后，皆前世昏君所为。上躬尧、舜之资，而公顾劝之效昏君所为，可乎？"吕夷简无言以对，只得拱手说道："诸君还是自己去见陛下极力陈述吧！"孔道辅、范仲淹等人信以为真，便退出，打算第二天与百官在朝廷上再与宰相争论此事。吕夷简则马上上奏"台谏伏阁请对，非太平美事"，于是商议将孔道辅等人罢免台谏之职，赶出朝廷。

第二天早上，孔道辅等人刚刚来到待漏院等待早朝，突然有诏旨，命孔道辅出知泰州，命范仲淹出知睦州，孙祖德等人各罚铜二十斤。按照宋朝先例，罢免御史中丞，必定有告辞，而这次是直接通过敕令免除。等到孔道辅还家，敕令随之又至，命使者监督孔道辅和范仲淹迅速出城。宋仁宗还下诏给谏官御史，此后谏官御史上奏必须"密具章疏，毋得相率请对，骇动中外"。①

刘娥去世后，短短数月之间，人事更迭，人心浮动。现如今郭皇后被废，这一连串的变化令人目不暇接。当时旱灾、蝗灾仍然持续发生，执政认为既然宋仁宗亲政，应该与之前有所变化，于是他们便提出改元"以导迎和气"。明道二年十二月二十五日（1034年1月18日），"诏明年改元曰景祐"。②

朝堂上发生了一系列令人眼花缭乱的变化后，宋仁宗感觉终于大权在握，可以按照自己的想法来施政了。于是他迫不及待地废黜了刘娥强加给自己的郭皇后，可惜废后激起了台谏的强烈反对，让宋仁宗措手不及。失去刘娥的宋仁宗突然发现他要面对一群经验老到、心怀鬼胎的臣僚。他们争权夺利、互相勾结，又彼此倾轧，使得朝政很快变得类似宋真宗朝后期的情况。缺乏政治经验且生性柔弱的宋仁宗面对这群圆滑的政客，根本无力应对。那些期待刘娥还政的官员们发现，刘娥去世后，朝政并没有耳目一新，而是各种新旧矛盾接连不断地涌现。

面对如此局面，宋仁宗任重而道远。

---

① 《续资治通鉴长编》卷113，明道二年十二月乙卯条、丙辰条。
② 《续资治通鉴长编》卷113，明道二年十二月丁巳条。

后　记

近些年，宋史悄然热起来。一批宋朝背景的小说、电视剧的出现，让广大读者和观众在了解宋朝故事的同时，也对宋朝历史文化产生了浓厚的兴趣。《清平乐》《大宋宫词》等宋宫戏的播出，进一步推动了宋史热。这些影视剧的成功与否暂且不说，至少对于宣传宋朝历史还是很有帮助的。与此同时，坊间一些关于宋朝的大众读物开始热销，网上也有人数众多的所谓"宋粉"活跃。随便搜一下，各种关于宋朝的小知识和文章比比皆是，宋朝俨然成为人们关注的热门朝代。

我们小时候没有多少娱乐活动，每天听一段刘兰芳、单田芳、田连元等人播讲的《杨家将》《岳家将》《呼家将》《三侠五义》《水浒传》等评书是最开心的事。后来有了电视，记得当时电视台引进金超群、何家劲等人主演的电视剧《包青天》，轰动一时，小伙伴们见面，除了玩之外，还有一个重要的话题就是讨论包青天今天又要破啥案子。这些儿时的记忆构成我对宋朝最初的印象。

长大后，我阴差阳错地学了历史专业。工作后一直在高校教书，以宋史研究为专业，不知不觉地走过了十几个年头。虽然这些年自己也出过几本宋史方面的书，翻译过海外作者的宋史著作，点校、整理过宋代史料，但总有一些尚未尝试的领域让我跃跃欲试，大众历史读物写作便是其中之一。

我能够写作本书，首先得感谢北京行距文化的黄一琨、武新华老师。之前我们素昧平生，他们从网上看到我发表过的几篇不成熟的小文，便主动联系我。接到武老师的电话，我既开心又激动，觉得可以尝试一下未曾触碰过的领域，满足心中多年的愿望。当时《清平乐》刚刚播出，武老师觉得剧中的宋真宗与皇后刘娥的故事非常值得展开写一下。武老师并没有嫌弃我这个写作素人，耐心地给我分析非虚构历史写作的特点、内容等，并分享给我一些成功的写作案例，甚至专程从北京来到保定，当面与我讨论写作事宜。可以说，正是武老师手把手的指导，让我迈出了写作大众历史读物的蹒跚第一步。

在具体的写作过程中，师弟贾启博对我帮助甚大。虽然我对写作大众历史读物很感兴趣，也读过一些相关图书，但对究竟如何把握写作尺度仍然十分陌生。师弟不仅给我提供了大量宝贵的写作思路，还寄给我不少优秀图书供我参考和学习。初稿完成后，师弟也帮我审阅。另外，他还细心为本书编写了宰执表和书中重要人物介绍，以方便读者理解。虽然我们是同门师兄弟，但在此我还是要正式向他表示感谢！

提起刘娥，大家的第一反应都是"狸猫换太子"故事中反面的太后形象。事实上,作为北宋初年第一个垂帘听政的皇太后,刘娥身上有着太多值得人们关注的地方:她出身卑贱,却因缘际会成为大宋真宗皇后;她从未生育,却通过抚育养子宋仁宗成功掌控北宋朝政十余年。刘娥不仅开创了宋朝太后垂帘听政的先例,还为大宋王朝的良性发展做出了积极贡献。可以说,刘娥能够成功,不仅是她自身能力的体现,还顺应了宋朝初年政治、社会、思想等方面的大变动,是时势造就了刘娥。

关于刘娥,海内外学界已经有一些研究成果问世,也有人以其为对象写过虚构小说。本书作为一部大众历史读物,在吸收学界已有研究成果的基础上进行写作,非虚构、不戏说,努力做到言必有据,力争在展现刘娥波澜壮阔一生的同时,让读者看到北宋初年大的历史环境的变化。为了方便感兴趣的读者进一步阅读和思考,书后附有参考文献,您可按图索骥,寻找相关图书阅读。

本书从构思、写作到最终顺利出版,凝结了许多人的心血,书中的成功之处,都是仰赖众多学友的无私帮扶;书中存在的问题,则概由我一人负责。(欢迎读者对拙作批评、指正,我的邮箱:liuyunjun1978@126.com)

刘云军

2021年12月于河北大学宋史研究中心办公室

附录1　刘娥大事年表

宋太祖开宝二年（969）

　　刘娥出生于益州（今四川省）。

宋太宗至道三年（997）

　　三月，宋真宗即位。以宋太宗皇后李氏为太后。

宋真宗景德元年（1004）

　　正月，以后宫刘氏为美人，杨氏为才人。

　　三月，皇太后李氏崩。

景德四年（1007）

　　四月，皇后郭氏薨。

大中祥符元年（1008）

　　七月，美人刘氏父刘通追赠颍州防御使，母追封京兆郡君。

大中祥符二年（1009）

　　正月，以美人刘氏为修仪，才人杨氏为婕妤。

大中祥符三年（1010）

　　四月，后宫李氏生子受益。

大中祥符五年（1012）

　　五月，以修仪刘氏为德妃。

　　九月，参知政事赵安仁被罢免。

　　十二月，立德妃刘娥为皇后。

大中祥符七年（1014）

　　六月，以婉仪杨氏为淑妃。

大中祥符八年（1015）

　　十二月，以皇子受益封寿春郡王。

天禧二年（1018）

　　二月，封寿春郡王受益为升王。

　　八月，立升王受益为皇太子，改名祯。

天禧三年（1019）

　　五月，以夏守恩为捧日、天武四厢都指挥使，刘美为龙卫、神卫四厢都指挥使。

　　六月，寇準任相，丁谓任参知政事。

天禧四年（1020）

　　六月，寇準罢相。

　　七月，内侍周怀政伏诛。

　　八月，寇準坐与周怀政交通，贬道州司马。

天禧五年（1021）

　　八月，刘美卒。

乾兴元年（1022）

　　二月，宋真宗驾崩。

　　三月，太后刘娥初御崇德殿听朝。

　　四月，加赠皇太后三代。

　　六月，雷允恭伏诛。丁谓罢相。

　　八月，刘娥、宋仁宗同御承明殿垂帘决事。

　　十月，葬宋真宗于永定陵，天书陪葬。

　　十一月，以皇太后刘娥生日为长宁节。

宋仁宗天圣元年（1023）

　　正月，皇太后刘娥诏改元。太后兄刘美妻钱氏封越国夫人。

　　九月，王钦若任昭文相。

　　闰九月，寇準卒于雷州。

天圣二年（1024）

　　二月，皇太后刘娥赐宰辅手书，谕以临朝愿治之意。

　　七月，皇太后下制立郭氏为皇后。

天圣三年（1025）

　　正月，长宁节，近臣及契丹使节于崇政殿初上皇太后刘娥寿。加赠皇太后兄刘美为中书令，追封嫂越国太夫人钱氏为郓国太夫人。

　　十一月，王钦若卒，太后临奠。

天圣五年（1027）

　　五月，太后刘娥幸楚王元佐府邸视疾。

　　十月，刘娥、宋仁宗一同赴御书院，观太宗、真宗御书。

天圣六年（1028）

　　三月，刘娥幸刘美府邸，左司谏刘随奏谏劝止。

天圣九年（1031）

　　正月，长宁节，百官于会庆殿，初上皇太后刘娥寿。

　　六月，宋绶等上《新编皇太后仪制》。

明道元年（1032）

　　二月，宋仁宗生母李氏薨。

明道二年（1033）

　　二月，刘娥祭享太庙。

　　三月，皇太后不豫，大赦天下。同月，皇太后崩。

　　四月，删去皇太后遗诏中有关"皇帝与太后裁处军国大事"之语。追尊宸妃李氏为皇太后。

　　五月，诏中外毋言垂帘时事。

　　十月，祔葬庄献明肃（章献明肃）太后刘娥、庄懿（章懿）太后李氏于宋真宗永定陵。

　　十一月，追册美人张氏为皇后。

　　十二月，废皇后郭氏为净妃，入道。

附录2　至道三年（997）四月至明道二年（1033）四月宰执表[①]

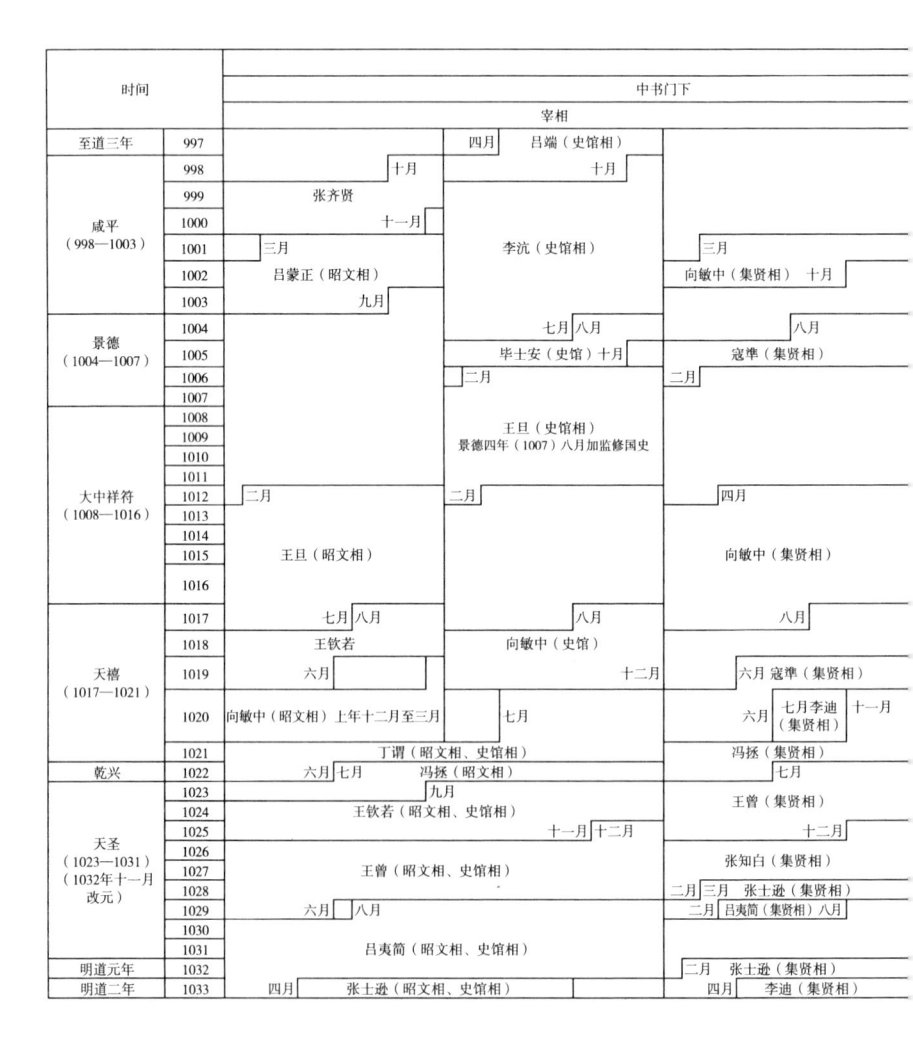

时间		中书门下		
		宰相		
至道三年	997		四月　吕端（史馆相）	
咸平 (998—1003)	998	十月	十月	
	999	张齐贤		
	1000	十一月		
	1001	三月	李沆（史馆相）	三月
	1002	吕蒙正（昭文相）		向敏中（集贤相）　十月
	1003	九月		
景德 (1004—1007)	1004		七月　八月	八月
	1005		毕士安（史馆相）　十月	寇準（集贤相）
	1006		二月	二月
	1007			
大中祥符 (1008—1016)	1008		王旦（史馆相） 景德四年（1007）八月加监修国史	
	1009			
	1010			
	1011			
	1012	二月	二月	四月
	1013			
	1014	王旦（昭文相）		向敏中（集贤相）
	1015			
	1016			
天禧 (1017—1021)	1017	七月　八月	八月	八月
	1018	王钦若	向敏中（史馆）	
	1019	六月	十二月	六月　寇準（集贤相）
	1020	向敏中（昭文相）上年十二月至三月　七月		六月　七月李迪（集贤相）十一月
	1021	丁谓（昭文相、史馆相）		冯拯（集贤相）
乾兴	1022	六月　七月　冯拯（昭文相）		七月
天圣 (1023—1031) (1032十一月改元)	1023	九月		王曾（集贤相）
	1024	王钦若（昭文相、史馆相）		
	1025		十一月　十二月	十二月
	1026	王曾（昭文相、史馆相）		张知白（集贤相）
	1027			二月　三月　张士逊（集贤相）
	1028			二月　吕夷简（集贤相）八月
	1029	六月　八月		
	1030	吕夷简（昭文相、史馆相）		
	1031			
明道元年	1032			二月　张士逊（集贤相）
明道二年	1033	四月　张士逊（昭文相、史馆相）		四月　李迪（集贤相）

官职		枢密院	
参知政事		枢密使	副枢密使
四月 李至、李沆			八月
十月			向敏中 十月
向敏中			
三月			
王旦、王钦若			
毕士安（七月至八月）			
四月 王旦、冯拯			
二月			
赵安仁			
九月		九月	九月
丁谓		王钦若、陈尧叟	马知节
		六月 六月 四月	六月 七月 曹利用
王曾、张知白		王钦若、陈尧叟 八月 王钦若	王嗣宗、曹利用 七月
丁谓（正月至九月）			曹利用、张耆、任中正
陈彭年（上年九月至二月） 九月		八月	九月
李迪、张知白			
李迪		十二月	任中正、周起
丁谓（六月至十二月）		丁谓（上年十二月至七月）	周起、钱惟演（八月至九月）
七月 八月		冯拯（七月至十一月）	钱惟演（九月后）
王曾、任中正		钱惟演（七月至十一月）	钱惟演、张士逊
六月 七月			七月 张士逊 十一月
		曹利用	张士逊、张知白
吕夷简、鲁宗道		十二月	晏殊（十月后） 十二月
			张士逊、晏殊
		曹利用、张耆	三月 夏竦
二月 夏竦 八月			二月 八月
王曙		张耆	夏竦
七月 八月 晏殊			
四月 王随		四月	四月 李咨

① 仅涉及本书主要人物。根据《宋史》卷210《表一·宰辅》、《宋史宰辅表考证》、《宋宰辅编年录校补》以及诸葛忆兵《宋代宰辅制度研究》附录《宰辅拜罢表》（中国社会科学出版社，2000，第287页）整理。

附录2 至道三年（997）四月至明道二年（1033）四月宰执表

附录3　再议刘娥

刘娥为何没有成为第二个武则天？

表面看来，垂帘听政期间，刘娥的后权已经压制住了相权。但与武则天相比，无论是在舆论上还是在力量上，刘娥都不具备改朝换代的实力。

首先，宋人对武则天的评价并不高，多将武则天视作"牝鸡司晨"的典型代表。文官集团可以容忍刘娥以维护皇权的名义擅权，可她一旦踏上改朝换代的不归路，那就是要颠覆传统男权，改变纲常伦理，这绝对是文官集团所不能容忍的。

其次，宋朝建立后，为了稳定政权，采取了多种措施，包括限制外戚、内侍和宗室的势力，以及利用文官压制武人等。宋朝通过科举制选拔官吏，逐渐形成了一股不可忽视的力量，特别是一些坚定维护皇权、直言极谏的大臣们，他们前赴后继地要求刘娥归政，坚决反对自己的力量被刘娥忽视。因此，缺乏外戚集团乃至广大士人阶层的支持，刘娥的统治基础十分薄弱。

刘娥有野心，想要享受皇帝才有的荣耀和权力，但不一定非要改朝换代，因为后者要付出的代价实在太大，前行的路上充满了艰辛。武则天称帝的过程便是非常典型的例子。[1]

刘娥的功过

宋真宗后期大搞东封西祀，给社会造成了诸多负面影响。财政出现危机，丁谓、王钦若等佞幸大臣崛起，内侍周怀政等人乘机弄权，士风颓废，阿谀奉承之风兴起，甚至王旦、寇准等大臣为了自身利益也不惜放弃道德原则。正如朱熹所言："真宗东封西祀，靡费巨万计，不曾做得一事！"[2]

宋仁宗登基后，刘娥采纳群臣的建议，将天书葬于真宗陵墓，事实上停止了天书降临的闹剧，并逐步消除宋真宗东封西祀留下来的一些不良影响，使宋朝发展重新走上正轨，为宋仁宗朝的经济恢复、社会安定奠定了基础。

同时，刘娥注意节俭、减轻百姓负担；重用文官，尊重大臣，注意听取臣僚的意见；重视言官，提高言官的地位；确立"祖宗之法"的地位等，为宋仁宗朝政治形态的走向确定了基本方向。

---

[1] 王霄云、马泓波：《宋真宗刘皇后（刘娥）不称帝的原因探析》，《新西部》2007年第18期。
[2] 《朱子语类》卷127《本朝一·太宗真宗朝》，中华书局，1986年点校本。

此外，刘娥注重科举考试，扩大录取名额，培养了一大批人才，为宋仁宗朝的"嘉祐之治"奠定了基础。

当然，上述刘娥的所有措施都是在原有制度的基础上进行的局部调整，并非是针对全局性的改革，而且她的很多措施都只是着眼于已经暴露出来的问题，并非主动改革，一些措施也并未被严格执行。[①]

宋人对刘娥的看法

宋人对刘娥的态度是复杂的。刘娥成功地维护了赵宋皇室，培养了士大夫的力量，遵守祖宗之法，将宋朝社会发展重新带上正轨。对于这些，宋人都高度赞扬并由衷敬佩。

刘娥贪恋权势，重用佞臣、内侍、外戚等，特别是迟迟不肯还政给宋仁宗，甚至身着衮服亲飨太庙，严重冒犯了皇权和男权，这一切都让宋人耿耿于怀，这也是她最遭人非议的地方。[②]

刘娥虽然有野心，却始终没有危及皇权，宋人对此还是肯定

[①] 杨翠微：《论章献明肃刘太后》，《面向二十一世纪：中外文化的冲突与融合学术研讨会论文集》，1998。

[②] 不仅宋人，后人也对刘娥这一做法十分不满。如清末学者王夫之称："刘后以小有才而垂帘听政，乃至服衮冕以庙见，乱男女之别而辱宗庙。"参见《宋论》卷4，中华书局，2003年点校本。

的。比如朱熹虽然认为刘娥不如宋神宗之母宣仁太后高氏，却也承认"章献辅仁宗，后来却无事"。[①]刘娥虽然打压宰辅势力，但她能够重用人才，纳谏听言，还通过扩大科举录取名额，缓和了与文官集团的关系。可以说，正因为刘娥没有彻底得罪文官集团，并始终与其保持着合作关系，宋人对刘娥的评价始终比较正面。

[①] 《朱子语类》卷127《本朝一·仁宗朝》。

参考文献

一、图书

宋朝事实［M］.中华书局影印本.北京：中华书局，1955.

宋大诏令集［M］.中华书局排印本.北京：中华书局，1962.

后汉书［M］.中华书局点校本.北京：中华书局，1965.

旧唐书［M］.中华书局点校本.北京：中华书局，1975.

新唐书［M］.中华书局点校本.北京：中华书局，1975.

宋史［M］.中华书局点校本.北京：中华书局，1977.

默记［M］.中华书局点校本.北京：中华书局，1981.

归田录［M］.中华书局点校本.北京：中华书局，1981.

渑水燕谈录［M］.中华书局点校本.北京：中华书局，1981.

宋朝事实类苑［M］.上海古籍出版社点校本.上海：上海古籍出版社，1981.

龙川别志［M］.中华书局点校本.北京：中华书局，1982.

十国春秋［M］.中华书局点校本.北京：中华书局，1983.

邵氏闻见录［M］.中华书局点校本.北京：中华书局，1983.

铁围山丛谈［M］.中华书局点校本.北京：中华书局，1983.

东轩笔录［M］.中华书局点校本.北京：中华书局，1983.

湘山野录［M］.中华书局点校本.北京：中华书局，1984.

石林燕语［M］.中华书局点校本.北京：中华书局，1984.

青箱杂记［M］.中华书局点校本.北京：中华书局，1985.

宋宰辅编年录校补［M］.中华书局校补本.北京：中华书局，1986.

朱子语类［M］.中华书局点校本.北京：中华书局，1986.

唐语林校证［M］.中华书局校证本.北京：中华书局，1987.

涑水记闻［M］.中华书局点校本.北京：中华书局，1989.

李涵.章献刘皇后擅政与寇準之死［M］//纪念陈寅恪先生诞辰百年学术论文集.北京：北京大学出版社，1989.

刘静贞.从皇后干政到太后摄政——北宋真仁之际女主政治权力试探［M］//中国妇女史论集续集.中国台北：稻乡出版社，1991.

张邦炜.宋代皇亲与政治［M］.成都：四川人民出版社，1993.

王晓波.寇準年谱［M］.成都：巴蜀书社，1995.

云麓漫钞［M］.中华书局点校本．北京：中华书局，1996.

汪圣铎.宋真宗［M］.长春：吉林文史出版社，1996.

刘静贞.皇帝和他们的权力——北宋前期［M］.中国台北：稻乡出版社，1996.

邓广铭.陈桥兵变黄袍加身故事考释［M］//邓广铭治史丛稿.北京：北京大学出版社，1997.

黄锦君.两宋后妃事迹编年［M］.成都：巴蜀书社，1997.

杨联陞.帝制中国的作息时间表［M］//国史探微.北京：新星出版社，2005.

池泽滋子.丁谓研究［M］.成都：巴蜀书社，1998.

东都事略［M］.齐鲁书社点校本.济南：齐鲁书社，2000.

诸葛忆兵.宋代宰辅制度研究［M］.北京：中国社会科学出版社，2000.

中国社会科学院历史研究所宋辽金元史研究室点校.名公书判清明集［M］.北京：中华书局，2002.

贾志扬.刘后及其对宋代政治文化的影响［M］//宋史研究论文集——国际宋史研讨会暨中国宋史研究会第九届年会编刊.保定：河北大学出版社，2002.

宋论［M］.中华书局点校本.北京：中华书局，2003.

续资治通鉴长编纪事本末［M］.北京图书馆出版社影印本.北京：北京图书馆出版社，2003.

朱易安，傅璇琮，戴建国等编.全宋笔记［M］：1（10）.郑州：大象出版社，2003.

续资治通鉴长编［M］.中华书局点校本.北京：中华书局，2004.

张继禹编.中华道藏［M］.北京：华夏出版社，2004.

傅璇琮主编.五代史书汇编：第十册［M］.杭州：杭州出版社，2004.

宋太宗实录［M］.甘肃人民出版社点校本.兰州：甘肃人民出版社，2005.

贾志扬.天潢贵胄：宋代宗室史［M］.赵冬梅译.南京：江苏人民出版社，2005.

朱易安，傅璇琮，戴建国等编.全宋笔记［M］：1（1）.郑州：大象出版社，2006.

皇朝编年纲目备要［M］.中华书局点校本.北京：中华书局，2007.

张其凡，刘广丰.寇準、丁谓之争与宋真宗朝后期政治［M］//暨南史学：第5辑.广州：暨南大学出版社，2007年.

咸平集［M］.巴蜀书社点校本.成都：巴蜀书社，2008.

朱易安，傅璇琮，戴建国等编.全宋笔记［M］：4（5）.郑州：大象出版社，2008.

阎步克.察举制度变迁史稿［M］.北京：中国人民大学出版社，2009.

刘广丰.关于宋真宗刘皇后身世的几点考述［M］//范立舟.张其凡教授荣开六秩纪念文集.上海：上海人民出版社，2009.

王曾瑜.宋朝阶级结构（增订版）［M］.北京：中国人民大学出版社，2010.

顾宏义.宋初政治研究——以皇位授受为中心［M］.上海：华东师范大学出版社，2010.

隆平集校证［M］.中华书局校证本.北京：中华书局，2012.

唐摭言［M］.上海古籍出版社点校本.上海：上海古籍出版社，2012.

杨文公谈苑［M］.上海古籍出版社点校本.上海：上海古籍出版社，2012.

涌幢小品［M］.上海古籍出版社点校本.上海：上海古籍出版社，2012.

皇宋十朝纲要校正［M］.中华书局校正本.北京：中华书局，2013.

宋会要辑稿［M］.上海古籍出版社点校本.上海：上海古籍出版社，2014.

周勋初主编.宋人轶事汇编［M］.上海：上海古籍出版社，2014.

Beverly Bossler. Courtesans, Concubines, and the Cult of Female Fidelity——Gender and Social Change in China, 1000-1400, Harvard University Asia Center，2013［M］//龚延明，祖慧编.宋代登科总录.桂林：广西师范大学出版社，2014.

新五代史［M］.中华书局点校本.北京：中华书局，2015.

王文正公遗事［M］.中华书局点校本.北京：中华书局，2017.

朱易安，傅璇琮，戴建国等编.全宋笔记［M］：8（1）.郑州：大象出版社，2017.

挥麈录［M］.山东人民出版社点校本.济南：山东人民出版社，2018.

朱易安，傅璇琮，戴建国等编.全宋笔记［M］：2（6）.郑州：大象出版社，2018.

何冠环.宋初朋党与太平兴国三年进士（修订本）[M].上海：中西书局，2018.

尧山堂外纪[M].中华书局点校本.北京：中华书局，2019.

朱倩倩.宋真宗晚年权力交接问题探析[M]//宋史研究论丛：第24辑.北京：科学出版社，2019.

二、期刊

齐源.浅论宋初严法治赃吏[J].青海：青海社会科学，1985（6）.

张邦炜.试论宋代"婚姻不问阀阅"[J].北京：历史研究，1985（6）.

孙洪升.北宋贴射茶法析论[J].南昌：农业考古，1999（2）.

李小荣.《狸猫换太子》的来历[J].石家庄：河北学刊，2002（2）.

金滢坤.中晚唐五代座主门生与科场风气[J].厦门：教育与考试，2008（6）.

王瑞来.宋代权相第一人（下）——君臣关系个案研究之五：丁谓论[J].开封：河南大学学报（社会科学版），2009（5）.

刘正萍.试论北宋章献明肃刘皇后的政治人生[J].长春：东北师大学报（哲学社会科学版），2011（4）.

王林飞.狸猫换太子故事的演变及文化意蕴[J].驻马店：天中学刊，2015（1）.

刘广丰.宋初三朝后妃参政述论[J].长春：社会科学战线，2015（9）.

王瑞来."狸猫换太子"传说的虚与实——后真宗时代：宋代士大夫政治下的权力博弈[J].济南：文史哲，2016（2）.

蔡涵墨，陈元.曹勋与"太祖誓约"的传说[J].北京：中国史研究，2016（4）.

陶易.唐五代的"座主"与"门生"[J].贵阳：文史天地，2016（9）.

廖寅.宋真宗《劝学诗》形成过程及作伪原因考述[J].北京：中国高校社会科学，2018（3）.

三、论文

刘广丰.寇、丁之争与宋真宗朝后期政治[D].广州：暨南大学，2006.

毛于轩.北宋章献明肃刘皇后研究[D].湘潭：湖南科技大学，2009.

常志峰.从天禧到天圣：北宋真仁之际的朝局与权力关系[D].西安：西北大学，2018.

付海妮.宋代后妃临朝问题研究[D].兰州：西北师范大学，2006.

本书中文简体版
由北京行距文化传媒有限公司授权天喜文化/天地出版社
在中国大陆地区（不包括香港、澳门、台湾）独家出版、发行

从声音到文字，分享人类智慧

天喜文化